U0928430

珍藏本
纪念版

汉译世界学术名著丛书

我的哲学的发展

〔英〕伯特兰·罗素 著

温锡增 译

2017年·北京

Bertrand Russell

MY PHILOSOPHICAL DEVELOPMENT

First published in 1959
Third impression 1969
First published in Unwin Books 1975
First published by Unwin Paperbacks 1985
Reprinted 1988

Reprinted 1993 by
Routledge
11 New Fetter Lane, London EC4P 4EE
29 West 35th Street, New York, NY 10001

汉译世界学术名著丛书
（120年纪念版·珍藏本）
出 版 说 明

2017年2月11日，商务印书馆迎来120岁的生日。120年前，商务印书馆前贤怀揣文化救国的理想，抱持“昌明教育，开启民智”的使命，立足本土，放眼寰宇，以出版为津梁，沟通中西，为中国、为世界提供最富智慧的思想文化成果。无论世事白云苍狗，潮流左右激荡，甚至战火硝烟弥漫，始终践行学术报国之志，无改初心。

迻译世界各国学术名著，即其一端。早在20世纪初年便出版《原富》《天演论》等影响至今的代表性著作，1950年代后更致力于外国哲学和社会科学经典的译介，及至1980年代，辑为“汉译世界学术名著丛书”，汇涓为流，蔚为大观。丛书自1981年开始出版，历时三十余年，迄今已推出七百种，是我国现代出版史上规模最大、最为重要的学术翻译工程。

丛书所选之书，立场观点不囿于一派，学科领域不限于一门，皆为文明开启以来，各时代、各国家、各民族的思想与文化精粹，代表着人类已经到达过的精神境界。丛书系统译介世界学术经典，引领时代思想，为本土原创学术的发展提供丰富的文化滋养，为推动中国现代学术和现代化进程做出了突出的贡献。

为纪念商务印书馆成立120周年，我们整体推出“汉译世界学术名著丛书”120年纪念版的珍藏本，寄望既利于文化积累，又便于研读查考，同时向长期支持丛书出版的译者、编者和读者致以敬意。

两甲子后的今天，商务印书馆又站在了一个新的历史时间节点上。我们不仅要铭记先辈的身影和足迹，更须让我们的步伐充满新的时代精神。这是商务人代代相传的事业，更是与国家和民族的命运始终紧密相连的事业。我们责无旁贷，必须做好我们这代人的传承与创造，让我们的努力和成果不仅凝聚成民族文化的记忆，还能成为后来人可以接续的事业。唯此，才能不负前贤，无愧来者。

商务印书馆编辑部

2017年10月

出版说明

《我的哲学的发展》(*My Philosophical Development*)是罗素(1872—1970)写于1959年的一部著作,顾名思义,这本书是罗素自己哲学思想发展的一个回顾。罗素一生写了大量著作,在这些著作中,罗素很重视自己在1914年和怀特海合著的《数学原理》(三卷本)一书的成就。我们知道,罗素通过这本书建立了逻辑主义数学体系,旨在把整个数学归结为逻辑学。罗素在本书中重点叙述了《数学原理》的基本思想。罗素一生的哲学思想屡经变更,但他在本书中表示,他于1912年写的《哲学问题》可以作为他一生的代表作。

罗素作为二十世纪的哲学巨匠,其哲学思想给当代的许多哲学家和哲学流派以很大影响,其中受其影响最深的要算维特根斯坦哲学以及整个逻辑实证主义学派。罗素曾于1920年来过我国,在北京大学主讲"物的分析"、"心的分析"等哲学问题,对旧中国的学术界也有过广泛的影响。《我的哲学的发展》这本书,是罗素本人对自己哲学思想的总结,作为研究罗素哲学思想的第一手材料,有其特殊的价值。译者温锡增先生,劳作多年,译成此书,因健康欠佳,不遑作序,嘱我们代为小引。

商务印书馆编辑部

1981年4月

《歌罗西书》,第二章,第八节

当心不要让人用哲学和虚诈把你弄坏。

《提多书》,第一章,第十二、十三节

他们自己的一个人,甚至还是他们的一个先知,说:“克利特人总是说谎的人、恶兽、笨汉。”这见证是真的。

目　录

序　言

艾兰·乌德先生的书《热烈的怀疑主义者》受到广泛和应有的赞扬，他本打算撰文对我的哲学做一番更专门的考察。可是在他去世的时候，他的文章只完成了一小部分。这一部分中有一个导言。看过这一篇导言的人认为很有价值，所以值得发表，因此就印在本书的末尾。假如当初能早一点得到他这篇文章，本会把它放在本书的前面的。但是这篇文章到手太晚了，遂致这样做就没有可能。我奉劝读者先看他这篇文章，因为他这文章把很多容易使人误会之处讲得极为明白。乌德先生未能活到他完成这部著作，这使人极感惋惜。

伯特兰·罗素

第一章　提纲

按照我所关心的一些问题，按照做过对我有影响的研究工作的人，我的哲学的发展可以分为不同的阶段。只有一件我念念不忘的事，没有改变：我始终是急于要发现，有多少东西我们能说是知道，以及知道的确定性或未定性究竟到什么程度。在我的哲学的研究中，有一个主要的分界：在一八九九到一九〇〇这两年中，我采用了逻辑原子主义哲学和数理逻辑中的皮亚诺技术。这个变革是太大了，简直使我前此所做的研究（除去纯数学的以外）对于我后来所做的一切，全不相干。这两年的改变是一次革命；以后的一些改变则属于演进的性质。

我最初对于哲学的兴趣有两个来源：一方面，我急于要发现，对于任何可以称为宗教信仰的东西，哲学是否可以提供辩护，不管是多么笼统；另一方面，我想要我自己相信，如果不在别的领域里，至少在纯数学里，有些东西人是可以知道的。我在青年时期，在孤独中，不用书籍的帮助，曾思考过这两个问题。关于宗教，我终于先是不相信自由意志，以后是不相信不死，最后是不相信上帝。关于数学的基础，我是一筹莫展。尽管我颇偏向于经验论，我却不能相信“二加二等于四”是从经验归纳概括出来的，但是，对于这个纯乎是否定性的结论以外的任何东西，我仍然是怀疑的。

在剑桥给我灌输的是康德和黑格尔的哲学。但是 G. E. 穆尔和我后来一起弃绝了这两种哲学。我认为，虽然在背叛上是意见相投，我们各自所强调的却有重大的分歧。我认为穆尔最初感兴趣的主要是，事实是离知识而独立的，以及否定康德那一整套铸造经验而不铸造外部世界的先天直观和范畴。关于这一点，我热情地同意他的意见。但是我比他更加关心的是一些纯乎是逻辑上的东西。其中最重要并且在我后来的哲学中占优势的是我所谓"外在关系学说"。一元论者主张两项之间的关系实际上总是由两个分离的项的性质和这两项所组成的整体的性质所构成，也可以严格地说，两项之间的关系只是由这个两项组成的整体的性质所构成。我认为这种看法使数学无法得到解释。我得到的结论是，关系并不意味着相关的项中有任何相应的复杂性，并且，一般说来，不等于两项所构成的整体的任何性质。正在我在我的一本《论莱布尼茨的哲学》的书中想出这种看法来以后，我发现了皮亚诺在数理逻辑中的研究。这使我有了一个数学的新技术和一个新的数理哲学。黑格尔和他的信徒们惯于"证明"空、时和物的不可能，并且广泛说来，证明普通人所相信的一切东西都不可能。深信黑格尔反对这个或那个的那些论证都是不能成立的之后，我的反应是走到那个相反的极端，开始相信，凡不能证明为伪的东西都是真的，例如，点、瞬、粒子和柏拉图的共相。

可是，在一九一〇年以后，我做完所有我想做的关于纯粹数学的研究之后，我就开始考虑物理界。由于很受怀特海的影响，这使我对奥卡姆剃刀有了新的应用。在这以前，因为奥卡姆剃刀在算术哲学里有用处，我早就喜欢奥卡姆剃刀了。怀特海使我相信，不先假定点、瞬是世界的原料，我们就能够研究物理学。他认为（在这一点上，我后来也同意）物理世界的要素可以由事件构成，每一事件占据有限量的空-时。凡运用奥卡姆剃刀，我们就不必否定我们所不用的那些实体的存在，我们却能不确定其存在。这有一种长处，就是减少解释不管哪方面的知识所需要的假定。关于物理世界，证明没有点-瞬是不可能的，但是证明物理学没有任何理由假定有这些东西，是可能的。

同时，那就是说从一九一〇到一九一四这些年，我不仅对物理世界是什么，而且对我们如何能认识它，发生了兴趣。从那时起，知觉和物理学的关系一直是一个我断续研究的问题，我的哲学经历其最后重大的变化正是和这个问题有关。在此之前，我本以为，知觉是主体和客体两项的一种关系，因为这就使得比较容易了解知觉如何能够供以关于主体以外的事物的知识了。但是因为受了威廉·詹姆士的影响，我终于认为这种看法是错误的，也可以说，无论如何，是过于简单化了。至少感觉，甚至视觉或听觉，在我看来，在其本质上也不是关系性的事件。当然，我的意思并不是说，当我看见什么东西的时候，在我和我所看见的东西之间没有关系；我的意思是说，这种关系比我原来所想的要间接得多，并且，当我看见什么东西的时候，我之所感，就其逻辑结构而论，即使在我之外并没有任何我可看见的东西，也很可以发生。我的意见的这种变化对于联结经验和外在世界所牵涉到的那些问题，大大地增加了困难。

大约就在同时，那就是说，约在一九一七年，还有一个问题使我开始发生兴趣，就是语言与事实二者之间的关系的问题。这个

问题有两部分：第一部分和词汇有关；第二部分和造句法有关。在我对于这个问题发生兴趣以前，已经就有不少人论述过了。威尔背夫人写过一本讲这个问题的书。E. C. S. 席勒一直强调这个问题的重要性。但是以前我一直认为语言是透明的——那就是说，语言是一种中介物，我们可以使用这个中介物，而不注意它。关于造句法，是数理逻辑中发生的矛盾迫使我不能不认为这种看法是不妥当的。关于词汇，是研究了在多大范围内知识能用行为主义来解释，我才有了语言的问题。有这两种理由，使我对知识论的语言方面比以前要注重得多。但是我对那些把语言当做自主范围的人从来不表同情。语言的要点是，语言是具有意义的，——那就是说，它是和它以外的某种东西有关，那种东西一般说来是非语言性的。

我最近的研究是和非证明的推论这个问题有关。以前经验主义者认为，这种推论可以成立的理由是靠归纳法。可惜可以证明的是，如果不顾常识，用简单枚举的归纳法，导致错误的时候多，得到真理的时候少。如果一种原理在能安全使用以前，非需要常识不可，这就不是一种能使逻辑学家满意的原理。因此，如果我们要接受科学的大致的轮廓，接受常识（限于无可辩驳的常识），我们就必须在归纳法之外，寻求另一种原理。这是一个很大的问题。我除了指示寻求解决的路线以外，我不能自以为还有什么成就。

自从我放弃了康德和黑格尔的哲学以后，我一直是用分析的方法来寻求哲学问题的解决。我仍然坚信（虽然近代有与此相反的倾向），只有用分析才能有进步。举一个重要的例子，我发现，借分析物理学和知觉，心和物之间的关系这个问题可以完全得到解决。不错，我所认为的这个解决还没有得到任何人的承认，但是我相信，并且希望，这只是因为我的学说还没有为人所了解。

第二章　我现在对于世界的看法

我逐渐所形成的看法几乎普遍为人所误解。因此，我要尽我所能，把这种看法简单明了地叙述一下。我现在只是想法陈述一下这种看法，而不把我相信这种看法的理由说出来。但是我要说这一点，当做一个序言：我的这个看法是把四种不同的科学综合而成的结果，即，物理学、生理学、心理学和数理逻辑。数理逻辑是用来从一些具有很少数学的平顺性的成分，创造一些结构，这些结构具有指定的属性。我把自康德以来哲学中一直很常用的程序颠倒过来。哲学家们常常是从我们"如何知道"开始，然后进而至于我们"知道什么"。我认为这是一种错误。因为知道我们"如何知道"是知道我们"知道什么"的一小部门。我之所以认为这是一个错误，还有另外一个理由，因为这容易使"知道"在宇宙中有一种它并不具有的重要性。这样就使学哲学的人相信，对非心灵的宇宙来说，心是至高至上的，甚至相信，非心灵的宇宙不过是心在不做哲学思考的时候所做的一场噩梦而已。这种观点和我所想象的宇宙相去很远很远。我毫无保留地接受由天文学和地质学所得来的看法，根据这种看法，好像除了在时空的一小片断以外，没有证据证明有任何具有心灵的东西。而且星云和星体演变的伟大历程是按规律进行的，在这些规律中，心不起任何作用。

如果接受了这个初步的偏见，显然，对宇宙史里的主要历程的理解，我们必须先在理论物理学里去寻求。不幸的是，理论物理学已经不像在第十七世纪的时候能讲得那样非常肯定清楚了。牛顿用四个基本概念来讲：空间、时间、物质和力。这四个概念都被现代物理学扫进了废物箱。在牛顿看来，空间与时间是结实、独立的东西。它们已被时-空所代替。时-空不是实质性的，只不过是关系的一个系统而已。物质不得不为事的系列所代替。力是放弃了的第一个牛顿的概念，已经为“能”所代替。而且“能”现已判明是和物质所留下的那个暗淡的幽灵分不清的。因果是物理学家们所说的力的哲学形式，也已经破烂了。我倒不以为它已经死亡了，可是它已完全没有它早日的那种活力了。

因为这些理由，现代物理学的说法是有些混乱。虽然如此，我们还是不得不相信它，不然就是很危险的。如果有一个社会，不承认现代物理学的学说，一个敌对的政府所雇用的物理学家们会很容易地把那个社会毁灭掉。所以现代物理学家所具有的威力要远远超过宗教裁判的极盛时代。我们要以敬畏之心对待物理学家的说法才好。就我个人来说，我坚决相信，虽然物理学在前进中还会有变化，现时的学说很可能要比现时世界上与之敌对的学说更近于真理。科学在任何时候都不会是十分正确的，但也很少是十分错误的，并且常常比非科学家的学说有更多的机会是正确的。因此，以假定的态度来承认它，是合乎理智的。

并非大家总是晓得理论物理学所给的知识是多么极端地抽象。它列下几个基本方程式，这些方程式使理论物理学能对付事的逻辑结构，而全不阐明具有这种结构的事的内在性质。只是我们遇到这些事的时候，我们才知道这些事的内在性质。在理论物理学里，没有任何东西能使我们对于别处的事的内在性质有所说明。这些事也许完全类乎我们所遇到的事，也许不同到不可想象。物理学所给我们的是一些方程式，说明事的变化的抽象性质。至于发生变化的是什么，以及变化由何而来，变化成什么，物理学是不讲的。

下一步是看一看知觉大约是什么，但是不出物理学的范围。对一部分黑夜天空曝光的底片能照出一些星象来。在底片和天气相似的条件下，同一部分天空的各种相片是很相似的。所以，一定是有某种影响(我用我所能想到的最模棱的字眼)发自各个星体，达到各个底片。从前物理学家们以为这个影响是由波动而成。但是现在他们认为是由名光子的小束"能"而成的。他们知道光子的速度，并且知道有时光子是怎样离开直线的路径。当它碰到一个底片的时候，它就变成一种不同种类的"能"。既然每个星体都照了相，既然在清朗的夜间没有遮蔽的天空任何地方都可以拍照这个星体，在它可以被拍照的地方，一定是有某事发生，这件事和那个星体有特殊的联系。因此，夜里空中处处都含有和能拍照得到的星体的数目一样多的事，而且这些事每个一定都有某种个别的历史，把这事和其所从来的那个星联系起来。以上所说都是把对一夜空曝光的底片加以考虑的结果。

我们或者另举一个例子，我们姑且想象有一个有钱的玩世不恭的人，到戏院看戏的人的那种故充风雅使他感到厌烦。他决定使人演一出戏，不在活人面前，而是面对一些电影摄影机。这些电影摄影机(假定都一样好)，就要产生很相近似的记录，只是透视定理和离戏台的距离不同而有差异而已。这也跟照相底片一样，表明在每一个电影摄影机里在每个瞬间发生一些事，这些事和戏台上的那些事紧密相连。这里和从前一样，也需要一些来源不同的影响。如果在某个时候一个演员喊道："侍从，你死吧！"而另一个演员喊着说："救命吧！杀人啦！"这都要被记录下来，因此，与二者相连的某件事一定是在每个电影摄影机里发生。

再举一个例子：假定把一个演说同时用若干留声机记录下来。这些留声机片和原来的演说并没有显著的相似之点。可是，运用适当的机械装置，它们可以产生和原来的演说极相似的东西。但是这共同的东西的结构只能用相当抽象的语言来表达。广播是一个更好的例子，来表明这同一历程。在收音机里，一个演说家和听他说话的人之间所发生的事，在表面上同演说家所说的和听的人所听到的完全不相同。这里，我们又是有一个因果连锁。在这个连锁里，开头和结尾是相似的，但是那些中间项目，就内在的性质来说，好像完全是属于很不相同的种类。在这一个例子里，和在那个留声机片的例子里一样，在那个整个的因果连锁里所保留的是一种不变的结构。

这些不同的历程都纯粹属于物理学。我们不认为电影摄影机具有心灵。甚至即使制造电影摄影机的人要些聪明，使剧院包厢里的摄影机拍手叫好的时候，前排的摄影机却嗤之以鼻，我们也不应认为那些摄影机具有心灵。这些物理上对知觉的比拟表明，在大多数的地方和时间（如果不是在所有的地方和时间），一大堆重叠的事项正在发生，而且很多这些事项在某一个地方和时间，由因果连锁和一个原来的事项相联结，这个原来的事项因有某种多产的遗传，在很多不同的地方产生了和自己大致相似的后代。

这些考虑使我们构成一个关于宇宙的哪种图形呢？我们的答案必须按照一些阶段来进行，这些阶段因所做的分析的程度而有所不同。现在把“事项”当做基本的概念，我认为暂时就够了。我对于每个“事项”的想法是，它占据一些时-空，它和无数别的事项重叠，那别的事项部分而不整个占据同一部分时-空。想用点瞬运算的数学家可以用数理逻辑从重叠的事的集合里来构成点瞬，但那只是为达到他的技术上的目的，我们可以暂时不管。在时-空的任何一小部分所发生的事，并非和别处所发生的事没有联系。相反，如果一个底片可以拍摄某一个星体，那是因为在底片上正在发生一件事，那个底片是由可以称为遗传的那种东西和那个星体相联结。而那个底片如果照上了相，又是另一后代的来源。数理物理学只是对于它所讲的事物的极其抽象的方面有兴趣。在数理物理学里，上面所说的各种历程好像是“能”所走的路径。那是因为数理物理学是极其抽象的，它的那个世界好像和我们的日常生活的世界很不相同。但是二者之不同，与其说是实在的，不如说是表面的。假定你研究人口统计，列在项目里的那些人差不多完全失去了记入人口普查以前的那些性格。但是在这一个例子里，因为抽象的历程进行得还不很远，在想象中使它还原，我们觉得还不很困难。可是在那个数理物理学的例子中，从抽象到具体的路程很长，而且很难，并且由于倦怠，我们很想在路上休息休息，把一种具体的真实性赋予半抽象的东西，其实它是没有那种具体的真实性的。

还有可能进一步加以分析。在这进一步的分析里，“事”已经

不是最后的生的材料了。但是，在现在的这个讨论里，我不想对此加以论列。

我们已经知道，纯乎出于物理的原因，很多不同地方和时间的事，常能集为来自一个祖先的若干家庭，就好像来自一个星的光向各方面放射一样。这样家庭的一支向下传的各代，随环境的不同，彼此有不同程度的类似。自星到我们大气的光所经的路程，其中所发生的事，变化很慢、很少。这就是为什么可以把这些事看做称为光子的单一实体的行程。这个行程可以认为是不变的。但是当光到达我们大气的时候，它就会遇到越来越奇怪的事。雾气或云彩可以把它挡住或改变。它可以碰到一片水，因此反射或折光，它可以碰到一个底片，成了对天文学家有兴趣的一个黑点。最后，它可以偶然碰到一个人的眼。这样的事发生的时候，其结果是非常复杂的。眼与脑之间发生一系列的事。这些事是生理学家所研究的。这些事和外界的光子没有什么相似，正好像无线电波与演说家的演说的不相似一样。最后，神经里起的变化（生理学家已经找了出来）达到脑里适当的部位，然后，长着那个脑子的人终于看见了那个星。这不免使人纳闷，因为看见星好像和生理学家在视神经里所发现的那些历程很不相同。可是，显然，若没有那些历程，那个人是不会看见那个星的。所以心和物之间看来是有一条鸿沟的，是有一种神秘性的。消除这种神秘性被认为是有些不虔诚的。就我来说，我相信，其神秘性并不比无线电里电磁波变为声音的那种神秘性更大。我认为，神秘性之所由起，是因为对物理世界的想法是错误的，是由于害怕把心灵世界贬低到据认为是低一级的物质世界的水平。

前面我们所讲的那个世界，完全是一个推论出来的世界。物理学所讲的那些实体我们是知觉不到的。而且，如果物理世界是由这些实体而成，我们是看不见眼和视神经的。因为，如果相信物理学家所说的话，眼和视神经也同样是由理论物理学家使我们熟悉的那些奇怪的、假设的实体而成的。可是，既然这些实体的可信性是来自推论，人把这些实体只说明到能够加以推论的程度，没有必要认为电子、质子、中子、介子、光子等等有经验的直接对象的那种简单的真实性。充其量它们只有"伦敦"所具有的那种真实性。"伦敦"是一个用起来方便的词。但是用这个词所叙述的每一件事实都可以不用这个词来说明，虽然说明得累赘一些。可是，伦敦与电子之间有一个不同之处，而且这个不同之处是很重要的：伦敦所由构成的各部分我们都能看得见。而且，我们对这些部分要比整体更有直接的认识。至于说到电子，我们是知觉不到的。凡我们知道是它的成分的任何东西，我们都是知觉不到的。我们只知道它是一个假定的实体，能供学理之用。就理论物理学而论，凡是能有这些用处的，就可以认做是电子。它可以是简单的，也可以是复杂的。而且，如果是复杂的，它可以由任何成分而构成，只要是能让得来的结构具备必要的性质。所有这一切，不但适用于无生物界，而且也一样适用于眼睛、别的感官、神经和脑子。

但是我们的世界不完全是一个推理的问题。有些东西不用询问科学家的意见，我们就可以知道。如果你觉得太热或太冷，你可以完全觉得到这件事实，而不必询问物理学家热与冷是怎么一回事。当你看见别人的面孔的时候，你有一个经验，这个经验是不容怀疑的。但是这个经验并不是由看见理论物理学家所讲的那些东西而成。你看见别人的眼睛，你相信他们也看见你的眼睛。就其为视觉上的东西，是属于世界的由推论而得的那一部分，虽然这个推论由于镜子、相片和你的朋友的证明，是相当可靠的。推论出你自己的眼睛是视觉上的东西，和物理学家推论出电子等，基本上是属于一类的。如果你要否定物理学家的推论的可靠性，你就必须也否定你知道你有看得见的眼睛——用欧几里得的话来说，这是荒谬的。

所有不借推论我就觉得到的东西，我们都可以称之为"材料"，这包括所有觉察得到的感觉——视觉、听觉、触觉，等等。常识以为有理由认为我们很多感觉是由我们体外的原因所引起。常识不相信自己所处的那个屋子在合上眼或睡了觉的时候，就不存在了。常识不相信常识中的妻子和孩子只是想象中的虚构。所有这些，我们都对常识表同意。但是常识错误的地方是，它以为无生命的东西在本质上和所引起的知觉是相似的。这样相信就和认为留声机片同它所发出的音乐相似是一样没有理由的，但是我所主要强调的并不是物质世界和材料世界的不同。相反，我认为要紧的是要弄明白，可能有比物理学初看所提示的更相近得多的类似。

我想，把我的意见和莱布尼茨的比较一下，就更能把我的意见说得明白。莱布尼茨认为，宇宙是由单子而成。每个单子是一个小的心灵，像镜子似的映照宇宙。这些单子映照的精确性有程度的不同。最好的单子所照出的宇宙图形最不模糊。由于被亚里士多德的主词——谓语的逻辑引错了路，莱布尼茨以为这些单子不互相影响，而且这些单子之继续映照同一宇宙可以用预定的和谐来解释。他的学说的这一部分是完全不能使人接受的。只是由于外界的因果性的活动施加于我们，我们才反照世界(如果我们真反照世界的话)。但是他的学说还有一些别的方面是和我所主张的学说相合的。其中一个最重要的方面是关于空间的。莱布尼茨认为(虽然关于这一点他从来没有说得很清楚)有两种空间。一种空间是在每个单子的私的世界里。单子把材料加以分析和排列，在材料以外不假定有任何东西，就能知道这个世界。可是也还有另一种空间。莱布尼茨说，每个单子从它自己的观点来反照世界。观点的不同有类乎透视的不同。整堆观点的安排就给了我们另一种空间。这种空间不同于每个单子私世界里的空间。在这个公共的空间里，每个单子占据一个点，不然至少也占据一个很小的部位。虽然在其私的世界里有一个私的空间，这个空间从其私的观点来说，是极大的。当单子放在别的单子中间的时候，这个极大就缩成一个极小的针尖。每个单子的材料世界中的空间，我们可以称为“私”空间；由不同单子的不同观点而成的空间，可以称为“物理”空间。就单子正确反照世界来说，私空间的几何性质是和物理空间的性质相似的。

这种说法的大部分可以不加改变地用来例证我所主张的学说。在我的知觉里有空间。在物理学里也有空间。据我和莱布尼茨来看，我的知觉里的整个空间只占物理空间的一个极小的部位。可是，我的学说和莱布尼茨的学说之间有一个重要的差别。这个差别是和对因果的看法的不同有关，也和相对论所引起的后果有关。我想，物理世界中的时空秩序是和因果有密切关系的。这又和物理程序的不可逆性有密切关系。在古典物理学里，事事都是可逆转的。如果你用和以前一样的速度使物质的每一小块向回动，宇宙的整个历史就要向回展开。现代物理学自热力学的第二定律出发，不但在热力学里已经放弃了以上的这种看法，在别处也已经放弃了这种看法。放射性的原子是能分解的，是不会再使它们自己聚到一起的。一般说来，物理世界里的历程都有某种方向。这种方向使因与果之间有了区别，这种区别是古典力学里所没有的。我认为物理世界里的时空秩序是包含这种有方向性的因果的。正是根据这个理由，我有一种主张，这种主张是会使所有别的哲学家们吃惊的，即，人的思想是在人的脑袋里。一个星发出的光经过介乎中间的空间，使视神经发生变动，最后在脑里发生一件事。我所主张的是，在脑里发生的那件事是一个视觉。事实上我主张，脑是由思想而成——我用“思想”这个字眼是用其最广泛的意义，和笛卡尔的用法是一样的。对这一点，大家会回答道：“胡说！我可以用显微镜看见脑子，并且，我知道脑子并不是由思想而成，而是由物质而成，就和桌、椅是由物质而成一样。”这纯粹是错误。你看脑子的时候，你在显微镜里所见到的是你私世界的一部分。你所说你正在观看的是从脑子起始的一个漫长的因果历程在你身内引起的结果。无疑，你所正在观看的脑是物理世界的一部分，但这并不是你经验中的材料的那个脑，那个脑是物理的脑引起的一个遥远的结果。如果像我所主张的那样，物理时空中的事能通过因果关系而知其在什么地方，那么，在眼和通向脑的神经中的事发生以后你才有的那个知觉，其位置一定是在你的脑中。我可以引用一九五六年四月的《心》杂志中 H. 哈逊先生的一篇文章的题目来说明我和多数哲学家意见不同之点。他的题目是《为什么我们不能见到或观察“在我们的脑袋里”发生什么事》。我所主张

的是，我们能看到或观察在我们的脑袋里发生什么事。我并且主张，在任何别的地方，我们什么也看不到，也观察不到。

我们由另一条路也可以得到同样的结果。我们前边讲到底片给繁星的天空的一部分拍了照的时候，我们知道，这包含底片上发生了很多事，即，对所能拍摄到的每个物件，至少都有一件事发生。我推知，在时-空的每一小的地方，都有极多的重叠的事，这每一件事都由一条因果线连到某一较早的时间的来源去，虽然是在极微的较早的时间。把一个敏感的仪器（比如说，一个底片）放在任何地方，在某种意义上可以说，它是“知觉”到这些因果线所从来的那些物件。除非该仪器是一副人的脑子，我们是不用“知觉到”这个字眼的。但是那是因为，活的脑子所在的地方对那里发生的事有某些特殊关系，其中最重要的是记忆。凡这些特殊关系存在的地方，我们就说有一个感受者。我们把“心”说成是事的集合，这些事借记忆连锁前后彼此相连。一个这样的事的集合——即构成我们自己的那个事的集合——我们知道得要比世界上任何别的东西更亲切、更直接。关于我们有什么事发生，我们不仅知道抽象的逻辑结构，我们也知道其性质，也就是说，声音的特性之不同于颜色，或红色之不同于绿色。在物理世界中，这样的事是我们所不能知道的。

在以上所说的学说中，有三个要点。第一个是，数理物理学中的实体不是世界所由成的材料，只是构筑起来的东西。这些构筑起来的东西是由事而成，为数学家的便利而把那些实体当做单位。第二个是，所有我们不由推理而知觉到的东西，是属于我们私的世界。在这一方面，我是和贝克莱同意的。在视觉里我们所知道的星空是在我们的体内。我们相信的那个外界的星空是由推理而得的。第三点是，使我们能以知觉到各种事物的因果线（纵然处处都有这样的一些线）就如沙上的河，是容易渐渐消失的。这就是为什么我们并不能永远能够知觉到各种事物。

我不自以为以上的学说能够得到证实。我所坚持的是，就如物理学中的一些学说一样，我的学说是否证不了的，而我的这个学说却能回答很多问题，这些问题是那些旧的理论学家们难以索解的。我认为任何谨慎从事的人对任何学说，不能比这还有更多的要求。

第三章　最初的努力

我是十五岁的时候开始思考哲学问题的。从那时起，直到三年以后去剑桥的时候，我的思考是孤独的，而且完全不是专业性质的。因为我没有念过哲学书籍。直至去三一学院之前的几个月，我才读了弥尔的逻辑学。我的大部分时间都为数学所占据。而且主要是数学统治了我在哲学思考上的尝试。但是在情绪上引起我思考的动力主要是怀疑宗教上的基本教条。我之注意到我对神学的怀疑，不只是因为我在这以前曾在宗教中得到安慰，而且也是因为我觉得，如果我揭露了这些怀疑，会使别人感到痛苦，会使人笑我。因此，是非常孤单寂寥的。就在我十六岁生辰的前后，我把我的信仰和不信写下来，是用希腊文字母拼写，目的是不使别人知道。下面是我这些思考的一些节录。

一八八八年三月三日。我要把我现在感兴趣的一些题目写一写，特别是宗教上的题目。由于一些不同的情况，我考察了自幼受过熏陶的宗教的基础。在几点上，我的结论是证实了我从前的信仰。在另一些点上，我是无法抗拒地被引到一些结论上去，这些结论不仅会使家里的人大为震动，而且也使我很感到痛苦。没有什么事物我对之确信不疑。但是我对一些事物的意见(甚至非坚信的所在)几乎是肯定的。我没有勇气告诉家里的人我不大相信不死……

十九日。我今天要把我相信上帝的理由写下来。首先我可以说，我是相信上帝的，而且，如果我必须给我的信仰加一个名字，我应该称我自己为一个有神论者。那么，为给相信上帝找理由，我只把科学上的论证拿来考虑一下。这是我做过的一个誓言。我遵守这个誓言、摆脱一切感情，是很吃力的。为了给相信上帝找科学上的根据，我们必须回到万物的开始去。我们知道，如果现在的自然律从来就起作用，现在宇宙中的物和力的量不多不少必是永远存在的。但是那个星云的假定指出，不是很久以前，整个宇宙是充满了没有分化的星云物质。所以，很可能现在所存在的物与力，也许又有所创生。那显然只能是由于神的力量。但是，即使承认物与力从来就是存在的，对于施加于物上的力加以控制的原因，又是哪里来的呢？我想，只能归之于一种神的控制力，我称之为上帝。

三月二十二日。在上次的练习里，我用自然的一致性和一些规律在自然各方面的运行上的守恒性，来证明上帝的存在。现在我们看看这种推理合理不合理。我们假定我们现在所见到的宇宙，就像有些人所假定的那样，完全是偶然生成的。那样，我们就指望，每个原子无论是在什么情况下，完全和另一个原子一样运行吗？我认为，如果原子是无生命的，那就没有理由指望没有一种控制力，它们就有任何活动。另一方面，如果它有自由意志，我们就不得不得出这样的结论：宇宙间所有的原子在固体中联合起来了，并且立定了法律，它们之中的无论哪一个都不曾违反过。这显然是一个荒谬的假定，因此我们就不得不相信上帝。但是这样来证明他的存在，同时也就否证了奇迹以及大家所相信的其他的神力的显现。可是，这并不能否证其可能性。因为，立法者当然也能撤销法律。我们也可以用另一方法得以不相信奇迹。因为，如果上帝是立法者，若是这法律有时须加以改动，当然这就意味着法律的不完善。这种不完善我们永远不能归之于神性，像《圣经》里上帝对他的工作抱有悔恨的那样。

四月二日。现在我来讲一个题目。这是这些可怜的、终有一死的人都亲切感到兴趣的题目，也许比任何别的题目都更感兴趣。我是说不死这个问题。这是一个最使我失望的问题，想起来颇感痛苦。看待这个问题有两种方法：第一是用进化论和把人跟动物加以比较来看。第二是把人和上帝比较来看。第一个是更合乎科学，因为关于动物的一切，我们都知道。但是关于上帝，我们是一无所知。那么，我认为，若是先考虑自由意志，人与原生动物之间并没有清楚的界线。所以，如果我们给人以自由意志，我们也不能不给原生动物以自由意志。这是很难做到的。因此，除非我们愿意把自由意志给原生动物，我们就不能把自由意志给人。不过这有可能性，但是是很难想象的，如果我觉得很可能原生质只是在普通的过程中没有来自上帝的任何特殊的神意而聚在一起。那么我们以及所有的有生命的东西只是由于化学上的力量而运行，而且并不比一棵树更为使人惊异，没有人会说树是有自由意志的。不但如此，甚至如果对于任何时候加于任何人的力量、推动或制止他的动机、他的脑子任何时候的构成，我们了解得都十分清楚，我们就能准确地知道他要做什么。而且，从宗教的观点来说，我们若说有自由意志，那态度是傲慢的。因为，那当然是打断了上帝的律法。因为他的一般的律法使所有我们的行动是像恒星那样固定下来的。我认为，我们必须把初次立法留给上帝，这些律法永不容违背，并且决定每个人的行为。那么既然没有自由意志，我们就不能有不死。

星期一，四月九日……我真希望我能相信永生，因为我一想起来就难过：人只是一种机器，这个机器对他来说不幸赋有意识。但是没有别的学说是和上帝的全能相符合。我想对于上帝的全能，科学是给了充足的表明的。所以我不能不是一个无神论者或不相信不死的人，二者必居其一。发现前者是不可能的，我接受第二个，并且对此不让任何人知道。我认为，这种对人的看法无论是多么使人失望，想到上帝在太初的时候创造了律法，这些律法在仅是一团星云物质（也许只是弥漫在宇宙的这一部分的以太）上发生作用，就能产生像我们这样的动物，不但意识到我们的生存，而且甚至在某种程度上能够测量上帝的秘密，想到这些，的确给我们一种感觉，觉得上帝伟大，令人赞叹！对所有这些，他并没有另加干预！现在让我们想一想意志不自由这种学说，是不是很荒谬。如果我们对任何人来谈它，他们就要踢腾他们的腿，或做出与此类似的动作。可是，他们也许是禁不住要这样做，因为他们要证明一件事。因此这就给他们这样做的一种动机。这样说来，我们无论做什么事，我们都有动机。是由这些动机来决定我们的。还有，在莎士比亚或赫伯特·斯宾塞尔和一个巴布亚人之间

是没有分界线的。但他们和一个巴布亚人之间的不同好像同一个巴布亚人和一个猴子之间的不同是一样大的。

四月十四日。但是说人不能有不死，人没有自由意志，也没有灵魂，总之，他不过是具有意识的一架巧妙的机器，像这样的学说是有很大的困难的。因为意识就其本身来说是区分人与死的物质的一种性质。如果人具有一种东西，使其不同于死的物质，为什么不能有另一种东西，自由意志？自由意志的意思是说，人（举例来说）不遵循第一运动律，也可以说，至少他们所含的能量所施展的方向，不完全有赖于外界的环境。不但如此，好像不可能想象，人，那个有理智、有了解宇宙的知识、有是非之心、有情绪、有爱与憎、有宗教的人，会只是一种可以消灭的化学化合物，他的性格和他的好影响或坏影响只是，并且完全有赖于他脑中分子的特殊运动。而且所有伟大的人物其所以伟大是由于某一个分子比别人的更常冲撞某一个别的分子！这不像是完全不可信吗？凡相信这种荒唐的事的人，不必定是疯子吗？但是另外一个可供选择的道路是什么呢？那就是承认实际上已经证实了的进化论。猿人渐渐增加了知识，上帝忽然显了奇迹，给了它令人吃惊的理智。我们是怎样得来理智的，那是一件神秘的事。然后，确实可称为上帝的光辉的作品的人，在他演进了这么多年代之后，要注定完全消灭吗？我们没法说。但是我宁愿取这种说法，而不取另一种，就是，上帝需要奇迹来生出人来之后，现在又让人自由行动，愿意做什么就做什么。

四月十八日。那么，姑且承认人不能不死和没有自由意志的学说，这从来就不过是一种学说。因为，所有这类的东西，当然只是一些揣测而已。我们对于“是”和“非”又能有什么想法呢？很多人说，如果你提到像“预定”这样的荒谬学说（这和前边所说的那种说法也差不多，虽然大家不这样想），那么，“良心”等等（大家说是上帝直接灌输于人的）又将如何呢？我的意思是，我们的良心首先是由于进化而来的（进化当然要养成自我保存的本能），其次是由于文化和教育。这大大改善了自我保存这个观念。我们姑以十诫为例，来说明原始道德。十诫中的多数是有助于使社群生活安定。这对于保存种族是有利的。所以，大家认为，最大的罪恶，犯了最感悔恨的是杀人。这种罪简直是毁灭种族。还有，我们知道希伯来人认为，子女多是上帝加恩的标志，而没有子女的人被认为是被上帝所厌弃的。罗马人中，寡妇是被人憎恨的。并且，我相信，罗马禁止寡妇一年以上不嫁。那么，这些特别的想法是怎么回事呢？这不只是因为这些受人怜悯或憎恶的对象不再生产人了吗？我们很可以了解，当人们变得很懂得道理的时候，为什么这些思想会生长出来。因为如果杀人和自杀在一个部落里流行起来，那个部落就会灭亡。因此，害怕这些行为的部落会得到很大的好处。当然，在具有更高教育的社会中，这些思想是有改变的。至于我的思想，我打算下回再加以说明。

四月二十日。所以我想原始道德总是起源于保存种族这个观念的。但这是一个文明社会应当遵守的规则吗？我认为不是，指导我的行为的生活准则（背离这个准则我认为就是犯罪）是这样来采取行动，这种行动我相信最可能产生最大幸福，无论是从幸福的强度或得到幸福的人的数目着想。我知道我的祖母认为这是一个不现实的生活准则，并且说，既然，你无法知道什么是产生最大幸福的事，你不如听从你内心的召唤。可是，不难看到，良心大半是有赖于教育的，（举例来说，普通的爱尔兰人不以说谎是不对的。）我觉得，仅这件事就足以否证良心的神圣性。据我看，既然良心不过是进化和教育合起来产生的，那么，显然随良心而不听从理智而行，是荒谬的。并且，我的理智告诉我，为产生最大幸福而行，要比别样的行动更好。因为我曾努力看有什么别的目标可以放在我的眼前，但是我看不到。这不是专为我个人的幸福，而且也是为每个人的幸福，不分我自己、亲属、朋友或完全不认识的人。在实际生活中，别人若是和我的意见不一致，对我来说，也没有多大关系。因为，显然若是有被发现的机会，还是做家里人所认为对的事才好。我的看法的理由是，首先，既已被迫不得不放弃那个问自己的良心的老办法（凡是认真思考过进化的人都不能不如此），我找不到什么别的目标。其次，我觉得，幸福是可寻求的一件伟大的事，实际上也是所有老实的大众所寻求的事。把这个学说应用于实际生活，我要这样说：若是有一件事只是与我自己有关（如果真有这样事的话），我当然应该完全为自己打算来采取行动，使我自己高兴。另举一个例子来说，假定我有机会救一个人，这个人我晓得是一个坏人，他最好是不在世界上，显然，我应该为我自己的幸福起见跳到水里去救他。因为，如果我死了，这是最爽快的办法。如果我救了他，我就会得到被人赞扬的那种快乐。可是如果我任其淹死，我就失去一个死的机会，就要受被人责备的苦。但是他死了，对于世界会有好处，我活着可能对于世界也有些益处。

四月二十九日。我曾有过誓言，无论做什么事，我都要听从理智，而不按照本能去做。本能一部分是由我祖先的遗传而来，渐由选择得到加强，一部分是来自我的教育。在是与非的问题上，循本能而行是非常荒谬的。因为，我从前说过，来自遗传的那一部分只能是为了保存种族，或保存我所属于的那一部分种族。来自教育的那一部分是因个人的教育而有好坏。可是这个内心的呼声，这个上帝赐予的良心（它曾使血腥的马利亚把新教徒活活烧死），这就是我们这些有理智的人所应听从的，我认为这个主意是发疯。我要竭力遵循理智。我所认为理想的是，最终产生最大多数最大幸福的事。然后我能应用理智，找出最能得此结果的道路。但在我个人方面，由于我受过良好的教育，我也多少能循良心而行。但奇怪的是，大家很不乐意放弃兽性的冲动，而运用理智……

五月三日……另外还有一个很有力的论据，我没有把它放在恰当的地方，即，尘世的灵魂好像是和身体连在一起，分不开的。它与身体同生长，同衰歇，同睡眠，影响脑子，又被脑中异常的情况所影响。华兹华斯的《暗示》是骗人的。因为灵魂与身体如何生长，是显而易见的，并不像他所说的那样，从开始就是完美的。

六月三日。非同小可的是，使我深信的原理或信条是绝无仅有的。我发现，从前毫不怀疑的信仰却一个接一个地溜掉了，滑到可疑的地方去。例如，我以前从不怀疑获得真理是件好事。但是我现在非常怀疑和踌躇。因为寻求真理使我得到写在这本书里的那些结果,而如果我满足于接受我幼时的教导,我本会感到舒服的。寻求真理把我从前大多数的信仰给打碎了,使我可能是犯罪,不然我是不会犯的。我不认为寻求真理在任何方面使我比以前更幸福;当然,这使我的性格更深沉,对于琐事或嘲笑不屑一顾。但是同时也因此失去了欢乐的心情,更不容易交结密切的朋友。最糟的是,这使我和家人融洽的来往受了阻碍。这就使他们完全不知道我内心最深处的一些思想。这些思想如果我偶不留意泄露出来,立刻就成了笑柄。这使我感到难言的隐痛,虽然他们原不是出于恶意的。所以就我个人来说,我不能不说,寻求真理的结果是弊多利少。可是我接受的所谓真理也许可以说不是真理,并且也许有人对我说,如果我得到真的真理,这就使我更加幸福些,但这是一个很可怀疑的提法。因此,对于真理的纯粹好处,我很怀疑。毫无疑问,生物学里的真理降低我们对人的看法。这必然是使人感觉痛苦的。不但如此,真理会疏远从前的朋友,使人不能交新朋友。这也是一件坏事。也许我们应该把这些事情看做和殉道一样。因为一个人得到的真理也许会使许多别人增加幸福,即使不是他自己。总的来说,我是趋向于寻求真理,虽然这本书里的那种真理(如果那果真是真理的话)我无意传布,倒是设法阻止传布。

我这时的心情是处在一种混乱状态。这种状态之起因是由于想把各种观点综合起来,把属于三个不同世纪的情感方式综合起来。正如上面节录里所表明的那样,我的思想大致是沿着近乎笛卡尔的路线而进行的。那时我对于笛卡尔这个名字很熟悉，但是我只晓得他是笛卡尔坐标的发明者，并不知道他早已写过哲学。我否认自由意志是因为自由意志是有损于上帝的全能。这有可能引导我走到像斯宾诺莎那样的哲学去。使我采取这个十七世纪的观点的原因和原来产生这个观点的原因是一样的：即，对于力学的定律很熟悉，并且相信这些定律能够解释物质的一切运动。可是，过了一些时候，我不信上帝了，进而采取了一个立场，这个立场很像十八世纪的法国哲学家们的立场。在热心信仰理性主义上，我是和他们同意的；我喜欢拉普拉斯的计算机；我憎恨我认为是迷信的东西；我深信把理智和机械合起来，可以使人完美无缺。我对所有这一切很热心，但不是激于感情。可是，与此同时，我有一个很强的情绪上的态度，为这种态度我是无法找到理智方面的支持的。我悔恨失去了宗教信仰；我狂热地爱好自然美；我以同情心（虽然在理智上很明确是拒斥）读华兹华斯、卡莱尔和丁尼荪为宗教辩护的、富于情感的诗。在读弥尔的《逻辑》之前，除了伯克尔以外，我不曾遇到任何书在我看来在理智上是无可非议的。但是，即使如此，我被我不能接受的辩才所感动。卡莱尔的《永不》和《永远是》我觉得是了不起的，即使我认为，归根到底都是些胡言乱语。那时候我所知道的作家中，只有雪莱是完全合我的口味的。他之合我的口味不只是在他的长处方面，也在他的短处方面。他的自怜和他的无神论都使我得到安慰。我简直无法把十七世纪的知识、十八世纪的信仰和十九世纪的热诚合成一个和谐的整体。

我不只是对神学有怀疑，对数学我也有怀疑。有些欧几里得的证明，特别是些用叠加法的证明，我觉得是很难站得住的。我的

一个家庭教师对我提到非欧几里得几何学。除了它存在这件事之外，我对它是毫无所知。直到很多年以后，我知道了有这样的一个科目的时候，虽然是很兴奋的，在理智上说是愉快的，但在几何学上却产生了很多怀疑，使人不安。那些教我微积分的人不晓得它的基本定理的正当的证明是什么。他们想法说服我，让我把公认的诡辩当做信仰来接受。我晓得微积分在实践上是有用的，但是我不明白为什么会这样。可是学会了这种技巧，我觉得非常愉快，因此我常常忘却了我的怀疑。后来，在某种程度上说，有一本书使我的怀疑安静下来。这本书使我很高兴，即，W. K. 克利福德的《精确科学的常识》。

虽然充满了青年期的苦闷，我在这些年还是因知识欲和想在学问上有成就一直在努力。那时我想，廓清糊涂的东西应该是办得到的，并且认为，在机器为人劳动、公平分配的世界中，每人都会是幸福的。那时我希望，迟早会有一种没有怀疑余地的、弄得尽美尽善的数学，并且一点一点地把确实性的领域从数学扩展到别的科学去。在这三年里，我在神学里的兴趣越来越淡。我抛掉了正统神学的最后残余，真是觉得如释重负。

第四章　一时走入唯心论

直到一八九〇年的十月我去剑桥之前，除了弥尔之外，我不曾接触到专业性的哲学家，无论是他们的书，或是他们本人。虽然在头三年里我不得不把我大部分的时间用于数学，我还是念了不少哲学书，做了大量的哲学上的辩论。一位默尔敦的哲学教授，并且是布莱德雷的信徒，名哈勒德·究钦的，是我们在赫泽尔米尔的邻居，后来成了我叔父的连襟。我告诉他，我对哲学有兴趣。承他的善意，给我开了一个必读的书单。我现在只记得书单里的两项：其一是布莱德雷的《逻辑》，他说这本书很好，但是难读；另一本是鲍桑葵的《逻辑》，他说这本书更好，但是更难。也许出乎他意料，我着手读了他那书单上的书。但是我读哲学书因一件偶然的事中断了一个时期。一八九二年初，我患过一次轻微的流行性感冒。这次感冒有好几个月使我完全没有精力或兴趣做任何事情。这时我的工作做得不好。因为我不曾对任何人说过我得过感冒及病后的余波，别人就认为弄糟我的数学是因为读哲学的缘故。我原是请教过詹姆士·渥德我应该读什么书的。他把我叫了去，对我说，一个“数学考试及格的人”就是一个“数学考试及格的人”。他从这一个同一律的例子就得出这样的推理：在我考过数学优等考试之前，最好不要再念哲学书。结果是，我在数学里的成绩不像他劝告我

的时候所想的那么糟。

我当大学生的时候，剑桥数学的教学可以肯定说是不好的。其不好，一部分是由于优等考试中把成绩列为先后，这在不久以后就废除了。因为需要细致分别不同考生的能力，遂致注重“问题”，不注重“对书本的研究”。对数学原理提出证明，是对逻辑理解力的侮辱。说真的，整个数学这个科目让人看成是一套聪明的把戏，用来堆积优等考试的分数。所有这一切对我的影响是，使我认为数学是可厌的。当我考完我的优等考试的时候，我把我所有的数学书都卖了，发誓永远不再看数学书。就这样，在我的第四年里，我以全神的喜悦心情，跳进了那个奇异古怪的哲学世界。

我所受的影响都是朝着德国唯心论那个方向的，不是康德的唯心论，就是黑格尔的唯心论。只有一个是例外，那个例外就是亨利·西季威克。他是最后还活着的一个边沁主义者。当时，我和别的青年人一样，并不给他以应有的尊敬。我们称他为“老西季”，认为他完全过了时。与教我关系最密切的两个人是詹姆士·渥德和G.F.斯涛特，前者是一个康德主义者，后者是一个黑格尔主义者。布莱德雷的《现象与实在》是在这时发表的。斯涛特说，这本书的成就在本体论里是竭尽人类之能事的。可是这两个人对我的影响都没有麦克塔葛的大。麦克塔葛对粗朴的经验论的回答是黑格尔式的。在这以前，粗朴的经验论是使我感到满意的。他说他能用逻辑来证明这世界是好的，灵魂是不死的。他承认这个证明是冗长的、难懂的。人研究哲学若不研究一个时期，是不能指望懂得这项证明的。我拒而不接受他的影响。渐渐抵抗的力量越来越小，直到一八九四年正在我考过道德科学优等考试之前，我完全转到一种半康德半黑格尔的形而上学去了。

考过优等考试之后，学业的下一步是写一篇大学研究员论文。我选择《几何学的基础》做我的题目，特别注意"非欧几里得几何学"对康德的超验的感觉的影响。我做这篇论文的时候，有时研究经济学和德国的社会民主主义。德国的社会民主主义是我第一本书的题目，是以在柏林度过的两个冬天的工作为基础的。这两个冬天和我与我的妻子在第二年(1896)去美国一趟对我摆脱剑桥的褊狭态度起很大的作用，使我知道了德国在纯数学里的研究，这些研究我以前都没听见说过。我从前虽然发过一个誓，我还是念了很多数学的书，其中有不少我后来发现是和我的主旨不相干的。我读了达尔包的《论面》、戴因的《实变数函数论》、几本法文的论分析的书、高斯的《曲面通论》和葛拉斯曼的《扩延论》。我念这本书是由怀特海引起的。他的那本使我兴高采烈的书《普遍代数学》是这时不久以后发表的。这本书主要是和葛拉斯曼的系统有关的。可是我相信应用数学要比纯粹数学更值得研究，因为应用数学更可能促进人类的幸福(我是以维多利亚时代的乐观主义这样设想的)。我仔细地读了克拉克・麦克斯威尔的《电和磁》，我研究了黑尔次的《力学原理》。赫兹制造电磁波成功的时候，我很高兴。我对于J.J.汤姆逊的试验工作十分感兴趣。我也读了一些与我的志趣更有关系的书，如戴地钦德和坎特的书。弗雷格对我的帮助本可以更大，可是我是后来才知道他的。

我的第一本哲学书《论几何学的基础》是我的大学研究员论文的改作，现在看来是有些糊涂的。我提出康德的问题："几何学如何能够成立？"我以为几何学能成立的唯一条件是，如果空间是为人所承认的三种形式的一种，其中之一是欧几里得的，另外两种是非欧几里得的(但有保持一个不变的曲率度量的属性)。爱因斯坦的革命把类似这种观念的一切东西都一扫而光了。爱因斯坦的广义相对论里的那种几何学我原说过是不可能的。爱因斯坦所根据的张量学说对我本可以是有用的。但是在他用它以前，我从来没有听见说过。细节不谈，我认为，在我这本早期的书里，完全没有什么可靠的东西。

可是更糟的还在后头。我的几何学学说主要是属于康德那一派的。但是在此之后，我以全力治黑格尔的辩证法。我写了《论数与量的关系》一文，纯然是黑格尔派的。这篇文章的主旨是在头两段里。这两段如下：

> 我想在这一篇文章里讨论数理哲学里最基本的问题之一。我们对于微积分及其结果，总之，一切高等数学的解释，都有赖于我们对这种关系所采取的观点。“连续”这个观念(这在哲学以及数学里已渐渐越来越显著，并且，尤其是近来，把休谟和康德共同主张的那种原子式的看法扫除了)，我认为其能站得住与否是要看数学里量与数哪个更可靠而定。可是在这里没有必要讲数学上的考虑，在纯逻辑方面考虑一下数与量就够了。我用量总是等于连续的量。我在这篇文章里力图把“连续”这个词的意思弄清楚。
>
> 我的论证如下：首先我将讨论“数”；并且说明其在正整数以外的扩展是由于渐次吸收基数的性质，并且对于整数越来越说得少，然后我再讨论数之用于连续，并且力图说明，数本身不能说明量，只能对一个已具有量的基数供比较而已。可

见量只能由分析基数而得。假定量是若干量的一种内在性质，我将讨论两个假设。第一个假设把量看做一种不可约的范畴，第二个假设把量看做一种直接感觉材料。根据第一个假设，我们将见，广延的量若是可分的，就是矛盾的，所以不能不看做确是不可分的，因此，也就是内涵的。但是如果内涵的量是内涵的若干量的一种内在性质，也显然仅是它们之间的一种关系。因此，"量是给予一种性质的那么一种范畴"的那个假设就不得不加以否定。量是一种感觉材料那个假设也会导致矛盾，因此，我们不得不否定量是若干量的内在性质的那种看法。我们倒要把它看成是一个比较范畴。我们认为，在可以用量来对待的事物中，是没有共同属性的，除去包含在外在属性之内的，还有别的在质上相似的东西，它们可以在量上与这些东西相比较。这就在广义上把量变成了测度。我认为，我们从前的困难就因之消失了。但是，同时和数的各种关系就断绝了，——我们说，"量"或"测度"是完全独立的一个比较概念。但是讨论包含在测度里的那种比较又带回我们从前的那些困难，成为一种新的形式；我们就要发现，虽然我们已不再把所比较的项看做是属于量的，它们却有不少矛盾，这些矛盾和在这篇文章的第一部分应属于量本身的那些矛盾是相似的。

虽然古都拉把这篇文章说成"这是一篇精妙的辩证法杰作"，我现在却以为它毫无价值。

我较年轻的时候，我对于我的一些学说的定论有（也许现在仍然有）一种几乎是不能让人置信的乐观主义。一八九六年我写完那本论几何学基础的书，然后就立刻从事于意在类似写法的论物理学的基础的书。那时的印象是，关于几何学的问题算是解决了。关于物理学的基础，我工作了两年。但是那时为表示我的意见所发表的唯一的东西是已经提过的那篇关于数与量的文章。那时我是一个羽翼丰满的黑格尔主义者。我的目的是构筑一个完整的关于科学的辩证法，最后是证明所有实在都是属于心灵的。我接受那个黑格尔主义的看法，即，没有一种科学完全是对的，因为所有科学都有赖于某种抽象作用。任何抽象作用迟早都会导致矛盾。凡是在康德和黑格尔冲突的地方，我总是偏袒黑格尔。康德的《自然科学在形而上学上的基本原理》给我的印象很深，我在上面做了详细的笔记，但是我说："这书分为四节，和他的范畴表相应。在每节里有三个定律，和三个范畴相应。但是这三个定律常常是勉强的，两个就自然了。"

在物理学哲学里，有两个问题使我特别感兴趣。第一个是绝对还是相对运动问题。牛顿有一个论证，表明旋转一定是绝对的，而不是相对的。但是，虽然这个论证使人们不安，他们对这论证却找不出一个答案来，与此相反的意见（即，一切运动都是相对的）的论证好像至少也一样使人信服。这个谜在爱因斯坦提出"相对论"以前，一直没有得到解决。从黑格尔的辩证法的观点来看，这是产生自相矛盾的合适的源泉：没有必要（我那时这样想）在物理学找到解决，而是必须承认，物质是一种不真实的抽象作用。没有一种关于物质的科学在逻辑上能够令人满意。

另一个令我关心的问题是，物质是由空的空间隔开的原子所构成，还是由充满一切空间的一种充实所构成？最初我倾向于前一种看法。这种看法的最有逻辑性的说明者是柏斯考维奇。据他看，一个原子只占据空间的一个点。所有的相互作用都是离开一段距离的动作，就和牛顿的引力定律一样。可是法拉德的试验产生了一种不同的看法，并且这种看法体现在克拉克·麦克斯威尔的伟大的讨论电和磁的书里。怀特海的大学研究员论文[①]就是讨论这本书的。怀特海极力主张我采取这本书的见解，而放弃柏斯考维奇的看法。除了经验上的论证是偏向这种看法之外，它还有一种长处，就是它把"间隔作用"给放弃了。间隔作用一直是不能让人相信的，甚至对牛顿来说，也是如此。当我采用了这个更近代化的看法的时候，我给它加上了一套黑格尔的服装，把它表现为自莱布尼茨到斯宾诺莎的一种辩证的过渡。这样就允许我让我所认为的逻辑次序胜过年代的次序。

重读自一八九六到一八九八那几年我所写的关于物理哲学的东西，现在看来，完全是胡言乱语。我很难想象怎能不做如此想。所幸在任何这种研究达到我认为可以发表的阶段，我改变了我整个的哲学，把我在那两年里所做的一切，统统忘掉。可是我在那个时候所做的笔记可能还有历史的价值。虽然这些笔记现在看来是误入歧途，我不认为比黑格尔的著作更是如此。以下是那几年我所做的笔记里的重要的几段：

① 因为这个理由，在剑桥，大家总是以为怀特海是一个应用数学家，而不是一个纯数学家。纵然有他的《普遍代数学》，这种看法还是存在，对这本书，剑桥没有予以应有的重视。

论科学辩证法观念

（一八九八年一月一日）

先把空间和时间包括在内，借此得到一个对“现象”的关系比对纯逻辑更为密切的辩证法，看来是可能的。其与纯逻辑的不同也许不仅是由于范畴的系统配列，因为，在范畴与感觉之间也许有一种我们可以称之为化学的联合，这就导致一些新的观念，这些新的观念是只由以后的纯范畴的系统配列所得不到的。在这个辩证法里，我应当从这个结果开始，即，量是一个只能用于直接材料的概念，由于这样应用，就使这些材料变为间接的了。所以，辩证地从量而来的所有的东西实质上是和逻辑范畴不同的。逻辑范畴都不能应用于纯粹的直接材料。数学的成功既支持这种看法，又因这种看法得到解释。在“连续”和“充实”这些观念中，逻辑所无法找到的直接性，仍然还有，看来是可能的。这样，我们也许找到了一种把现象变为“实在”的方法，而不是先构成“实在”，然后遇到一种走不通的二元论。

但是必须说，在这种辩证法里，除去最后的阶段以外，在所有的阶段里，我们必须避免过于严格要求自圆。因为一种感觉上的成分总是存在的。我们不能把每个矛盾都看做是有损于我们的概念。有些矛盾必须看做是不可避免地来自感觉上的成分。因此，在这样的辩证可以构成之前，必须发现一种原则，用这个原则来把可避免的和不可避免的矛盾分别开。我相信，唯一不可避免的矛盾将是属于量的矛盾，即，两件事物可以是相异的，即使在概念上完全相同，并且其差异可以是一个概念。看来，这个矛盾的必然性是来自这样一件事实，即，差异可以存在于感觉。

论几何学到动力学的过渡

一般认为物质可以由两种属性中的一种来做界说：广延，或力。但是，如果像讨论几何学所提示的那样，空间纯粹是相对的，广延就不能是物质的特点。广延只能是本体的作用。因此就只剩了力，那就是说，原子只能被看做是力的无广延的中心，不是在本性上是有空间性的，只是由于其相互作用，才有位置。那么，力只能由产生运动来表现其自己。对力的平衡的那种静的想法，是由动的想法演绎而来的。因此，几何学含有对物质的考虑。基本上必须把物质看做是在别的物质上产生运动的那么一种东西。在这里，我们对物质有一个主要是相对的看法，这个看法是合意的。而且，如果把物质当做最后范畴，这个看法的相对性是含有矛盾的。我们首先必须讨论运动定律，然后表明这些定律以及这些定律对物质的说法包含一些更多的东西，并且把我们引向某种别的科学。

注意：为了自几何学向力学有辩证的过渡，几何学包含着空间里不同的部分或形状的对立，这包含着运动，而且，运动包含着一种不仅是占空间的物质，因为一种只能由其位置来划定的空间位置是不能动的。因此，若没有运动的物质，几何学就是不可能的。这就把我们引到运动学，由运动学到力学，因为运动包含一个运动着的物质，这个运动着的物质的运动只对别的物质是相对的。运动不能不有一个原因，运动既是一点一点的物质之间的一种相互关系，这些一点一点的物质之间的相互作用一定就是这个原因。这已经就包含着运动定律。

物质的几个定义

一般定义。　物质就是外界的感觉材料中由于比其他任何感觉材料矛盾更小，可以被认为是逻辑上的主语或本体的那么一种东西。

Ⅰ.运动学上的定义。　物质就是那么一种东西，空间关系是它的形容词。

我们知道，在几何学里，使空间成为一个逻辑的主语的努力是完全失败的；只有在空间只是一个形容词这个条件下，使空间的知识成为可能的那些公理才是真的。因此，它必须是某一东西的形容词。甚至几何学虽然在别的方面与物质无大关系，一般说来，也把这某东西算做其可能的一个条件。因为几何学是把空间的不同部分做比较；因此，其可能性包含着运动的可能性，那就是说，包含着位置变化的可能性。就几何学而论，这还没有牵涉到时间，因为如何引起位置变化，是与此不相干的。也不牵涉到物质的任何属性（所牵涉到的唯一属性是，可以有不同的空间性形容词，而不会失去其同一性）。但是这些都是必需的，因为运动是不能不有的，而运动除空间而外还包含一些别的东西，因为纯粹的位置是不动的。总之，空间是不动的，因此，如果没有运动，几何学就是不可能的，我们就需要有能在空间里运动的某种东西。而且几何学所需要的空间不只是一个形容词，而且是一个关系形容词。所以这种运动学上的物质的最后成分一定不包含空间，而是由于它们的空间关系定位为点。这些成点的原子依自由移动公理，必须（举例来说）实际上是移动的，意思是说，变换他们的空间关系。——但是

它们如何运动,在这里是不相干的。原子只能由彼此的关系来确定位置。只有这些关系在它们的多种可能价值中,产生空间。所以,举例来说,如果只有两个原子,空间就只是把它们连起来的那条直线;如果有三个,空间就是它们所在的那个平面。

Ⅱ. 物质的动的定义。物质不仅是可以移动的东西,而且也能使别的东西移动;两块物质能因果地相互影响,遂致改变了它们的空间关系。

在以上的定义中,我们已经见到,物质必是实际上移动,那就是说,改变它对别的物质的空间关系;那么,这种改变是一件事,并且,按照因果律,这种改变一定有一个原因。不但如此,如果我们要能构成一种动力学,也就是说,运动中的物质的那么一种科学,不考虑宇宙中的别的事物,我们必须能够在我们已经有的概念中找到这个原因,就是说,在物质和空间关系中找到这个原因。离开较高的范畴,我们无法真能构成这样的一种科学。这可以由绝对运动的自相矛盾,得到证明。因此,所表现为物质的运动,其原因实际上一定是比仅是物质或力更为复杂的某种东西。所以我们说,物质的运动其原因是来自物质:任何两块物质都有一种互为因果的关系。这种关系有改变它们的空间关系(即它们的距离)的倾向,这种关系就是力。

力必是有相互性的(第三定律),因为它的结果是距离的改变。距离的改变是一种相互关系:不但如此,除非我们认为它能在无限小的时间里产生有限的结果(那是荒谬的),它的结果一定是,在一个有限的时间里,对空间关系产生一个有限的改变,因此,也就是有限的速度。这就产生了它的即刻的结果,也就是加速度(误谬!)

(这等于第一定律)。还有,为了一种力的科学可以成立,两个原子之间的力必是它们空间关系的一种作用,因为只有这才是可以测量的。(这种必然性也可以从共变律的反面演绎出来,因为空间关系和力在因果上是相连的。)因此,力＝f(距离),这是引力定律的一般形式。因为经验并不直接对此加以证实,我们就发明了一个新的概念,即质量,列式为 $F=mm'f(\pi)(r)$。(这包括运动第二定律。)这是认为质量(等于运动的量)对同一粒子来说,无论在什么时候,在什么地方,都是不变的。这是源于把物质看做是本体(不!)。以上所说就使引力成为力学的最后定律,质量的天文学上的测量成为基本的测量。因此,就力学来说,物质是由相关联的东西构成的。构成这些东西的关系的是:(1)空间关系;(2)因果关系(力)。这些因果关系有改变空间关系的倾向。这些关系本身是由它们改变空间关系的结果来测量,并且在作用上是和这些空间关系相连的。所以它们的测量以及对于质量的辅助测量是有赖于空间与时间的测量,因此最后就有赖于空间的测量。

动力学和绝对运动

确定一个位置与运动(因而也就是确定一个运动)的唯一方法是和轴线相参照。为的是能知觉到,并且为的是能为空间关系提供关系者,轴线必须是物质的,毋宁说,必须是由物质的点的关系产生的。所以运动只能由对物质的关系加以明确。但是就运动定律来说,要紧的是,这个物质对于那个其运动正在被考虑的物质,甚至对任何物质,应该没有力的(即因果的)关系。如果它有这样的关系,运动定律就变成不能应用的了,我们的方程式就成为不真的。但是运动定律牵连到引力。如果这是普遍的，那就没有物质对任何别的物质没有力的关系了。因此就产生了自相矛盾。就力学来说，在几何学上，我们的轴线应该是物质的。在力学上，轴线必须是非物质的。

这个矛盾如何解决？显然，这个自相矛盾是非常基本的，致使一个纯乎是力的宇宙成为荒谬的。总之，真的东西除去空间和力，一定还有别的形容词。空间和力的相对性毁掉了这些真的东西。在实际的用处上，这个自相矛盾并没有伤害力学的用处。因为，为了使我们的方程式实际上成为是真的，我们总可以找到对任何物质（它的运动我们正在加以研究）全无关系的物质。但是在学理上，我们不能不用关系来代替空间和力，这些关系的相对性并不使它们成为不可理解的。也许有希望恢复“此地”的突出性，以为绝对位置的源泉；也许我们可以用“意动”来代替力，走到心理学去。

论物质与运动

普通的机械学说（例如斯泰罗所提出的）完全是从本体与属性（即物质与运动）这样一个二元论的想法出发的。它把二者都看做是真实的、独立的，是量子，运动是从物质传到物质，但是不能消灭。不但如此，这种学说以为有一个绝对的空间，物质的运动就发生在这个绝对的空间里。并且根据这个学说的绝对空间，就不得不肯定：(1)物质的原素必有广延。(2)运动的一切传达必须是由于接触（物不能在无接触的地方活动）。有了空间的相对性，这两个公理就都消失了。取而代之的是：(1′)物的元素不包含空间，而是由它们的几何关系而定位为点。(2′)一切活动都是隔着一段距离的活动，而距离本身则是一种相互关系。上面的那两个提法由这两个提法所取代就消除了许多自相矛盾，例如：(a)无弹性的自相矛盾，因为是不能变形的，而是有弹性的，因为不因碰撞而丧失能量。(b)自相矛盾：质量的元素在量上必是相等的，但在化学上并非如此。因为，如果这些元素是些点，任何必要数目的原子都能在任何体积里聚积到一起，不拘这体积是多么小。不能从经验得到最后的原子。(c)自相矛盾：无自动力的，却是隔着距离活动的：因为根据这一个物质的定义，它的最要紧的性质是隔着距离活动。撇开动并且产生运动这个事实，它全然是不完全的。以上这种看法说明，引力是即刻的，中介的物体不是对它不透明的。这个看法解决了动能和势能这个自相矛盾了吗？我还不知道。它没有解决绝对运动这个基本的自相矛盾，即，一个系统的运动必须看做是对不受力的影响的物质本身是相对的。但是这个物质概念排除了任何这样物质的存在。这是由于物质的定义的过度的相对性：物质既动又为别的物质所动。这个定义就永远使把物质当做一个逻辑的主词、一个本体或一个绝对，成为不可能的了。

略述绝对运动这个自相矛盾

(1) 物质既能动又为别的物质所动。

(2) 物质的运动就是对某别的物质在空间关系上的变化。

(3) 物质与物质之间的空间关系的变化只能由物质与物质之间不变的空间关系来测量。

(4) 无法知道两种物质有不变的空间关系，除非它们对于彼此和对别的物质没有动力关系。

（5）但是这种关系（在1内）构成物质的定义。所以

（a）空间关系的变化是无法测量的。

（b）凡是运动，因而凡是物质和力，都是不能测量的。

（c）由于从物质必有的相对性而来的矛盾，力学在辩证法上就变得站不住了。

（d）物质和运动不能形成一个自存的世界，不能构成"实在"。

注意。运动的相对性导致空间上的无限的倒退，这个倒退在时间上有一个正与之相应的无限的倒退，这个由因果而来的时间上的倒退也一样是致命的。运动在空间与时间里有一个双重的相对性，导致两个无限的倒退。重要的是要注意，严格说来，自相矛盾并不因运动学的原因而发生，而只是当物质被认做是运动的原因的时候才发生。

留意。绝对运动的必要性是和试图把质量认为是固有的分不开的。质量的相对性就消除了这个必要性。关于"充实"，也许这会提供帮助。

我们能形成一个从点的物质到"充实"的辩证的过渡吗？

绝对运动的自相矛盾只有在动力学里才发生，在运动学里是不会发生的。因此，这就说明，错误是在于我们对力的想法，也就是在于对原子彼此之间的联结的想法。我们给物质的元素所下的定义是：移动别的物质，也为别的物质所移动。但是在这个定义里，元素已经完全不是自存的了。相反，任何元素的所有的形容词，除质量以外，完全是由对所有别的元素的关系而成的。质量只

在这些关系中表露出来。因此，必然的道路似乎是把我们的原子看成只是一个单一本体的形容词，或者，如果我们喜欢的话，看做是同一本体出现在不同的地方，其结果是一样的。因为，无论是在二者的哪一个情形下，凡造成它们的特点的，都只是属于形容词性质的。正确的看法好像是洛采的看法：如果 M(物质)是整体，并且 A，B，变成 A′B′则 $M=\phi(A,B,\cdots\cdots)=\phi(A',B',\cdots\cdots)$，连接 A 和 B 的正是这个方程式，不是任何直接短暂的因果作用。因为我们仍然坚决把物质看做是自存的，我们现在就要说，M(物质)是一个这样的整体，其空间和运动只是些形容词；它是一个整体，不能正确分析为简单的实物，虽然在某种意义上说，也许有凝聚的中心，就如在精神世界里那样。那就是说，也许有某形容词，分配在空间的点上，给各分离的点以特殊的属性。但是，既然所有空间都是物质的形容词，在某种意义上说，物质就处处存在。这样，以太与粗的物质之间的区别也许可以保留，物质的定律在某种程度上就须来自整体的不变性，就像在上边所说的 $M=\phi(A,B,\cdots\cdots)$那个方程式里那样。这个原则怎样应用，也许纯粹是一件在经验上要加以调查的事。很可能这种看法会解决绝对运动的自相矛盾。因为，除去这个整体以外，现在是没有物质，并且这永久是不受力的影响。但是不受力的影响的物质正是我们解决这个自相矛盾所需要的。我们的辩证原则似乎是在于逐渐使整体更为明显。我们的分离的粒子先是显得和别的粒子有关系，然后显得必和**所有**别的粒子有关系，最后就显得，以为完全是分离的粒子，就错了。讲到这里，我们进而来讲“充实”。关于充实，有一种粗略的看法，即，在不同的地方，真是有物质的不同的部分，只是在部分与部分之间不分而已。这种关于充实的看法显然是没有希望的。正确的看法是，同一物质（必然是一个整体）是在空间的每一点上存在的，并不是通常所说的那样是扩展的，而是包含所有的扩延。（“光是在灵魂里，她的全部是在每个部分中”，《士师比赛》。）那么，我们的运动原则就是在整体的永久性中，不是在单子的习性中。所以，从头到尾，整体的明显性是逐步增加。但是，怎么把这个过程延续到力学之外，我是不知道的。

注意。关于一个充实中的运动的运动学，和关于绝对运动（或第一定律）的问题，要紧的是考虑可能不可能有一种运动，这种运动不是一种变化。如果变化只因运动的变化而发生，这就能说明第一定律，并允许在一个均一的充实中有运动。要注意的是，我们的整体并不真是扩展的，空间是在它里边，不是它在空间里边。空间必须看做仅仅是它的分化的一个方面。时间也是这样。这就会出现质上不同的形容词，附着在空间和时间的每个点上。但是实际上空间和时间是从这些质的形容词抽象而来的，不是反过来那种情形。像这样，就会有由时间或地方的变化而来的差异。为运动的出现，这正是我们所需要的。有趣的是，在某种意义上说，整个宇宙存在于空间以及时间的每个点上。（这是来自我们以前对物质所下的定义。一件东西存在于它所活动的地方，物质处处都活动。）

论科学的逻辑

每种科学都用有限的一些基本观念来进行研究，这些基本观念的数目比所有基本观念的数目要小些。那么，每种科学可以看做是企图全用它自己的观念来构成一个宇宙。因此，在科学的逻辑里，我们所应做的是，用适当的一套观念来构成一个不包含矛盾的世界。（只包含由于这些观念不完全而有的不可避免的矛盾。在任何科学里，凡不是这种不可避免的矛盾，在逻辑上都是应该受到非难的。）从广泛的知识论的观点来讲，整个科学如果看成是形而上学，也就是说，独立自存的知识，就是应该受到非难的。因此，我们首先必须把科学的假设安排一下，这样才能留下最低限度的矛盾；然后对这些假定或观念加以补充，这种补充可以去掉该科学的特殊矛盾。然后进而走到另一科学，也可以用同样的方法来对待。

举例来说，数（算术的基本观念）包含某种可以数的东西。于是就有了几何学，因为空间是感觉上唯一可以直接测量的元素。而且，几何学包含某种可以定位的东西，和某种能动的东西，因为一个位置是不能动的。于是就有了物质和物理学。

但是，我认为两个类型的辩证的过渡是必须加以区别的：一个类型的过渡（像自数目到可加上数的东西的过渡、自空间到物质的过渡）只是对一个抽象的观念提供其必要和真实存在的补充，而对这个抽象的科学留给它本身的充分的确实性。在这件事上，几乎没有矛盾，只是不完全而已。另一种过渡（像自连续过渡到分离，自物质过渡到力，到（?））是真正黑格尔意义的辩证。这说明，该科学的观念基本上是自我矛盾的。若在形而上学上构成真实，非彻底代之以另一个观念不可。

第五章　叛入多元论

将近一八九八年终的时候，穆尔和我背叛了康德和黑格尔。穆尔在前领路，我紧步其后尘。我想关于这种新哲学第一篇公之于世的叙述是穆尔在《心灵》上的一篇文章，论《判断的性质》。虽然他和我现在并不坚信这篇文章里的所有学说，我（我认为还有他）仍然同意这篇文章里的消极的那一部分，就是说，同意这样一种学说：一般说来，事实是离经验而独立的。虽然我们的意见是一致的，可是我认为，在我们的新的哲学里最感兴趣的是什么，我们是有所不同的。我想，穆尔最关心的是否定唯心论，而我最感兴趣的是否定一元论，二者却是紧密相连的。其紧密相连是由于关于关系的学说。这个学说是布莱德雷从黑格尔的哲学里提炼出来的，我称之为“内在关系学说”，我称我的看法为“外在关系学说”。内在关系说主张，两项之间的每种关系基本上是表示这两项的内在属性，归根到底，是表示这两项所构成的那个总体的属性。对某些关系来说，这种看法是说得过去的。姑举爱和憎为例。如果甲爱乙，这种关系体现在（也可以说是成自）甲的某些心情。甚至一个无神论者也不能不承认一个人能爱上帝。所以爱上帝是一个人感觉出这种爱来的一种状态，并不真正是一种具有关系的事实。但是我所感兴趣的关系是更加抽象的一种。假定甲和乙是两件

事,甲先于乙。我不认为,这意味着甲里有一种东西,使甲(完全不牵涉到乙)具有一种特性,我们若提到乙来表示这种特性,就不正确了。莱布尼茨举了一个极端的例子。他说,如果一个住在欧洲的人有一个妻子在印度,他的妻子死了,他完全不知道。在她死的时刻,他有了本质的变化。那时我所反对的正是这种学说。我觉得,内在关系学说特别不能用于"非对称"关系,就是说如果甲与乙之间有,而乙与甲之间却没有的那种关系。我们再来看看"先于"这种关系。如果甲是先于乙,乙就不是先于甲。如果你想用甲和乙的形容词来表示甲对乙的关系,你就不能借助于表示日期的字。你可以说甲的日期是甲的一种属性,乙的日期是乙的一种属性。但是那对你来说,并没有什么用处,因为你还得接着说,甲的日期是先于乙的日期。所以你就发现,还是躲不开关系。如果你采用一种计划,认为关系是甲和乙所构成的那个整体的一种属性,你的处境就更糟。因为在那个整体里甲和乙没有次序,因此你无法区别"甲先于乙"和"乙先于甲"。在大部分的数学里,非对称关系是主要的。所以这个学说很重要。

我想,引用我一九〇七年在亚里士多德学会宣读的一篇文章的一部分,也许最能说明这个问题的重要性。这篇文章是讨论哈勒德·究钦的书论《真理的性质》的。

> 我们所考虑的学说也许都是从一个中心逻辑学说演绎而来的,这个逻辑学说可以这样来表示:"每种关系都是以相关的项的性质为基础的"。我们可以称之为"内在关系公理"。从这个公理紧接而来的结论一定是,真实或真理的整体必是究钦先生意义之下的一个有意义的整体。因为每一部分就要

有一种性质，这种性质对每一别的部分或整体表示其关系；因此，如果任何部分的性质完全明白了，整体以及每一部分的性质也就完全明白了；反过来说，若是整体的性质完全明白了，那就包含它对每一部分的关系的知识，因此也就包含每一部分对每一部分的关系的知识，所以也就包含每一部分的性质的知识。而且显然，如果真实或真理是究钦先生意义之下的一个有意义的整体，内在关系公理就一定是真的。因此，这个公理就等于一元论的真理学说。

不但如此，假定我们不要区分一件事和它的性质，由这个公理而来的结果必是：考虑任何事物，若不就其对整体的关系来考虑，必是徒劳无功的。因为，如果我们考虑"甲和乙相关"，这个甲和这个乙也和任何别的东西相关。说甲和乙是什么，就要意味着与宇宙间任何别的东西有关系。如果我们只考虑甲所借以与乙相关的那一部分性质，我们可以说是考虑与乙相关的那个甲；但是这是考虑甲的一种抽象的方法，并且只是一种部分为真的方法。因为甲的性质（这和甲是一回事）包含甲对乙的关系的根据，也包含甲对所有别的东西的关系的根据。所以，若不说明整个宇宙，是绝不能把甲说得真切的；那么，对甲的说明就和对所有别的东西的说明是一件事，因为各种事物的性质也和莱布尼茨的单子的性质一样，一定都表示同一个关系系统。

现在让我们更严密地考虑一下内在关系公理的意义，以及赞成和反对它的理由。首先，按照主张每种关系是成自项的性质或成自项所构成的整体的性质，或只是每种关系在这

些性质中有一种根据，因此，内在关系公理就有两种可能的意义。我见不到唯心论者对这两种意义加以区分。真的，一般说来，他们趋向于把一个命题和它的结果等同起来，这样就吸收了实用主义的一个明显的主张。可是这两种意义的区别不是那么重要，因为，我们将要见到，这两种意义都会导致一种看法，即，“关系”完全是没有的。

正如布莱德雷先生所极力主张的那样(参看《现象与实在》，第二版，第519页：“实在是一个，它必须是单一的，因为如果把多看做是真的，多就是自相矛盾的。多意味着关系，并且，由于其关系，它就无可奈何地总要肯定一个高级的统一体。”)，内在关系公理，不管是二者之中的哪种形式，都包含一个结论，即，不存在“关系”，不存在很多事物，而只有一件事物。(唯心论者会加上：最后。但是那只是说，忘掉结论往往是方便的法门。)得到这个结论是因为考虑到多的关系。因为如果真有两件东西，甲和乙(这是多)，完全把这多化为甲和乙的形容词，是不可能的，必须是甲和乙应有不同的形容词，并且这些形容词的“多”不能解释为它们又有不同的形容词，不然就要有无限倒退的毛病。因为，当甲有“不同于乙”这个形容词，乙有“不同于甲”这个形容词的时候，如果我们说甲和乙不同，我们必须假定这两个形容词是不同的。那么，“不同于甲”一定有“不同于‘不同于乙’”这个形容词，这个形容词一定不同于“不同于‘不同于甲’”，等等，以至于无穷。我们不能把“不同于乙”当做一个不需要进一步还原的形容词，因为我们不得不问这个短语中的“不同”到底是什么意思。它事实上是

从一种关系得来的一个形容词,不是从一个形容词得来的一种关系。这样说来,如果真有多,一定是有一个不能还原为"形容词不同"的多,就是说,其原因不在不同的项的"性质"中。因此,如果内在关系公理是真的,结果必然是没有多,只有一件东西。这样说来,内在关系公理就等于本体论上的一元论的那个假定,就等于否定有任何关系存在。凡是我们觉得有一种"关系"存在,其实这是一个关于整体的形容词,这个整体是由所假定的那个关系的项而成的。

这样说来,内在关系公理就等于这样一个假定:每个命题有一个主语和一个谓语。因为一个肯定一种关系的命题必总是可以化为一个主语-谓语的命题,这个命题是关于关系中的项所构成的那个整体的。这样朝着越来越大的整体向前进,我们就渐渐改正了我们最初的一些粗疏的抽象的判断,越来越接近于那个关于整体的真理。那个最后的完全真理一定是成自一个具有一个主语(即整体)和一个谓语的命题。但是,因为这包含区分主语和谓语,好像它们可以是多,甚至这也不是全真,最多我们只能说"从理智上说",它是"无法改正的",也就是说,其为真不亚于任何真理之为真;但是,甚至绝对真理也一直不是完全真。(参看《现象与实在》,第一版,第544页:"所以甚至绝对真理好像最后也成为是错误的。必须承认,最后,可能的真理没有一个是完全真的,它只是把原来意在整体翻译的东西做了片段的、不完全的翻译。这种内在的矛盾是无论如何地属于真理本有的性质。虽然如此,绝对真理与相对真理之间的分别仍然是要保持的,因为,简单来说,

前者从理智上说，是无法改正的。”）

如果我们问我们自己，支持内在关系公理的根据是什么，相信这个公理的人使我们发生怀疑。例如，究钦先生始终肯定这个公理，不提出支持它的论证。就我们能够发现的根据来说，好像是有两个，虽然这两个实在是无法区分的。第一是充足理由律。这个定律是说，凡事不能只是一件简单的事实，而必是有些理由使它是如此，而不是如彼。（参看《现象与实在》，第二版，第575页：“如果项与项在它们自己的内在性质上并不构成关系，那么，就它们来说，它们完全没有理由像是有关系，并且，就它们来说，关系是强加上去的。”并参看第577页。）第二，有这个事实存在，即，如果两个项有某种关系，它们就不得不有这种关系；如果它们本来没有这种关系，它们就是不同的；看来这就表明，在这些项本身中是有某种东西，使它们这样彼此相关。

（1）充足理由律不容易说得很确切。它的意思不能只是说，每个真的命题是逻辑上从一个什么别的真命题演绎来的，因为这是一个显而易见的真理，这个真理并不能产生对这个定律所要求的结果。例如，2＋2＝4可以从4＋4＝8演绎出来。但是把4＋4＝8看做是2＋2＝4的一个理由是荒谬的。一个命题的**理由**总应该是一个或更多的**较为简单**的命题。所以充足理由律的意思应该是，每个命题可以由更简单的命题演绎出来。看来这显然是错误的，无论如何，这对考虑唯心论不能是恰当的。唯心论主张，命题越简单，就越不真。所以，坚持一定要从简单的命题出发，是荒谬的。所以，我的结论是，如果充足理由律的任何形式是恰当的，倒必须由考查支持关系公理的第二根据来发现，即，有关系的各项不能不像实际那样互相关联。

(2) 我认为，这个论证的力量主要是靠一种错误的陈述方式。也许可以说："如果甲和乙在某个方面有关系，你就必须承认，如果它们没有关系，它们就和现在不一样了。因此，在它们中一定是有某种东西，这种东西对它们现在那样互相关联，是极其重要的。"可是，如果两个项在某个方面有关系，其结果是，如果它们不是这样互相关联，各种可以想象的结果就会随之而来。因为，如果它们是这样互相关联，那么，"它们不是这样互相关联"这个假定就是伪的。从一个伪的假定，什么都可以引出来。所以，上面的那种陈述方式非加以改变不可。我们可以说："如果甲和乙在某方面有关系，任何不这样关联的东西就不是甲和乙，因此，等等。"但是，这只能证明，不像甲和乙那样有关系的东西一定是和甲或乙在*数字上*相异的，并不能证明形容词的不同，除非我们假定内在关系公理为真。所以，这个论证只有修辞学上的力量，不能证明其结论而不陷入恶性循环。

现在就该问一问，反对内在关系公理有没有任何根据？反对这个公理的人很自然想到的第一个论证是，实际贯彻这个公理是困难的。关于"异"，我们已经有过这样的一个例子。在很多别的例子里，困难甚至更为明显。举例来说，假定一本书比另一本书大，我们可以把两本书的"比……大"化为两本书的形容词，说一本的大小是如此如此，另一本的大小是如彼如彼。但是一本的大小一定是大于另一本的大小。如果我们想把这种新的关系化为两种大小的形容词，这些形容词仍然必须有一种相当于“比……大”的关系，等等。因此，若不陷于无限的倒退，我们就不得不承认，我们迟早总会走到一种关系，这种关系不能再化为相关的项的形容词。这种论证特别适用于所有非对称的关系，就是说，甲与乙有而乙与甲没有的那种关系。（上面指出来的那种论证，在我的《数学的原理》，§§ 212—16 中有充分的讨论。）

反对内在关系公理的一个更有力的论证是来自考虑一下项的“性质”究竟是什么意思，项的性质和项本身相同呢，还是不同？如果是不同，它一定是和项有关系。一个项对它的性质的关系，若不陷于无限的倒退，就不能化为不是一种关系的那么一种东西。这样说来，如果坚持这个公理，我们必须假定，一个项和它的性质并不是两回事。若是如此，每个把一个谓语加于一个主语的真命题，就完全是属于分析性的，因为那个主语是它自己的整个性质，那个谓语是那个性质的一部分。但是，如果是那样，把同一主语的一些谓语连到一些谓语上去的那个联系物是什么呢？如果主语不过是其自己的一些谓语的一个系统，则谓语的任何偶然的集合就可以说是构成一个主语。如果一个项的“性质”是由其一些谓语而成，同时又和项的本身是一个东西，那就无法理解我们问“是否 S 有 P 这个谓语”的时候，究竟是什么意思。因为这不能有这样的意思：“P 是解释 S 的意思的时候所列举的若干谓语中的一个吗？”按这种看法来说，好像很难见到这能有什么别的意思。

我们不能企图在谓语与谓语之间引入一种连贯关系，由于这个关系，这些谓语可以称为一个主语的谓语；因为这就会把“加谓语”置于关系的基础上，而不是把关系化为加谓语。所以无论是肯定或否定一个主语不是它的“性质”，我们都要陷入同样的困难。（关于这个题目，参看我的《莱布尼茨的哲学》，§§ 21、24、25。）

还有，内在关系公理与所有的“复杂性”都不相合，因为，正如前面所说，这个公理会导致一种严格的一元论，只有一种东西，只有一个命题，这一个命题（这个命题不只是唯一的真命题，而且是唯一的命题）把一个谓语加到这一个主语上。但是这一个命题不是全真，因为它包含把谓语和主语区别开。可是就有了困难：如果加上谓语包含谓语与主语的不同，并且，如果这一个谓语并不是与这一个主语有区别，我们就会认为，甚至就不能有一个把这一个谓语加到这一个主语上去的一个伪命题。因此，我们就不得不假定，加上谓语并不包含谓语与主语的不同，并且不得不假定，这一个谓语和这一个主语是同一的。但是，关于我们正在讨论的这种哲学，最重要的是否定绝对的等同，保留“差异中的等同”。不然，真的世界中表面上的多就无法解释。困难是，如果我们坚信严格的一元论，“差异中的等同”是不可能的，因为“差异中的等同”包含很多部分的真理。这很多部分真理由于互让，结合而为一个全体真理。但是这些部分真理，在严格的一元论上，不只是不是全真，而且它们是完全不存在的。如果真有这样的命题，不管是真是伪，就要产生“多”。总之，“差异中的等同”这一整套想法

> 是和内在关系公理不相符的；可是没有这种想法，一元论就无法说明这个世界。它就像歌剧中用的可折叠的帽子一样，一下就倒塌了。我的结论是，这个公理是伪的。所以，唯心论以它为依据的那些部分是没有根据的。
>
> 因此，看来是有些理由来反对这样的一个公理，即，关系是基于关系中的项的"性质"，或基于由这些项所组成的那个整体的"性质"。好像是没有理由来支持这个公理。如果否定了这个公理，再谈关系的项的"性质"就没有意义了：相关已经不足以证明"复杂"。某种关系可以存在于很多成对的项之间，某项对不同的项可以有很多不同的关系。"差异中的等同"就不见了：有同而且有异，复合体可以有些成分是同的，有些成分是异的，但是，关于可以举出来的任何成对的事物，我们不必再说它们"在某种意义上"又同又异，这种"意义"是一种极须不加界说的东西。这样我们就得到一个许多事物的世界。它们的关系不能得自相关事物的一种所谓"性质"或经院哲学上的本质。在这个世界里，凡复杂的东西都是成自有关系的简单的事物。分析就不再每步遇到一种没有止境的倒退。既假定有这样的一个世界，最后要问一问，关于真理的性质我们有什么可说。

我第一次意识到关系问题的重要性是我研究莱布尼茨的时候。我发现，他的形而上学分明是以这样一种学说为基础，即，每一命题是把一个宾词加于一个主词上，并且（在他看来，这几乎是一回事）每个事实是由具有一种属性的一个本体而成（我的这种发现凡论莱布尼茨的都没有弄清楚）。我发现，斯宾诺莎、黑格尔和布莱德雷也以这同一学说为基础。事实上他们是以较莱布尼茨更严密的逻辑性发展了这个学说。

但是使我醉心于这种新的哲学的不只是这些颇枯燥、合乎逻辑的学说。事实上我觉得这是一种大的解放，就好像我是从一个暖房里逃出来到一块风吹的高地上去，认为空、时只是存在于我的心中的那种思想上的闷气使我十分憎恶。我觉得繁星点缀的天空比道德律更为可爱。康德以为我所喜欢的那个，不过是我心中的一种虚构，这种看法我是忍受不了的。在刚一得到解放的欢畅中，我成了一个朴素的实在论者，极为高兴，认为草真是绿的，即使自洛克以来所有的哲学家们都持相反的意见。我不能一直保持这种愉快的信念的原有的力量，可是我再也不能把我自己关在一个主观的监牢里了。

黑格尔主义者有过各种论证来证明这个或那个不是“真”的。数目、空间、时间、物质据说都已判定是自相矛盾的。他们向我们保证，除了“绝对”以外，什么都不是真的。这个“绝对”只能思维它自己，因为没有什么别的东西它可以思维，而且，它永恒地思维唯心论的哲学家们在他们的书里所思维的那种东西。

黑格尔主义者用来责难数学和物理学所讲的东西的所有论证都是依靠内在关系公理。所以，当我否定了这个公理的时候，我开始相信黑格尔主义者们所不相信的所有东西。这就给了我一个非常充实的宇宙。在我的想象中，所有的数目都排成一行，坐在柏拉图的天上。（参看我的《名人的噩梦》，“数学家的噩梦”。）我以为空间的点和时间的瞬是实际存在的实体，物质很可能是由实有的元素而成，如物理学家们为方便而设的那些元素。我相信有一个共相的世界，这个世界大部分是由动词和介词的意义而成。最重要的是，我已经不再必须认为数学不是全真。黑格尔主义者们总是主张二加二等于四不完全是真的。但是他们的意思并不是说，二加二等于 4.00001 或者某个这样的数目。虽然他们没有说，他们却真有这样的意思："绝对可以找到比做加法更好的事来占住它的心"，但他们不喜欢用这样简单的语言来说这样的事。

随着时间的消逝，我的宇宙就不那么丰富了。我最初背叛黑格尔的时候，我相信，如果黑格尔对一件东西不能存在的证明是伪的，那件东西就一定是存在的。慢慢地，奥卡姆剃刀给了我一个剃得更干净的关于真实的图画。我并不是说，它能够证明它所表明是不必要的那些实体不是真的，我只是说，它把支持它们是真的那些论证给消除了。我现在仍然认为，否证整数、点、瞬或奥林匹斯神的存在是不可能的。就我所知，这些都可能是真的，但是没有丝毫理由认为的确是如此。

在发展这种新哲学的早期，我是忙于主要是语言上的问题。我关心的是，什么使一个复合的东西成为一个统一体，特别是一个句子的统一体。一个句子和一个字的不同使我无法索解。我发见，一个句子的统一体有赖于它包含一个动词这样一个事实，但是在我看来，这个动词和与之相应的那个动名词完全同其意义，虽然这个动名词已经没有把这个复合体的各部分联合到一起的能力。is 和 being 的不同使我烦恼。我的岳母是一位著名的、泼辣的宗教领袖，她对我很肯定地说，哲学之所以难，只是因为它用的字长。我用以下这句话对付她（这句话是从我那天所做的笔记里来的）："'存在'之所指是存在的，因此与'存在'不同，因为'存在''存在'

是糊涂话。"不能说这句话之所以难懂是因为句子里的字长。随着时间的流逝,我就不再被这样的问题所缠绕了。这些问题之所由起,是因为相信,如果一个字是指什么,一定就有它所指的某种东西。我在一九〇五年所创获的"描述学说"表明了这种错误,把很多原来无法解决的问题一扫而光。

虽然自从早期的那些日子以来我已经改变了对于很多事物的见解,可是对于那时和现在都极关重要的一些点却没有变。我仍然坚持外在关系学说和与之相连的多元论。我仍然主张,一个孤立的真理可以是全真的。我仍然主张,分析不是曲解。我仍然主张,如果不是同义语的一个命题是真的,其为真是因为对一事实有关系,并且,一般说来,事实是离经验而独立的。我见不到有什么不可能一个宇宙中完全不存在经验。相反,我认为经验是宇宙的一个很小部分的很有限、在宇宙中很微不足道的一方面。自从放弃了康德和黑格尔的学说以来,我对于这些事物的见解一直没有变。

第六章　数学中的逻辑技巧

我认为大学中有院系之分是必要的，但其结果是很不幸的。逻辑被人看做是哲学的一个分支，而且曾为亚里士多德所论述过，因此大家就认为这一个科目只有熟悉希腊文的人才能讨论。结果，数学只被不懂逻辑的人所讨论。自亚里士多德和欧几里得时代到本世纪，这种分裂是有很大的损害的。在一九〇〇年巴黎开国际哲学会的时候，我意识到逻辑改革对于数理哲学的重要性。我是因为听了来自突林的皮亚诺和到会的一些别的哲学家的讨论才认识到了这一点。在此以前，我不晓得他曾做过一些什么。但是我深深感到，在每项讨论的时候，他比别人更精确，在逻辑上更严密。我去见他，并对他说："我想把你所有的著作都读一下，你身边有吗？"他有。我立刻把他的著作都读了。正是这些著作促进了我对于数学原理有我自己的主张。

数理逻辑并不是一个新的学科。莱布尼茨曾经尝试了一下，但是由于敬重亚里士多德，而受到了阻碍。布尔在一八五四年发表了他的《思想律》，弄出来一整套计算法，主要是讲类的包含。皮尔斯曾经开创了一种关系逻辑。施勒德曾发表过一部著作，分三大卷，概述了以前的成果。怀特海在他的《普遍代数学》的第一部分里专论布尔的计算法。上面所说的这些著作大多数我那时是熟悉的。但是我不觉得这些著作对于弄明白算术的基本原理有什么帮助。正在我去巴黎之前我关于这一个题目所写的文章的原稿，我现在还有，我现在又把它读了一遍，我发现，关于算术对于逻辑所提出来的问题，这篇文章连初步的解决都没有做到。

皮亚诺所给我的启发主要是来自两个纯乎是技术上的进步。如果一个人没有像我那样花过若干年的时间想法了解算术，他很不容易知道这两种进步的重要性。这两种进步都是弗雷格在更早一个时期取得的。我疑心皮亚诺未必知道这一点，而且我也是到后来才知道的。虽然有困难，可是我一定尽我的能力来解释这两种进步是什么，以及为什么很重要。我先讲这两种进步是什么。

第一种进步是把“苏格拉底是不免于死的”这种形式的命题和“一切希腊人是不免于死的”这种形式的命题分开。亚里士多德和人所公认的关于三段论式的学说(康德以为这种学说永远不能再有改进)认为这两种形式的命题是没有区别的，要不然，总也没有什么大的不同。但是，事实上，若看不出这两种形式是完全不同，不论是逻辑还是算术，都不会有长足的进展。“苏格拉底是不免于死的”把一个宾词加于一个是人名的主词上。“一切希腊人是不免于死的”表示两个宾词之间的关系，也就是，“希腊人”和“不免于死”，把“一切希腊人是不免于死的”全部说出来是，“就 x 的一切可能有的值来说，如果 x 是希腊人，x 是不免于死的”。这里不是一个主词—宾词的命题，而是把两个命题函项联结起来。如果给 x 这个变项指定一个值，则两个命题函项的每一个就变成一个主词—宾词的命题。“一切希腊人是不免于死的”这个命题并不是单讲希腊人怎么样，而是一个讲宇宙中一切事物的命题。若 x 是希腊人，“如果 x 是希腊人，x 就是不免于死的”这个命题固然能够成立，若 x 不是希腊人，这个命题也一样能够成立。实在说来，即使希腊人完全不存在，这个命题也能成立。“一切小人国的人是不免于死的”是能成立的，虽则小人国的人是不存在的。“一切希腊人是不免于死的”之所以不同于“苏格拉底是不免于死的”这个命题，是它并没有指明哪一个人，而仅仅是表示宾词与宾词的联结。它之能够成立不能用枚举来证明，因为（再说一遍）所说的这个 x 并不限于是希腊人的那些 x，而是及于全宇宙。但是，虽然这个命题不能用枚举来证明，却能为人所理解。我不知道是否有长翅膀的马，这样的马我确是从来没有见过，但是我却可以知道一切长翅膀的马都是马。总而言之，凡含有“一切”这两个字的命题都是包含命题函项的命题，但是并不包含这些函项的任何特殊的值。

我从皮亚诺听到的第二个重要的进步是，由一个项所成的一个类和那个项并不相等。例如，“地球的卫星”是一个类，它只有一个项，就是，月亮。但是把一个类和它仅有的项等同起来，就在集合的逻辑里引起完全无法解决的问题来，因此在数的逻辑里也引起完全无法解决的问题来，因为数所适用的是集合。一经指出，就很容易明白把“地球的卫星”和月亮等同是不适当的。如果发现地球有第二个卫星，“地球的卫星”这个短语不会改变它的意义；对于一个懂天文学却不知道地球有一个卫星的人，这个短语也不会缺乏意义。从另一方面说，如果我们可以把“月亮”当做一个名称，关于月亮的命题，除了对于那些晓得月亮的人以外是没有意义的。对于不晓得月亮的人如果不解释“月亮”就等于“地球唯一的卫星”这个短语，“月亮”不过是一个没有意义的声音罢了；如果这个解释被代替了，关于月亮的命题就没有我们说“今天晚上月亮亮”的时候在你和我看来所具的意义。一个人不用描写，他是把概念联结到一起，不是和感觉世界直接相接触。一个人说“月亮亮”，他却是和感觉世界直接相接触。关于这一点，我们现在所讨论的这个区别，和前面我们所说“苏格拉底是不免于死的”跟“一切希腊人是不免于死的”之间的分别，有些相似。

读者说不定会以为，上边的那些区别不过是学究的装腔作势，卖弄学问。我现在不能不想法说明并非如此。

弗雷格以前的作者都把算术的哲理想错了。他们这些人所犯的错误是一个很自然的错误。他们以为数目是由数数儿得来的。他们陷入了无法解决的困境，是因为可以算做一个的东西，也一样可以算做多。请以这样一个问题为例：“英国有多少足球俱乐部？”在回答这一个问题的时候，你把每一个俱乐部当做一，但是你也一样可以问：“某某足球俱乐部有多少会员？”那样，你就把这个俱乐部当做多了。而且，如果甲先生是这些俱乐部之一的一个会员，虽然他原先算做一，你这样问也一样正当：“甲先生是由多少分子而成的？”那么，甲先生就算是多。所以，显而易见，从计算的观点来说，使什么东西之为一，不是这件东西的物质构造，而是“这是什么的一个具体例子？”这个问题。你从计算所得来的数目是某种集体的数目。在你数这个集体以前，它无论什么数目都有。只是按某种东西的许多实例来说，这个集体才是多。这个集体又是另一种东西的一个实例，在数数目的时候是按实例来说算做一。这样我们就不得不面向这一个问题：“一个集体是什么？”和“一个实例是什么？”若是不用命题函项，二者都无法理解。一个命题函项就是

一个式子，其中包含一个变项，一旦给这个变项定一个值，这个式子就成了一个命题。举例来说，“x 是一个人”是一个命题函项。如果我们用苏格拉底或柏拉图或任何别的人来代替 x，我们就得到一个命题。我们也可以用一个什么不是人的东西来代替 x，我们仍然得到一个命题，虽然按这一个例子来说这个命题是不能成立的。一个命题函项仅是一个式子而已。它本身并不能表示任何东西。它可以做一句话的一部分，这句话确有所断定，能成立或不能成立：“x 是一个使徒”是没有意义的。但是“x 有十二个值，因此‘x 是一个使徒’是能成立的”是一个完整的句子。类似的话也可以用于实例这个概念。我们把某种东西当做一个实例的时候，我们是把它当做一个命题函项里一个变项的一个可能有的值。如果我说：“苏格拉底是人的一个实例”，我的意思是说，苏格拉底是 x 的一个值，因此“x 是一个人”是能成立的。经院哲学家有一句格言，意思是说，一和存在是同义语。这句格言只要大家信以为真，就没有法子把 1 的意义弄明确。事实的真相是，存在是一个没有用处的字。而且，误用这个字的人应用这个字所应用到的那种事物既可以是一，也往往可以是多。一不是事物的一个特征，而是某些命题函项的一个特征，就是说，有以下这种特性的那些命题函项：有一个 x 使这个函项为真，而且这个 x 是这样，如果 y 使这个函项为真，y 就和 x 是同一的。这是一元函数的定义。1 这个数目是一元的特性，这种特性是为某些函数所具有的。同样，零函数是一个对于 x 的所有的值来说都是错误的函数，成为一个零函数，其特性是 0。

关于数的那些旧的学说，到 0 和 1 以上，总是遇到困难。最初使我得到很深的印象的是皮亚诺对付这些困难的本领。但是须待很多年之后我才得到这个新观点的全部结论。在数学中想出“类”来是方便的。有一个长的时期，我以为把类和命题函项加以区别是必须的。可是，我最后得到的结论是，除非是一种技术上的手段，这种区别是不必要的。“命题函项”这种话听起来也许可怕，却无怕的必要。有很多时候我们可以用“特性”这个词来代替。所以我们可以说，每个数是某些特性的一种特性。但是，除了做最后的分析，继续用“类”这个字也许更容易一些。

以上所说的理由使我得出来的关于数的定义，弗雷格已先于我十六年就得出来了。但是关于这一点，我是在我重新发现这个定义大约一年以后才知道的。我对于 2 所下的定义是一切双的类，3 是一切三个一组的类，等等。一双的定义是一个类，这个类有 x 项和 y 项，x 和 y 不等同，并且，如果 z 是这一个类的一项，z 就和 x 或 y 相等。一般说来，一个数就是一组的类，这一组类有一种特性，这种特性叫做“相似”。这可以有如下的界说：如果有一种方法把两个类的项一对一地配合起来，这两个类就是相似。举例来说，在一个一夫一妻制的国家里，你可以知道结了婚的男人的数目是和结了婚的女子的数目相同，用不着知道二者究竟有多少(我是把寡妇和鳏夫除外)。还有，如果一个人没有残缺一条腿，你大概可以确实知道他右脚鞋的数目和他左脚鞋的数目是一样的。在一次聚会中，如果每人都有一把椅子坐，并且没有空着的椅子，那么椅子的数目就必是和坐椅子的人的数目是一样的。在这些例子中，一类里的那些项和另一类里的那些项之间有所谓一对一的关系。相似正是这种一对一关系的存在的定义。任何类的数可以说

就是所有与它相似的那些类。

这个定义有多方面的长处。它能应付所有从前关于0和1所发生的问题。0就是没有项的那些类的类，也就是说，它是一个类，其唯一的项是一个没有项的类。1是一些类的类，那些类的特性是，它们是由与一个x项相等的任何东西而成的。这个定义的第二个长处是，它克服了关于一和多的困难。因为所计算的项是按一个命题函项的实例来计算的，所含的一只是命题函项的一。这个命题函项的一绝不和实例的多相抵触。但是比这两个长处更重要的是，我们就不把数当做形而上学上的实体了。事实上，数就只成了语言上的便利，不比“等等”或“即”更有内容。克罗耐克研究数学的哲理，说：“上帝造了整数，数学家们造了其余的数学装置。”他这话的意思是说，每个整数必须有一个独立的存在，但是别类的数就不必这样。有了前面的关于数的定义，整数的这个特权就消失了。数学家的根本的器具就化为或、不、一切、一些等这样一些纯粹是逻辑上的名词了。在知识的一个部门里所需要的那些意义不明确的术语和未经证明的命题，我把它们的数目削减了，这是我第一次感到奥卡姆剃刀的用处。

上面关于数的那个定义还有一个长处，是极其重要的。那就是，这个定义扫除了关于无限数的困难。只要数是由把项数一数得来的，那就不容易想象一次不能数完的一些集团的数目。举例来说，你不能把有限数数完。无论你数多么久，后面总还有更大的数。所以，只要数是从数数儿得来的，似乎谈有限数的数目就是不可能的。可是似乎数数目只是知道一个集体里有多少项的一种方法而已，并且只能用于那些有限的集体。应和这个新学说的数数目的逻辑是这样：例如，假定你是数金镑钞票。你心里努一把力量，使这几张钞票和1，2，3等数目之间有一对一的关系，直到数完钞票为止。按照我们的定义，你就知道，钞票的数目是和你念过的数目一样。而且，如果你是从1开始的，并且这样下去没有遗漏，你念过的那些数目的那一个数目是你念过的最后的那个数目。这个办法你不能用于无限的集体，因为人生是不够长的。但是，因为数数目再也不重要了，你也就用不着关心了。

既已把整数像以上作了界说，就没有困难引申其义以应数学的需要。有理分数是来自乘法的整数之间的比数。实数是一组一组的有理数，这些有理数是由零以上一直到某点所有的东西而成。举例来说，二的平方根是所有平方少于二的那些有理数。我相信我是这个定义的发明者。它解决了一个谜，对于这个谜，自从毕达哥拉斯那个时代以来所有的数学家都没有办法。复素数可以看成是成双的实数，所取“双”的意义是，其中有一个第一项和一个第二项，也就是说，其中项的次序是很重要的。

除了我所提到的事项以外，在皮亚诺和他的门徒的工作中还有一些东西使我喜欢。我喜欢他们不用图形发展几何学的方法，这样就表示康德的直观是用不着的。我也喜欢皮亚诺的曲线，这个曲线普及于一整个范围。在我遇到皮亚诺以前，我已经充分知道关系的重要性。所以我立刻就着手用符号处置关系逻辑，以补充皮亚诺所做的工作。我是在七月之末遇见他的。在九月里我写了一篇文章讨论关系的逻辑，发表在他的学报里。我把同一年的十月、十一月和十二月用于撰写《数学的原理》。现在那本书的第三、第四、第五和第六部分和我在那几个月所写的几乎完全是一样的。可是，第一、第二和第七部分我后来又重新写过。我在十九世纪的最后一天，也就是一九〇〇年的十二月三十一日，写完《数学的原理》的初稿。那年六月以后的几个月是我智力活动的蜜月，无论在此以前或在此以后，我都不曾尝到过。每天我都发现我懂得了一些前一天不曾懂得的东西。我以为一切困难都解决了，一切问题都结束了。但是这个蜜月没有能持久。第二年的年初，智力活动上的悲哀充分地降到了我的头上。

第七章　《数学原理》:哲学方面

自一九〇〇直到一九一〇这些年,怀特海和我把我们大部分的时间都用于后来所成的《数学原理》。虽然这部著作的第三卷到一九一三年才出版,我们在这部书里的任务(除去校对)是在一九一〇年完成的,我们在那一年把全部稿子交给了剑桥大学出版社。我在一九〇二年五月二十三日写完的《数学的原理》结果变成了其后那部著作的一个粗糙、很不成熟的草稿。可是,《数学的原理》和《数学原理》不同之点是,《数学的原理》是包含着和别的一些数学哲理的争论。

我们所想解决的问题有两种:哲学的与数学的。大致说来,怀特海把哲学问题留给我。至于数学问题,记号法大部分是怀特海创制的(引用皮亚诺者除外)。关于级数大部分的工作是我做的,其余是怀特海做的。但是这只是指初稿。每一部分都是弄过三次。我们两个人不管是谁拟出一个初稿的时候,他就把这个初稿送交另一个人,这一个人通常是把它大加修改。然后,原来拟初稿的人再把它最后定稿。这三卷书几乎没有一行不是合作的成品。

《数学原理》的主要目的是说明整个纯粹数学是从纯乎是逻辑的前提推出来的,并且只使用以逻辑术语说明的概念。这当然和康德的学说正是相反。一开始我以为这部书是用以驳斥“那个强词夺理的庸人”的一个插话，这个对康德的称呼是佐治·坎特说的。坎特为表示得更明确一点，又说“他不大懂得数学”。但是后来这部书向两个不同的方向发展了。在数学方面，整个新的题目出现了，包含新的记号法在内，有了这种新的记号法，就可以把从前用散漫粗疏的普通语言所对待的事物，用符号来处理。在哲学方面，有两种相反的发展，一种是愉快的，一种是不愉快的。愉快的是，所需要的那套逻辑机构结果是比我所想象的要小。特别是，结果知道类是不必要的了。在《数学的原理》里有许多是讨论一的类和多的类二者之间的区别。关于这一点的全部讨论，以及那本书里很多复杂的论证，证明是不必要的。结果是，那本书写成后好像是缺乏高深的哲理，难解是高深的最明显的特点。

那个不愉快的方面确实是很不愉快的。自亚里士多德以来，无论哪一学派的逻辑学家，从他们所公认的前提似乎可以推出一些矛盾来。这表明有些东西是有毛病，但是指不出纠正的方法是什么。在一九〇一年的春季，其中一种矛盾的发现把我正在享受的那种逻辑蜜月打断了。我把这件倒运的事告诉了怀特海，他引了一句话：“愉快自信的清晨不再来”，[①]我却不能得到安慰。

坎特证明没有最大的基数。我是把坎特的这个证明细想了一番之后，发现了上述的那个矛盾的。我脑筋简单，以为世界上所有的事物的数目一定是可能有的最大数目了。我把他的证明用于这个数目，看一看怎么样。这个办法使我考虑一个特殊的类。我顺着以前看起来好像是适当的路线去思索，我觉得一个类有时候是，

① 译者按：此句原出勃朗宁的诗《失去的领袖》。

有时候又不是它自己的一个项。举例来说,匙子这个类不是另一个匙子。但是,不是匙子的那些事物的这个类却是不是匙子的那些事物之一。似乎有些例子不是负的:例如,所有类这个类是一个类。把坎特的论证加以应用,使我考虑不是自己的项的那些类。好像这些类一定成一类。我问我自己,这一个类是不是它自己的一项。如果它是它自己的一项,它一定具有这个类的分明的特性,这个特性就不是这个类的一项。如果这个类不是它自己的一项,它就一定不具有这个类的分明的特性,所以就一定是它自己的一项。这样说来,二者之中无论那一个,都走到它相反的方面,于是就有了矛盾。

最初我以为在我的推理的里面必是有怎么一种小小的错误。在一种逻辑的显微镜下我检查了每一步,可是我发现不出有什么不对来。我给弗雷格写了一封信,把这件事告诉了他。他回答说,算术发生了动摇,他并且说,他看出他的第五个定律是不能成立的。这个矛盾使弗雷格十分烦恼,他放弃了从逻辑演绎出算术的企图,直到那个时候为止,他本是一生致力于此的。就像遇到无理数的毕达哥拉斯的门徒们一样,弗雷格逃到几何学里去了,显然他以为直到那个时候,他一生的事业是走错了路。至于我呢,我觉得毛病是在逻辑,而不在数学,逻辑非加以改造不可。由于发现了一个秘诀,我的这个意见得到了证实,用这个秘诀可以制造出简直是无限数目的矛盾来。

对于这个情形,哲学家和数学家们有各种不同的反应。班格莱是不喜欢数理逻辑的,他曾非难数理逻辑,以为它是不能有结果的。他高兴地说:“它不是不能有结果的了,它产生了矛盾。”这话的确是很好，但是并不能解决问题。一些别的不赞成佐治·坎特的数学家采取三月兔的解决办法："这个我腻烦了，我们还是换个题目吧。"我觉得这也不妥当。但是后来有些人认真想解决这个问题，那些人懂得数理逻辑，并且知道确有用逻辑解决的必要。其中第一个人是F.P.莱穆塞。不幸他死得早，没有完成他的工作。但是在《数学原理》出版以前的那些年，我不晓得后来对解决这个问题所做的努力。我实际上是独自在那里纳闷。

有一些更老的悖论(其中有一些是为希腊人所知道的)我觉得引起了类似的问题，虽然我以后的一些作者认为这些悖论是另外的一种。其中最著名的是那个关于克利特人艾皮米尼地斯的悖论。他说所有的克利特人都是说谎的人。这就使人问，他说这话，他是不是不说谎。如果一个人说"我是说谎呢"，这就是这个悖论所表现的最简单的形式。如果他是说谎，那么他是说谎就是一个谎，因此他就是说实话；但是如果他是说实话，他就是说谎，因为那是他说他正在做的事。这样，矛盾就是不能避免的。圣保罗曾经提到过这个悖论①。可是他对于这个悖论的逻辑方面并没有兴趣。他所感兴趣的是，这个悖论证明异教徒是坏的。但是数学家们可以把这些难以索解的问题打发开，以为是和他们的科目毫无关系，虽然他们不能把是否有一个最大的基数或最大的序数这些问题置之于不顾，这两个问题都使他们陷入矛盾。关于最大序数的矛盾是在我发现我的矛盾之前被布拉力福尔提发现的。但是他的这件事是复杂得多，因此我也就以为在推理上是有些小小的错

① 《新约·提多书》第一章第二十节。(译者按：应作第十二节)。

误。无论如何,因为他的矛盾远不像我的矛盾那么简单,乍一看来好像摧毁的力量不是那么大。可是,结果我不得不承认其严重是一样的。

在《数学的原理》里我并没有公然说我已经找到了一个解决的方法。我在那本书的序言里说:"发表一本包含那么许多未曾解决的争论的书,我的解释是,经过研究,在第十章中所讨论的矛盾,我看不出最近有得到适当解决的希望,对于类的性质最近也没有希望看得更深更透。有些解决的办法曾使我得到一时的满足。后来常常发现这些解决的办法是有错误的。这种发现使人觉得,好像是较长时间的思索也许可以得出一些表面看来是满意的学说,有了这些学说,问题就显露不出来了。因为这个道理,只把困难说出来,比等下去一直到我相信一个几乎一定是错误的学说中有真理,好像是要更好一点。"在讨论矛盾的那一章之末我说:"上面所说的矛盾不包含特殊的哲学。这种矛盾是直接起源于常识。这种矛盾唯一解决的办法是放弃某种常识的假定。只有以矛盾为滋养的黑格尔哲学才能不关心,因为它处处遇到与此类似的问题。在任何别的学说里,这样一个正面的挑战要求你做出一个答复,否则就是自己承认没有办法。幸而,就我所知,在《数学的原理》的任何别的部分,没有别的与此类似的困难出现。"在书后的附录里我提出类型说可以给予一个言之成理的解释。最后我深信这个学说会解决这个问题,但是在我从事写作《数学的原理》的时候,我只把这个学说弄得初具规模。这个学说在此情形之下是不能胜任的。我在那个时候所得到的结论表现在这本书的最后一段里:"总括起来说,看来第十章的那个特别的矛盾是被类型说解决了。只是,至少有

一种很类似的矛盾大概是不能用这种学说解决的。看来所有逻辑的对象或所有命题，全体包含一种基本的逻辑上的困难。这种困难的完满解决是什么，我还没有发现到；但是因为它影响推理的基础，我恳切盼望所有治逻辑学的人对它加意研究。”

《数学的原理》写完之后，我准备决意对于这些悖论找到一个解决方法。我觉得这几乎是对我个人的一个挑战，而且，如果势不得已，我就要花掉我整个的余年来应战。但是有两个理由我以为这是极其不愉快的。第一，我觉得这整个问题是无足轻重的。我极不愿意把注意力集中在一件并不见得实在是有趣的事情上。第二，任凭我怎么努力，我没有进展。一九〇三年和一九〇四年这一整个时期，我差不多完全是致力于这一件事，但是毫不成功。我第一个成就是一九〇五年春季的叙述学说。这个学说我将在下文谈到。在表面上看，这是和这些矛盾没有关系的，但是后来一种没有想到的关系出现了。最后，我看得十分清楚，类型说的某种形式是极关紧要的。我现在不着重来讲在《数学原理》里讲到的那个学说的特殊形式。但是我仍全然深信，没有这个学说的某种形式，这些悖论就无法解决。

正当我在寻求一个解决办法的时候，我觉得如果这个解决完全令人满意，那就必须有三个条件。其中的第一个是绝对必要的，那就是，这些矛盾必须消失。第二个条件最好具备，虽然在逻辑上不是非此不可，那就是，这个解决应该尽可能使数学原样不动。第三个条件不容易说得正确，那就是，这个解决仔细想来应该投合一种东西，我们姑名之为“逻辑的常识”，那就是说，它最终应该像是我们一直所期待的。在这三个条件之中，第一个当然是大家所公认的。可是第二个是为一个很大的学派所否认的,他们认为分析的很大一部分是不正确的。那些以善用逻辑而自满的人以为第三个条件是不重要的。举例来说,奎尹教授曾制作出一些体系来。我很佩服这些体系的巧妙,但是我无法认为这些体系能够令人满意,因为这些体系好像专是为此创造出来的,就是一个最巧妙的逻辑学家,如果他不曾知道这些矛盾,也是想不到这些体系的。但是,关于这一个问题已经出现了大量而且很深奥的文献,其细微的地方我就不再多说了。

撇开困难的专门细节不谈,我们可以把类型说的梗概说一说。也许研究这个学说的最好的办法是考察一个"类"的意义是什么。我们先用一个平凡的例子来说明。假定饭后请你吃饭的主人在三种甜食里面请你挑选,要你吃一种或两种,或三种都吃,随你的意。你可以有多少办法呢?你可以都谢绝。这是一种办法。你可以在甜食之中取一种。这有三种不同的可能的办法,所以你又有三种选择。你可以选择甜食之中的两种。这又可能有三种办法。或者三种甜食你都要。这给你一个最后的可能性。这样说来,可能性的总数是八,也就是 2^3。不难把这个程序归纳成通则。假定在你面前有 n 那么多的东西,你想知道在 n 之中一个不选,或选几个,或者都要,一共有多少选择。你就要知道,办法的数目是 2^n。用逻辑的语言来说:一个有 n 项的类有 2^n 那么多的次一级的类。如果 n 是无限的,这一个命题仍然是正确的。坎特所证明的是,即使在这一个例子中,2^n 是大于 n。如果像我那样把这个应用于宇宙中的一切事物,我们就得到这样一个结论:事物的类是多于事物。因此类就不是"事物"。但是,因为没人十分懂得这句话里"事物"

这个字是什么意思，把我们所已经证明出来的东西很确切地说出来是不很容易的。我所不能不得出来的结论是：类不过是说话时的一种方便而已。在我写作《数学的原理》的时候，关于类这个问题我已经有些觉得没有办法。可是，我那时候表达意思所用的语言，我现在想来，是不应该那么有实在论的色彩的（实在论是取经院哲学上的意义）。我在那本书的序文中曾这样说：

“讨论难以界说的东西（占哲学逻辑的主要部分）是想法子把这些实体看得清楚，也是使别人看明白这些实体，这样，我们的心理也许对于这些实体有一种认识，和认识红的颜色或菠萝的味道一样。凡我们获得难以界说的东西主要是在分析过程中必然留有残余的时候（现在所说的例子就是如此），知道一定有这样的实体往往比实际上觉察到这些实体要容易一些；有一种过程，这种过程和发现海王星的过程相类似，只是有一个不同之点，就是，用精神的望远镜来寻求那个已经推论出来的实体，这个最后的阶段往往是从事这件事情最困难的部分。关于类这个例子，我不得不坦白地说，我没有看出有任何概念可以满足类这个概念的必要条件。在第十章中所讨论的矛盾，证明有些东西不大对，但是，这究竟是什么我一直看不出来。”

我现在对于这件事的说法应该有些不同了。我应该说，假定有任何命题函数，比如说 fx，那么 x 的值就有一个相当的范围，就这个值的范围来说，这个函数是“有意义的”，也就是说，不是真就是伪。如果 a 是在这个范围之中，fa 就是一个命题，这个命题不是真就是伪。除了用一个常数代替 x 这个变数以外，关于一个命题函数，还有两件事可做：一件是说它永远是真；另一件是说它有时是真。“如果 x 是人,x 就不免于死”这一个命题函数永远是真;“x 是人”这一个命题函数有时是真。所以关于一个命题函数有三件事情可做:第一是用一个常数来代替变数;第二是对于这个函数的一切值加以断定;第三是对于一些值,或者至少一个值,加以断定。命题函数本身只是一个式子而已。它并不对于什么加以断定或否定。同样,一个类不过是一个式子而已。它只是谈使这个函数为真的变数的那些值的一种方便方法而已。

关于上面所说解决这个问题所需要的三个必要条件之中的第三个条件,我曾提出来一个学说,这个学说好像是不合别的那些逻辑学家的意的。可是在我看来,这个学说仍然是正确的。这个学说可以述之如下:当我对于一个 fx 函数的一切值加以断定的时候,我断定的若要明确,x 所能采取的值就必须是明确的。那就是说,x 所可能有的值必须有一个总体。如果我现在进而创立以那个总体来说明的新的值,这个总体好像就因此扩大了,而且与它有关的新的值也就因此和那个扩大了的总体有了关系。但是,因为新的值不能不包括在这个总体之中,这个总体就永远追不上这些新的值,这个过程就好像你想要跳到你的头的影子上。我们用那个关于说谎的人的悖论最能简单地对这一点加以说明。那个说谎的人说:“不论我说什么都是假的。”事实上,这就是他所说的一句话,但是这句话是指他所说的话的总体。只是把这句话包括在那个总体之中的时候才产生一个悖论。我们不能不把涉及命题总体的命题和不涉及命题总体的命题加以区分。那些涉及命题总体的命题绝不能是那个总体之中的份子。第一级命题我们可以说就是不涉及命题总体的那些命题;第二级命题就是涉及第一级命题的

总体的那些命题;其余仿此,以至无穷。所以我们那位说谎的人现在就不能不说:“现在我是肯定一个第一级的伪命题,这是伪的。”但这本身是一个第二级的命题。所以他不是说出任何第一级的命题。因此他所说的简直就是伪的,说它也是真的这种议论不攻自破。这种论证完全可以用于任何高一级的命题。

我们可以发见,在一切逻辑的悖论里都有一种反身的自指,这种反身自指应该根据同样的理由加以指斥。那就是说,它包含讲那个总体的某种东西(这种东西又是总体中的一分子)。如果这个总体已经固定了,这种东西才有明确的意义。

我不能不坦白地说,这个学说还没有获得广泛的承认。但是我还没有见到能使我信服的反对这个学说的论证。

前面曾经提过的叙述学说是在发表于一九〇五年《心》学报的我的一篇文章《论指示》中第一次提出的。那时的那位编辑人觉得这个学说很不合理,他请我重加考虑,不要要求照原样发表。但是,我相信这个学说是正确的,我拒绝让步。这个学说后来得到普遍的承认,大家以为这是我对于逻辑最重要的贡献。的确,现在那些不相信名称和别的字之间是有区别的人对于这个学说是有一种反应。但是我认为只有在那些没有弄过数理逻辑的人之中才有这种反应。总而言之,我在他们的批评里看不出任何正确性来。可是我承认,也许名称学说要比我有一个时期所想的稍微难一点。可是我暂时把这些困难搁下不管,来讲一讲普通所用的日常语言。

我曾取“斯考特”这个名称和“《威弗雷》的作者”这个叙述之间的对比来作我的论证之用。“斯考特是《威弗雷》的作者”这个命题是表示一个同一性,不表示一个同义反复。佐治第四想知道斯考特是不是《威弗雷》的作者,可是他并不想知道斯考特是不是斯考特。虽然这使每一个未曾研究过逻辑的人都能了解,对于逻辑学家却是一个谜。逻辑学家们认为(也可以说从前认为),如果两种措辞是指一种东西,包含其一措辞的一个命题就永远可以被包含另一种措辞的一个命题所代替,而不失其为真,如果原来那个命题是真,或不失其为伪,如果原来那个命题是伪。但是,我们已经说过,用"斯考特"代替了"《威弗雷》的作者"之后,你可以把一个真命题变成一个伪命题。这表明不能不把一个名称和一个叙述加以区别:"斯考特"是一个名称,可是"《威弗雷》的作者"就是一个叙述。

名称与叙述之间另外一种重要的分别是,如果一个名称没有所指,它在一个命题里就没有意义,而一个叙述却不受这种限制。我对麦农的工作原是表很大的敬意的,他却看不出这种区别来。他曾经指出,我们可以提出一些命题来,其逻辑的主词是"金山",虽则金山并不存在。他的持论是,如果你说金山并不存在,显然你所说的有一种东西是不存在的,也就是说,金山;所以金山一定是存在于柏拉图哲学里某种渺茫的有的世界之中,因为,若不是如此,你的那个金山不存在的命题就是没有意义的。我老实说,在我想出叙述学说以前,我觉得麦农这种论证是令人信服的。这个学说的要点是,虽然"金山"在文法上可以是一个有意义的命题的主词,这样一个命题,如果正确地分析了以后,就没有这样一个主词了。"金山不存在"这个命题就变成了"就 x 的一切值来说,'x 是金的而且是一座山'这个命题函项是伪的"。"斯考特是《威弗雷》的作者"这个命题变成了"就 x 的一切值来说,'x 写了《威弗雷》'等于'x 是斯考特。'"在这里,"《威弗雷》的作者"的字样就不再出

现了。

这个学说还弄明白了“存在”是什么意思。“《威弗雷》的作者存在”意思是说“有一个 c 的值，就这一个值来说，‘x 写了《威弗雷》’永远等于‘x 是 c’这一个命题函项是真的”。从这个意义来说，存在只能用来说一个叙述，而且，经过了分析之后，就可以见出是一个命题函项的例子，至少就变项的一个值来说是真的。我们可以说“《威弗雷》的作者存在”，我们也可以说“斯考特是《威弗雷》的作者”，但是“斯考特存在”是不正确的说法。这种说法最多能解释为有这种意思：“名叫斯考特的那个人存在”，但是“名叫斯考特的那个人”是一个叙述，不是一个名称。凡是把一个叙述适当地当做一个名称用的时候，说“它存在”是不正确的。

叙述学说的主要之点是，一个短语对于一句话的意思可以有所贡献，若是单独用的时候就完全不具有任何意义。就叙述来说，关于这一点有精确的证明：如果“《威弗雷》的作者”是指“斯考特”以外的什么东西，“斯考特是《威弗雷》的作者”就是伪的，实际上这个命题并不伪。如果“《威弗雷》的作者”是指斯考特，“斯考特是《威弗雷》的作者”就是同义反复，而实际上并非如此。所以，“《威弗雷》的作者”既不指“斯考特”，也不指什么别的东西。那就是说，“《威弗雷》的作者”什么也不指。证讫。

第八章 《数学原理》：数学方面

大家只从哲学的观点来看《数学原理》，怀特海和我对此都表失望。对于关于矛盾的讨论和是否普通数学是从纯乎逻辑的前提正确地演绎出来的问题，大家很有兴趣，但是对于这部书里所发现的数学技巧，大家是不感兴趣的。我从前知道只有六个人读了这部书的后面几部分。其中三个是波兰人，后来（我相信）被希特勒给清算掉了。另外三个是得克萨斯州人，后来被同化得很满意。甚至有些人，他们所研究的问题和我们的问题完全一样，认为不值得查一查《数学原理》关于这些问题是怎么说的。我举两个例子：大约在《数学原理》出版十年之后，《数学纪事》发表了一篇长文，其中一些结果我们在我们的书里的第四部分不约而同早已经弄出来了。这篇文章里有些错误，我们却避免了，可是没有一个正确的地方不是我们已经发表过的。这篇文章的作者显然完全不知道他的这种工作早已经有人先他而为之了。第二个例子是在我在加利福尼亚大学和莱申巴赫同事的时候出现的。他告诉我，他有一项发明，他把数学归纳法引申了。他名之为"超限归纳法"。我对他说，这个问题是在《数学原理》的第三卷里充分讨论过的。过了一个星期，他对我说，他已经证实了这一点。我想在本章里尽可能不过于专门，从数学的观点，不从哲学的观点，把《数学原理》我认为重要

的几方面解释一下。

我先从一个问题着手，这是一个哲学上的问题，也同样是一个数学上的问题，就是，关系的重要性。在我的论莱布尼茨的书里，我曾着重讨论过有关系的事实和命题的重要性，和这些相对立的是由本体——和——属性而成的事实和由主词——和——宾词而成的命题。我发现对关系所持的偏见在哲学和数学里是发生了不良影响的。正像莱布尼茨未获成功的努力一样，布尔的数理逻辑是讨论类的包含的，而且只是三段论法的一种发展。皮尔斯曾弄出一种关系逻辑，但他是把关系当作一种由双而成的类。这在技术上是可能的，但是并不自然而然地把注意力引向重要的东西。在关系逻辑里重要的东西是与类逻辑不同的东西。关于关系，我在哲学方面的意见有助于使我着重一种东西，这种东西结果变得极为有用。

在那个时候，我几乎是只把关系认做是内包。我想到了这样一些句子："x 在 y 之前"、"x 大于 y"、"x 在 y 之北"。那时我觉得(我现在确是仍然觉得)，虽然从一种形式算法的观点来看我们可以把关系当做一套有序的偶，可是使这一套成为一个统一体的只是内包。当然，类也是如此。使一个类成为一个统一体的只有那个为类中的各项所共具、又为各项所特有的内包。凡是我们对付一个类，其中的项我们无法列举的时候，上面所讲的道理是显而易见的。就无限的类来说，无法列举是很明显的，可是大多数有限的类也正是如此。举例来说，谁能列举蠼螋这个类其中的各项呢？虽然如此，我们还是可以说出一些关于一切蠼螋的命题来(或真或伪)，我们之所以能够如此，乃是由于使这个类所以能够成立的内包。以上所说各点也一样可以用于关系。关于时间上的次序,我们有很多事情可说,因为我们懂得“在先”这个词的意思,虽然 x 在 y 之先这样的 x,y 一切的偶我们是无法列举的。但是对于关系是偶的类这种见解还有一个反对的议论:这些偶必须是有序的偶,那就是说,我们必须能够分别 x,y 这个偶和 y,x 这个偶。若是不借内包上的某种关系,这是做不到的。只要我们只限于类和宾词,就不可能解释次序,或把一个有序的偶和无序的一个两项的类加以区分。

所有这些都是我们在《数学原理》里所发展出来的关系算法的哲学背景。我们不得不把各种概念用符号来表示,这些概念在以前是数理逻辑学家们没有弄得显著的。这些概念中最重要的是:(1)由一些项而成的类,这些项对于一个既定的 y 项有 R 关系;(2)由一些项而成的类,对于这些项一个既定的 x 项有 R 关系;(3)关系的“范围”,这个范围是由一个类而成,这个类中所有的项对于某种什么东西有 R 关系;(4)R 的“相反范围”,这个范围是由一个类而成,某种什么东西对于这个类中所有的项有 R 关系;(5)R的“领域”,这个领域是由上面所说的那种“范围”和“相反范围”而成;(6)一种 R 关系的“反面”,这是 x 和 y 之间有 R 关系的时候,y 和 x 之间所具的一种关系;(7)R 和 S 两种关系的“关系产物”,这是有一个 y 中项的时候,x 和 z 之间的一种关系,x 对于 y 有 R 关系,y 对于 z 有 S 关系;(8)复数,其界说如下:有既定的某 a 类,我们形成一个由若干项而成的类,所有这些项对于 a 的某项有 R 关系。我们可以看一看人与人的关系来作以上各种概念的例子。举例来说,假定 R 是父母与子女的关系。那么,(1)就是 y 的

父母;(2)是 x 的子女;(3)是所有那些有子女的人的类;(4)是所有那些有父母的人的类,那就是说,除了亚当和夏娃以外,每人都包括在内;(5)“父母”关系的领域包括每个人,他或是某人的父母,或是某人的子女;(6)“的父母”这种关系的反面是“的子女”那么一种关系;(7)“祖父母”是父母与父母的关系产物,“弟兄或姊妹”是“子女”与“父母”的关系产物,“堂兄弟或弟兄或姊妹”是孙和祖父母的关系产物,其余可以类推;(8)“伊通学院学生的父母”是按这一个意义来说的复数。

不同种类的关系有不同种类的用处。我们可以先讲一种关系,这种关系产生一种东西,我名之曰“叙述函项”。这是最多只有一项对于既定的一项所能有的一种关系。这种关系产生用单数的“the”这个字的短语,如“the father of x”(x 的父亲),“the double of x”(x 的两倍),“the sine of x”(x 的正弦),以及数学中所有的普通函数。这种函项只能由我名之曰“一对多”的那种关系产生出来,也就是最多一项对于任何别的一项所能有的那种关系。举例来说,如果你正在谈一个信基督教的国家,你可以说“x 的妻”,但是如果用于一个一夫多妻制的国家,这一个短语的意思就不明确了。在数学里你可以说“x 的平方”,但是不能说“x 的平方根”,因为 x 有两个平方根。前面所列的表里的“范围”、“相反范围”和“领域”都产生叙述函项。

第二种极其重要的关系是在两个类之间建立一种相互关系的那种关系。这种关系我名之曰“一对一”的关系。这是这样一种关系,在这种关系中,不仅最多只有一个对于一个既定的 y 有 R 关系的 x,而且最多也只有一个 y,对于这个 y 一个既定的 x 有 R 关系。举一个例子:禁止一夫多妻的婚姻。凡是在两个类之间有这样一种相互关系存在,这两个类的项的数目就是一样的。举例来说:不用计算我们就知道妻的数目和夫的数目是一样的,人的鼻子的数目和人的数目是一样的。有一种特殊形式的相互关系,这种关系也是极其重要的。这种相互关系的起因是:有两个类是 P 和 Q 两个关系的领域,并且在它们之间有一种相互关系,凡是两个项有 P 这种关系的时候,它们的相关者就有 Q 这种关系,反之亦然。结过婚的官吏的位次和他们的妻的位次就是一个例子。如果这些妻不和贵族有关系,或者如果这些官吏不是主教,这些妻的位次就和丈夫的位次是一样的。这种产生相互关系的东西名曰“次序的相互关系产生者”,因为不管在 P 领域中的各项有怎么一种次序,这种次序总保存在 Q 领域中的它们的相关者中。

第三种重要的关系类型是产生系列的一种关系。“系列”是一个旧的,人人都熟悉的名词,但我认为我是给这个词以一个确切意义的第一个人。一个系列就是一个组,包含若干项,这些项有一个次序,这个次序来源于一种关系,这种关系具有三种性质:(a)这种关系一定是不对称的,那就是说,如果 x 对 y 有这种关系,y 对 x 就没有这种关系;(b)它一定是及物的,那就是说,如果 x 对 y 有这种关系,并且 y 对 z 有这种关系,x 对 z 就有这种关系;(c)它一定是连接的,那就是说,如果 x 和 y 是这种关系领域中的任何不同的两项,那么,不是 x 对于 y 有这种关系,就是 y 对于 x 有这种关系。如果一种关系具备了这三种性质,它就把它领域中的各项排列在一个系列中。

所有这些性质都很容易用人与人关系的例子来说明。丈夫这种关系是不对称的，因为如果A是B的丈夫，B就不是A的丈夫。相反，配偶就是对称的。祖先是及物的，因为A的一个祖先的一个祖先是A的一个祖先；但是父亲是不及物的。在一个系列关系所必具的三个性质之中，祖先具备两个，不具备第三个，“连接”，那个性质，因为，并不是任何两个人之中，一个一定是另一个的祖先。另外一方面，举例来说，如果我们看一看一个皇室的王位继承，儿子总是继承父亲，仅限于这个王系的祖先关系是连接的，所以这些国王形成一个系列。

上面这三种关系是逻辑和普通数学之间过渡的极为重要的关系。

现在我想进而把几种发展的大意说一说，以上所讲的逻辑上的那一套对于这些发展是很有用的。但是在讲之前，我先说几句概括的话。

在我年轻的时候，人家告诉我说，数学是关于数目和量的科学，另一种说法是，数学是关于数目和度量的科学。这一个定义失之过于狭隘。第一，在传统的数学里所讲的那些很多不同种类的数目只占数学方法所应用到的那个范围的一小部分，并且，为建立算术的基础我们所不能不有的推理是和数目没有很密切的关系的。第二，在讲算术和算术的绪论的时候，我们不可忘记，有些定理对于有限的和无限的类或数来说都一样是真的。只要可能，我们不应该只为前者对于这些定理加以证明。说得更普通一些，如果在比较普遍的范围内我们可以证明一些定理，我们认为，在特殊某类的实例中对于这些定理加以证明是一件耗费时间的事。第三，算术中的一些传统的形式定律，即，结合定律，

$$(a+b)+c=a+(b+c)$$

交互定律,

$$a+b=b+a$$

以及乘法上的一些类似的定律

和分配定律

$$a\times(b+c)=(a\times b)+(a\times c)$$

我们认为证实这些定律是我们的目的的一部分。初学数学的人只学了这些定律而无证明,要不然,如果有证明,他们是用数学归纳法,因此只对于有限数是有效的。加法和乘法上的普遍定义假定因数的数目是有限的。我们竭力想去掉包括以上所说那一种在内的一些限制。

用所谓“选择”的方法,我们可以把乘法扩展到无限多的因数。用选举议会的议员这个例子最容易使我们明白选择这个概念是什么。假定在该国家里每一个选举出来的议员必须是选民中的一员,整个议会就是自选民而来的一个所谓“选择”。大意是这样:如果有一个由若干类而成的类,那若干类中没有一个是零,选择就是一种关系,从每类中挑出一个项来做那类的“代表”。这样做法的数目(假定没有一项为两类所共有)就是这些类的数目的积数。举例来说,假定我们有三个类,第一个是由 x_1, x_2, x_3 而成,第二个由 y_1, y_2, y_3 而成,第三个由 z_1, z_2, z_3 而成,凡是包含一个 x,一个 y 和一个 z 的类就是自三类的类而来的一个选择。无论哪一个读者都不难弄明白有二十七种办法来做这种选择。

在我们采用了这种乘法的定义之后,我们遇到了一种没有想到的困难。如果类的数目是无限的,好像我们就无法确知选择是

可能的。如果这些类的数目是有限的，我们可以从每一类里任意挑出一个代表来，在大选里就是这样；但是，如果这些类的数目是无限的，我们就无法有无限数目的任意的挑选，并且我们不能确知可以做出一个选择来，除非有一个内包来得到所希望的结果。我举一个例子：从前有一个百万富翁，他买了无数双鞋，并且，只要他买一双鞋，他也买一双袜子。我们可以作一个选择，从每双鞋里挑一只，因为我们总是可以挑右鞋或者挑左鞋。所以，就鞋来说，选择是存在的。但是，论到袜子，因为没有左右之分，我们就不能用这个选择的规则。如果我们想从袜子之中能够加以选择，我们就不能不采取一种精密得多的方法。例如，我们可以找出一个特点来，在每双袜子中有一只比另一只更近于这个特点。这样，我们从每一双里挑选那一只比较近于这个特点的袜子，我们就选择出来了一套。我曾有一次把这一个谜说给在三一学院教职员餐桌偶尔坐在我一边的一位德国数学家听，可是他唯一的评语是："为什么说百万富翁？"

有些人以为，不言而喻，如果这些类之中没有一个是零，从每类中选择出一个来就一定是可能的。另有一些人则认为不然。关于这一点，皮亚诺说得最好："这一个原则正确不正确呢？我们的意见是没有价值的。"我们对于我们所谓"乘法公理"所下的界说是：这是假定永远可能从一组若干类中的每一个（这些类没有一个是零）选出一个代表来。我们找不到赞成或反对这个公理的论证，因此我们把这一个公理明白地包括在应用这个公理的任何定理的假定中。在我们遇到这一个问题的同时，载尔美乐提出了他所说的"选择原理"，这是一个略微不同但在逻辑上相等的假定。他和一些别的人把它看做是一个自明的真理。因为我们并不采取这一个意见,我们尽力寻求一些方法来对付乘法而不假定这个公理是真的。

选择的逻辑学说无论在哪一点上都不依赖“数目”这个概念,在《数学原理》里我们是在给“数目”下界说之前提出来选择学说的。这种意思也可以用于另一个极其重要的概念,也就是,在普通语言里用“等等”这些字所表示的那个概念。

假定你想用“父母”这个概念来说明“祖先”这个概念。你可以说,A 是 Z 的祖先,如果 A 是 B 的父(或母)亲,B 是 C 的父(或母)亲,等等,并且这样在有限的多少步之后,你达到 Y 这个人,他是 Z 的父(或母)亲。这都没有问题,只是有一件,这里边包含“有限的”这几个字,这几个字不能不加以界说。只有用一个完全一般的概念的特殊应用,给“有限的”下定义才是可能的,就是,从任何既定的关系而来的祖先关系那个概念。这个祖先关系概念最初是弗雷格远在一八七九年发展出来的,但是直到怀特海和我发展出这个概念来的时候,弗雷格的工作一直没有为世人所注意。我们想加以界说的这个概念可以初步解释如下:如果 x 对于 y 具有 R 关系,我们姑且把 x 到 y 这一步称为“R 步”。你可以从 y 到 z 再走一 R 步。凡是通过从 x 开始的那些 R 步你所能达到的东西,我们都说成为关于 R 的 x 的“后代”。我们不能说凡是通过一个“有限数目的 R 步”你所能达到的东西,因为我们还没有对于“有限”这个词加以界说。我们只有借“后代”这个概念才能给它下一个界说。关于 R 的 x 的后代可以界说如下:我们先给关于 R 的一个“世传的”类下一个界说。这是有这样性质的一个类:凡是从这个

类的一项通过一 R 步所达到的东西就又是这个类的一项。举例来说,“斯密”这个名称的性质是在父子关系中世传的,人性这种性质是在父母对子女的关系中世传的。“如果 y 属于 x 所属于的每个关于 R 的世传的类,y 就属于关于 R 的 x 的后代”,我现在说明这是什么意思。现在让我们把这个应用于普通的整数,用一个数目对于它下面紧接着的那个数目的关系来代替 R。如果我们现在看一看关于这一个数目的 0 的后代,显然 1 是属于这个后代,因为 1=0+1;而且,因为 1 属于 0 的后代,2 也是如此;而且,因为 2 是如此,3 也就是如此。这样下去,我们就得到一整套都属于 0 的后代的数目。我们可以把用所谓“数学归纳法”的证明应用于所有这些数目。数学归纳法是这样一个原理:如果一个性质属于 0,并且属于有这个性质的任何数目下面紧接着的那个数目,那么,这个性质就属于所有的有限数。把“有限”数说明为 0 的后代,这是这个定义的直接结果。从前大家以为数学归纳法是一个原理,因为从前以为一切数目一定是有限的。这是一个错误。数学归纳法不是一个原理,而是一个定义。对于有些数目来说它是正确的,对于另一些数目来说它是不正确的。凡它能适用的数目就是有限数。举例来说,把 1 加到一个有限数上,这个有限数就增加了;一个无限数就不是这样。

整个这个祖先关系学说不但对于数目说来是十分重要的。因为这个理由,我们在提出数的定义来以前就创立了这个学说。

现在我来讲一个东西,我名之为“关系算术”,这占了《数学原理》第二卷的后半本的篇幅。从数学的观点来看,这是我对于这部书最重要的贡献。我所说的“关系数”是一种完全新的数,普通数是这种数的一种极其特殊化的例子。我发现,一切能用于普通序数的那些形式定律都能用于这一种一般得多的数。我也发现,关系数对于了解结构是很要紧的。有些词(“结构”就是其中的一个),正如“等等”或者“系列”,虽然为人用得惯熟,却无确切的意义。借关系算术,“结构”这个概念就可以精确地加以界说。

这一个问题里的基本定义是前面已经提到过的“次序的类似”或“相似”的定义。凡和关系有关的地方,这种东西所起的作用正和类似在类与类之间所起的作用是一样的。类与类之间的类似就是一个一对一的关系的存在,把一类的每一项和另一类中的相关者联结到一起。P 和 Q 两种关系之间的次序的类似就是指,有 P 领域对 Q 领域的那么一个相互关系产生者,凡是两项有 P 关系,它们的相关者就有 Q 关系,反之亦然。让我们举一个例证:假定 P 是已婚的政府官员的位次关系,Q 是他们的妻子的位次关系,妻和丈夫的关系就使 P 领域和 Q 领域有这样的相互关系:只要是这些妻们有 Q 关系,他们的丈夫就有 P 关系,反之亦然。当 P 和 Q 两种关系在次序上是类似的时候,如果 S 是产生相互关系作用的那个关系,Q 就是 S 和 P 的关系产物,而且是 S 的倒转。例如,在上面所举的那个例证中,如果 x 和 y 是两个妻,并且 x 对 y 有 Q 关系,而且,如果 S 是妻对丈夫的关系,那么,x 就是对 y 的丈夫有 P 关系那样一个男人的妻,那就是说,Q 和 S 与 P 的关系产物是同一关系,并且是 S 的倒转;S 的倒转就是丈夫对妻的关系。凡 P 和 Q 是系列关系的时候,它们的相似在于它们的各项可以发生相互关系而不变换次序。但是相似这个概念可以用于一切有领域的关系,也就是,可以用于一切关系,在这种关系中,范围和倒转范围是

一种类型。

我们现在说，一个 P 关系的关系数就是那些在次序上和 P 相类似的关系的类。这正有类于用次序的类似代替类的类似，用关系代替类的基数算术。加法、乘法和指数的定义有点儿类乎基数算术里的定义。加法和乘法都遵循结合定律。分配定律在一种形式中是适用的，但是，普通说来，在另一种形式中是不适用的。除了有关的关系的领域是有限的，交互定律是不适用的。举例来说，今有像自然数的系列的一个系列，在这个系列上加上两项。如果你把这两项加在开头的地方，这个新的系列就像是那个旧的系列；可是，如果你把这两项加在末尾，这个新的系列就不同了。无论什么时候，如果 x 对 y 有 P 关系，或 x 对 y 有 Q 关系，或 x 属于 P 的领域，y 属于 Q 的领域，那么，P 和 Q 两种关系之和就可以说是能适用于 x 与 y 之间的一种关系。根据这一个定义，一般说来，P 与 Q 之和跟 Q 与 P 之和不同。不仅一般的关系数是如此，而且序数也是如此，如果其中之一或二者是无限的。

序数是关系数的次一级的类，也就是能适用于“次序整然的”系列，“次序整然的”系列其性质是：其中任何有若干项的次一级的类有一个第一项。坎特曾研究过超限序数，但是，据我所知，一般的关系数是在《数学原理》中第一次加以界说和研究的。

一两个例证也许对于我们有帮助。假定你有若干对成一个系列，你想按照上面解释选择公理的意思从这些对里形成一系列的选择。这个程序和基数算术里的程序十分近似，只是有一点不同，就是，我们现在是想把这些选择排成一个次序，而以前我们只是把它们算做一个类。此外又假定，正如我们讨论类的选择的时候那样,我们有三个组,(x_1,x_2,x_3)、(y_1,y_2,y_3)和(z_1,z_2,z_3),我们想从这些里边弄出一个选择的系列来。这有种种办法。也许最简单的办法是这样:任何包含 x_1 的选择出现在任何不包含 x_1 的选择之先。在二者都包含 x_1 或都不包含 x_1 的那些选择之中,那些包含 y_1 的选择出现在不包含 y_1 的选择之先。在二者都包含或都不包含 x_1 和 y_1 的那些选择之中,那些包含 z_1 的选择出现在那些不包含 z_1 的选择之先。我们为尾数 2 和尾数 3 立下类似的规则。这样我们就得到所有可能有的选择,排成一个系列,这个系列的开头是(x_1,y_1,z_1),最后是(x_3,y_3,z_3)。显然这个系列是有二十七项,但是这里二十七这些数目已经不是像我们从前那个例子里的那样一个基数,而是一个序数了,也就是说,是特别一种关系数。由于在那些选择之中建立了一个次序,它和一个基数是有区别的,一个基数并不建立一个次序。只要我们只限于有限数,在序数与基数之间是没有重要的形式上的分别的;但是,有了无限数的时候,由于交互定律不起作用,其间的分别就变得重要了。

在证明关系算术的形式定律的时候,我们常常有机会讨论系列的系列的系列。用下面这个实例,你在心中就可以得到一个具体形象:假定你要把一些砖堆积起来,而且,为的是把这件事说得更有趣,假定这是些金砖,你是在诺克司堡工作。我现在假定你先弄成一行砖,把每一块砖放在前一块的正东;你然后再弄一行,和第一行接触,但是是在第一行的正北;这样下去,你弄了许多行,到适当的程度而止。然后你在第一层的上面弄第二层,在第二层的上面弄第三层,这样下去,直到所有的砖都堆完为止。那么每一行就是一个系列,每一层是一个系列的系列,这一整堆是一个系列的系列的系列。我们可以用符号把这个过程代表如下：假定 P 是上层对下层的关系；P 的领域是由各层而成；每一层是一系列的行。假定 Q_1 是最高一层各行南对北的关系，Q_2 是第二层各行的这种关系，其余类推。Q 的领域是一系列的行。在最高一层最南边的一行中，东对西的关系，我们称之为 R_{11}；在最高一层的第二行中，东对西的关系，我们称之为 R_{12}；其余类推，最后是 R_{mn}，假定 m 是层的数目，n 是每一层中行的数目。在这一个实例中，我是假定层数和行数是有限的，但是这是一个完全不必要的限制，有这一个限制只是为把这个实例弄得简单一点。在普通的语言里，所有这些都颇为复杂而冗长，但是用起符号来就变得简易了。假定 F 是 x 对 P 的关系（这个关系就是 x 是 P 的领域的一项）。那么，F^3 就是 F 和 F 和 F 的关系产物。举例来说，单个的砖是对 P 有 F^3 关系的一些项，那就是说，每个砖是 P 的领域的一项的领域的一项的领域的一项。在证明加法和乘法的结合定律的时候，我们需要这样的系列的系列的系列。

如果两个关系数在次序上类似，我们可以说，它们产生相同的"结构"，但结构是略比这个更为广泛的概念，因为它不限于二的关系，那就是说，二项之间的关系。在几何学里，三项或四项之间的关系是很重要的，怀特海原要在《数学原理》的第四卷里讨论这些关系。但是他做了不少预备工作之后，他的兴趣松懈下来，他放弃了这计划，而走向哲学去了。可是不难看出结构这个概念如何可以一般化。假定 P 和 Q 已经不是二的关系，而是三的关系，这样的关系有许多通俗的例子，如，"在……之间"和"嫉妒"。关于 P 和 Q，我们可以说它们有相同的结构，如果能使它们有相互关系，凡在那个次序里 xyz 有 P 关系的时候,它们的相关者在相同的次序里就有 Q 关系,反之亦然。结构之为重要是有经验上的原因的,但是它的重要性也有纯粹是逻辑上的原因。如果两个关系有相同的结构,它们的逻辑上的性质是同一的,只是有一件:有赖于它们的领域的项的那些性质要除外。我所谓"逻辑的性质"是指能用逻辑术语表示的那些性质,不只是指能用逻辑证明的那些性质。对于系列关系加以界说的那三个特征就是一个例子,就是说,它们是不对称的、及物的、连接的。这些特征可以用逻辑术语表示出来;如果一个关系有其中之一的任何特征,每个在次序上和它类似的关系就也有这一个特征。每个关系数,不管是有限的或是无限的,是有这个数的任何关系的一个逻辑的性质。大体说来,凡关于一个关系你所能讲的话,不提有这个关系的各项,也不谈任何不能用逻辑术语表示的性质,都完全能适用于任何与你着手的关系相类似的关系。逻辑的和别的性质之间的区别是很重要的。举例来说,如果 P 是颜色之间的一种关系(例如虹里颜色的次序),是颜色之间的一种关系这么一个性质不属于在次序上与 P 类似的一切关系;但是是系列的那样的一个性质却是如此。再举一个较为复杂的例子:留声机片和灌片时原来的音乐在它们的逻辑的性质方面是分辨不出来的,虽然这两种东西所由成的实际材料是很不同的。

另一个实例也许能帮助我们把结构这个概念解释明白。假定你知道某种语言的文句构造上的规则,但是,除了用于逻辑的一些字以外,你一个字也不认识,并且假定有人给了你用这种文字写出来的一个句子:这句话可以有的不同的意义是什么呢?这些意义

的相同之点是什么呢？只要能使这整个句子具有意义(也就是说，在逻辑上讲得通)，你对于每个单个的字可以赋予任何意义。那么，这句话就有很多可能的意义，也说不定是无限多，但是它们都有相同的逻辑结构。如果你的语言具备某些逻辑上的必要条件，使你的一些句子为真的那些事实也就有相同的结构。

我认为关系算术是重要的，这不只是因为它是一个有趣的通则，也是因为它给人以对付结构所必需的一种符号技术。我一直认为，不熟悉数理逻辑的人很不容易了解“结构”的意义，而且，因为有这一种困难，在试图了解经验的世界的时候，他们很容易走错路。仅是因为这个道理，关系算术这一个学说至今不大为世人所注意，我对此觉得十分惋惜。

我之所以知道这个学说没有完全被人所忽略，是因为我在一九五六年出乎意料接到了柏林汉布特大学俞尔根·斯密教授的一封信。他告诉我，这个学说的一些部分在所谓“词典编辑问题”中曾经用过，这个问题是在于规定一种语言中字的字母排列，这种语言的字母是无限的。

第九章　外在的世界

在《数学原理》写完后不久，还在印刷中，几尔柏特·马瑞就请我为家庭大学丛书写一本小书，用浅近的语言把我的哲学说一个梗概。这个邀请来得正是时候。我巴不得躲开符号演绎推理的严刻性。而且那时我的主张清晰明确，为前此以及后来所未有，很容易用简单平易的方法加以说明。这本书很成功，现在销路仍然很广。[①] 我觉得多数哲学家仍然认为这书是充分说明了我的主张。

把那本书重读一遍，我发现里边有很多东西是我现在仍然相信的。我仍然承认"知识"不是一个精确的概念，而是混入到"或然的意见"中。我仍然承认自明是有不同的程度的，了解一个普遍命题而不知道其真理的任何个别的例子是可能的，例如："所有从未乘到一起的成对的数其积是大于1,000"。但是另有一些问题我的意见已经起了很大的变化。我不再以为逻辑定理是事物的规律；适得其反，我现在把逻辑定理看做纯是属于语言性质的。我不再以为点、瞬和质点是世界原料部分。我在那本小书里所讲的关于归纳法的话，我现在看来是很粗疏的。我讲到普遍和我们关于

① 译者按：指《哲学问题》，1912年出版。

普遍的知识讲得很有把握，我现在没有那种把握了，虽然我关于这个问题没有什么新的意见像从前那样自信地提出来。

关于点、瞬和质点，我是被怀特海从我的“独断的睡梦”中唤醒的。怀特海发明了一个方法，把点、瞬和质点构成一组一组的事件，每一个的范围都是有限定的。这就有了可能像我们以前在算术中用奥卡姆剃刀那样，把它用在物理学里。我很喜欢数理逻辑方法上的这种新应用。这似乎是暗示，用于理论物理学里的那些概念，其光滑顺溜与其说是由于世界的性质，倒不如说是由于数学家的巧妙手段造成的。而且在知觉问题上这也好像是开辟了一个全新的前景。我受聘于一九一四年春季要在波士顿作劳威尔讲演，我选择了“我们关于外界的知识”做我的题目，并且就这个问题我开始利用怀特海的新工具做研究。

知觉是我们外界知识的源泉这个问题，在我看来是很麻烦的。如果两个人看一样东西，由于透视和光线射下来的方向，他们之所见就有所不同。没有理由单挑出一个知觉者来，说他才是看见了那件东西的真相。所以我们不能认为外界的物就是人之所见。物理学家认为这是老生常谈：我们看不见原子和分子。物理学家向我们保证原子和分子是物的构成成分。生理学家也一样使人气馁。他讲明从眼到脑有一个复杂的因果连环，而且你之所见是有赖于脑子里的变化。如果这个脑的状态能够被非平时的原因所引起，你就会有一种视觉，这个视觉不像平时那样和一个外界的物体相牵连。这类的事不专是牵涉到视觉。这可以由一个大家都知道的例子来说明：一个人觉得他的大脚趾疼，虽然他的腿已经被切断了。这种论证说明，我们直接所经验到的不可能是物理学所讨论的外界的物，可是只有我们直接所经验到的才给我们理由相信有个物理学的世界。

要想解决这个问题，有各种方法。最简便的是唯我论的方法。我是把唯我论当做一种假设，而不是当做一种定论。那就是说，我是考量一个学说，就是，除了我自己的经验以外，没有正当的理由对于任何东西加以肯定或否定。我不认为这个学说可以驳得倒，但是我也不认为任何人能认真相信它。

有些人主张，承认经验是合理的，不管是自己的或是别人的，但是相信没人经验得到的事情则是不合理的。这个学说是承认来自别人的证明，但是拒绝相信有无生命的物质。

最后就是朴素实在论者和物理学家所都同意的那个羽翼已成的学说。据这一个学说的说法，有些东西是活的，是一簇一簇的经验，另一些东西是无生命的。

这些学说中的第二个和第三个是需要从我所经验到的推论到我所不能经验到的东西。这些推论不能按照逻辑加以证明。只有承认演绎逻辑范围以外的一些原则，这些推论才能算确实。在《哲学问题》和所有我以前的思想里，我是承认物理学中所讲的那样的物质的。可是这就留下了一条介乎物理学和知觉（也可以说心与物）之间的令人不快的鸿沟。在最初我热心要放弃物理学家的那个“物质”的时候，我希望能揭示出那些假设的实体来，这些实体一个知觉者不能知觉为一些完全由他所知觉到的成分所组成的结构。我头一回把罗威尔讲演里所提出的学说加以解说的时候，我提议这是一件可能的事。这头一回的解说是在一篇题为《感觉材料对物理学的关系》的文章里，发表在一九一四年的《科学》里。在这篇文章里我说:“如果科学要是可以证实的,我们就要遇到以下的这个问题:物理学把感觉材料证明为物体的作用,但是只有在物体能证明为感觉材料的作用的时候,科学的证实才是可能的。因此我们就不能不解决那些用物体来表示感觉材料的方程式,为的是使这些方程式倒是用感觉材料来表示物体”。但是没有多久,我就相信这是一个行不通的计划,物体不能解释为由实际上经验到的成分所组成的结构。也是在这一篇文章里,在后边的一段里,我说明我容许我有两种推断:(甲)别人的感觉材料和(乙),我所谓“感相”,我假定这是指物在没人知觉它们的地方所呈的现象。我接着说,我倒高兴能把这两种推断废除,“这样就把物理学建立在一个唯我论的基础上;可是毫无疑问,那些人性比要求逻辑经济更强的人(我恐怕是大多数)就不会和我一样要把唯我论弄得能满足科学上的条件。”因此我就断念不再想只用经验的材料来构成“物质”,并且安于一个把物理学和知觉和谐地配合为一个整体的世界的图形。

一九一四年元旦日我忽然想到的那个关于我们的外界的学说有几件新奇的东西。其中最重要的是空间有六度而不是有三度的那个学说。我得到的结论是,在物理学的空间里,认为是一个点的,说得更正确一些,认为是一个“极微地域”的,实际上是一个由三度而成的复合体。一个人的知觉对象的全体就是这个复合体的一个实例。我之所以有这个主张是有种种理由的。也许最有力的理由是可以造出一些仪器来,这些仪器在没有活着的知觉者的地方能把一些东西记录下来,那些东西如果一个人在那儿是可以知觉到的。一个照相感光板可以把多星的天空任何选出来的一部分制出一个相片来。一个口授留声机可以把近旁的人所说的话记下来。像这样制作机械的记录（这些记录有类乎如果一个人也在那里他所得到的知觉）在学理上是没有限制的。给繁星闪烁的天空照相也许是说明所牵涉到的东西的最好的例子。无论哪个星都可以在任何地方（若是有一个人的眼在那里也看得见那个星）照下相来。因此，在照相版那个地方，有些事情发生，这些事情是和在那里能照下相来的所有那些不同的星有关系。因此在物理空间的一个微小的地域里随时都有无数的事情发生，与一个人在那里所能看见的或一件仪器所能记录的一切事情相应。不但如此，这些事情彼此有空间关系，这些空间关系多多少少正与物理空间中的那些对立的物体相应。在一张星体照相中所出现的那个复杂世界是在拍照的那个地方。同样，知觉之心的内容那个复杂世界是在我所在的那个地方。这两种情形不拘哪一个都是从物理学的观点来讲的。照这一个学说来讲，在我看见一颗星的时候，里边牵涉到三个地方：两个在物理空间里，一个在我私人的空间里。有星所处于物理空间中的那个地方；有我所处于物理空间中的那个地方；又有关于这颗星的我的知觉内容所处于我的别的知觉内容中的那个地方。

在这个学说里有两种方法把事件一束一束地收集起来。一方面，你可以把所有那些可以认为是一件“东西”的现象的事件弄成一束。例如，假定这项东西是太阳，首先你就有正在看见太阳的那些人的所有视觉内容。其次你有正在被天文学家拍照下来的所有那些关于太阳的照片。最后，你有所有那些在各处发生的事情，正因为有这些事情，才有在那些地方看见太阳或给太阳照相的可能。

这一整束的事件是和物理学的太阳有因果关系的。这些事件以光的速度从物理空间中太阳所在的地方向外进行。在它们从太阳向外进行的时候,它们的性质发生变化有两种情形。第一可以称之为"正规"的情形,这就是大小和强度依反平方律减少。在相当切近的程度上来说,这种变化只是发生在空虚的空间里。但是太阳在有物质的地方所呈现的光景是依物质的性质而有不同的变化。雾就要使太阳显得红,薄的云彩就要使太阳显得暗,完全不透明的物质就要使太阳完全不现任何现象。(我说现象的时候,我不只是指人们之所见,也是指没有知觉者的地方与太阳有关的那些所发生的事。)如果插进来的那个媒介物包含一只眼睛和一个视神经,则太阳因此所呈的现象就是某人实际上所看见的了。

某件东西从不同的地方所呈的现象(只要这些现象是"规则的")如果是属于视觉的,就为透视定律所联结,如果是由别种感觉透露出来的,这些现象也为不是全然不同的定律所联结。

前面我曾说过,还有另外一个方法把事件集为一些束。按照这一个方法,我们不是把一件东西所呈的现象的那些事件集合起来,而是把在一个物理上的处所所呈的现象的所有那些事件都集合起来。在一个物理上的处所的事件其全体我称之为一个"配景"。在某一个时间我的知觉内容的总体构成一个"配景"。仪器在某一个处所能够记录下来的所有事件之总体也是如此。在我们以前制束的方法中,我们曾有一束是由太阳的许多现象所组成。但是在这第二个方法中,一束只包含太阳的一种现象,那种现象和从那个地方所能知觉到的每个"物"的一种现象相联。在心理学中特别合适的乃是这第二种制束的方法。一个配景,如果碰巧是在一个脑子里，就是由该脑所属的那个人临时所有那些知觉之心的内容所组成。所有这些，从物理学的观点来看，都是在一个地方，但是，在这个配景里有若干空间关系，由于这些空间关系，原来物理学上说是一个地方的，现在却变成一个三度的复合体了。

不同的人对于一件东西有不同的知觉这个谜，关于一件物理上的物和它在不同的地方所呈的现象二者之间的因果关系这个谜，最后，（也许是最重要的）心与物之间的因果关系这个谜，都被这一个学说一扫而光了。这些谜之所以发生，都是由于不能把与某一个知觉的心之内容相连的三个处所加以区分。这三个处所就是（我再说一遍）：(1)“东西”所在的物理空间中的处所；(2)我所在的物理空间中的处所；(3)在我的配置中，我的知觉之心的内容对于别的知觉之心的内容所占据的处所。

我之提出上面的学说并不是认为那是唯一能解释事实的学说，或者认为一定是正确的。我之把它提出来是认为那是一个与所有既知的事实相符合的学说，并且认为，迄今为止，这是唯一能这样说的学说。在这一方面，这个学说是和（举例来说）爱因斯坦的广义相对论并列的。所有这些学说都超出事实所能证明的以外，并且，如果解决了一些谜，并且不论在哪一点上都和既知的事实不相矛盾，则这些学说都是可以接受的，至少暂时是可以的。我认为这就是以上那个学说所具备的条件，也就是任何有普遍性的科学上的学说所应有的条件。

怀特海把点解释为一类一类的事件，这个方法对于我求得以上那个学说是一个很大的帮助。可是我认为，是否事件实际上真适合于解释具有几何学上的点所应有的特性的任何东西，是可怀疑的。怀特海假定每个事件都是具有有限度的范围的,但是一个事件的范围并没有最小的限度。我找到了一种方法,从一类一类的事件来构成一个点,这些事件没有一个是小于一个指定的最小限度;但是他的和我的方法只能靠一些假定才有效。没有这些假定,虽然我们能够达到很小的地域,我们也许不能达到点。在以上的叙述中,我之所以说"最小的地域"而不说点,正是因为这个理由。我不认为这有什么重大的关系。

第十章　维特根斯坦的影响

《数学原理》最初不很受欢迎。大陆上的数理哲学分为两派，形式主义者和直观主义者。这两派都完全否认数学是从逻辑出来的，并且利用矛盾来证明他们的否认是正当的。

以希尔伯特为首的形式主义者主张，算术上的符号只是纸上的一些记号，全无意义，算术是由类乎下棋的规则的一些任意的规则而成，按照这些规则，可以把那些记号加以操作使用。这个学说有着避免一切哲学争论的有利条件，但它也有不能解释数字在计算中应用的不利条件。如果把〇这个符号看做是指一百或一千或任何别的有限数，则形式主义者所提出的一切使用规则也就得到了证实。这个学说无法解释像“这间屋子里有三个人”或“有十二个使徒”这样一些简单的命题是什么意思。对于从事计算，这个学说是完全够用的，但是在数的应用上则是不够的。既然重要的是数的应用，形式主义者的这个学说不能不看做是一种不满人意的逃避。

以伯劳威为首的直观主义者的学说须更认真地讨论一下。这个学说的核心是否定排中律。这个学说认为，如果有一个方法能确定一个命题是正确或错误，那个命题才能算是正确或错误。常见的例子之中有一个就是这样一个命题：“在 π 的小数计算中有三个连续的七”。就已经求出来的 π 的值来说，并没有三个连续的七，但是没有理由假定在后来的一个地方这就不会出现。如果今后看来果真有一个地方有三个连续的七出现，问题就解决了，但是，如果这样一个地方没有达到，那并不能证明后来不会有这样一个地方。所以，虽然我们也许完全能证明是有三个连续的七，我们却永远不能证明没有。这个问题对于分析是很重要的。不尽的小数有时候是按一条定律来进行，这条定律使我们能够随意计算多少项。但有时(我们必须这样假定)它们不按任何定律来进行。根据一般承认的原则，第二种情形比第一种情形不知要普遍多少倍。而且，如果不承认“不法的”这样的小数，则整个实数学说就塌台了，并且微积分以及几乎整个高等数学也就随之瓦解。伯劳威面对这一灾难，毫不畏缩，但是大多数数学家认为是受不了的。

这个问题的普遍性比上面那个数学例子所表现的要大得多。问题是：“如果没有方法来决定一个命题正确或错误，说这个命题正确或错误有没有任何意义？”或者用另一个方式来说：“‘真’和‘能证实’应该是一回事吗？”我认为我们不能说这是一回事，否则我们只得作一些粗劣而无理的悖论。请以下边这个命题为例：“公元一年的一月一日曼赫坦岛上下了雪”。我们想不出有什么法子能够看出这个命题是正确或错误，但是主张这个命题不正确也不错误，看来是荒谬的。关于这个问题我现在不想再说下去，因为我在《对意义与真理的探讨》的第二十和第二十一章中曾详细讨论过，关于《对意义与真理的探讨》一书我在本书的后边一章还要讲到。同时，我想直观主义者的学说是不能不加以拒斥的。

直观主义者和形式主义者都是从外面来攻击《数学原理》的学

说，而击退他们的攻击好像并不十分困难。维特根斯坦及其学派的批评就另是一回事了。这些批评是来自里面，十分值得尊重。

维特根斯坦对我有过深远的影响。我渐渐觉得，在很多点上我和他的意见相合是过了分。可是我不能不先解释一下争论之点是什么。

维特根斯坦对于我的影响是分两起来的：第一起是在第一次大战之前；第二起是大战一完他就把他的《逻辑哲学论》的原稿寄给我。他后来的学说，在他的《哲学研究》中所讲的，丝毫没有影响我。

在一九一四年之初，维特根斯坦给了我一篇用打字机打好的短文章，里边是一些论各种逻辑问题的笔记。这篇文章，和多次的谈话，影响了我在战时那几年的思想。战时他在奥国的军队里，因此我完全和他中断了联系。我在这个时候对他的学说的了解完全是来自未经发表的材料。我不确实知道，那个时候或者后来我自己相信是由他而来的意见，事实上真是他的意见。他始终否认别人对他的学说的解释，即使这些人是他的热诚的门徒。我所知道的唯一例外是 F. P. 莱穆塞，这一个人我不久就要讨论。

一九一八年之初我在伦敦连续做了一些讲演。这些讲演后来登在《一元论者》学报里(1918 及 1919)。我曾用下面表示感谢维特根斯坦的话来作这些讲演的序言："以下的文章是一九一八年头几个月在伦敦所做的连续八个讲演的前两个，主要是从事解释我从我的朋友、从前的学生路得维希·维特根斯坦所学来的一些想法。自一九一四年八月以后，我就没有机会知道他的主张了。我甚至都不晓得他活着还是死了。因此，除了这些讲演中的许多理论当初是他供给的之外，他对于这些讲演中所说的话不负责任。另外那六个讲演将在《一元论者》的以后三期里登载”。

正是在这些讲演里，我首先采用了“逻辑原子主义”这个名字来形容我的哲学。但是多谈这一方面是不值得的，因为维特根斯坦的一九一四年的学说尚处在一个不成熟的阶段。重要的是《逻辑哲学论》，停战不久之后他就把打字稿本寄给了我，那时他还是在蒙特卡西诺的一个俘虏。我将讨论《逻辑哲学论》的学说，先讨论那时这些学说对我的影响，其次讨论后来我对于这些学说的想法。

也许《逻辑哲学论》在哲学上的基本学说是，一个命题是这个命题所说的那些事实的一个图形。一张地图显然是传达一些正确或不正确的知识；如果这些知识是正确，那是因为这张地图和其所关的地方二者之间在结构上有相似之处。维特根斯坦认为，用语言来断定一件事实也是如此。例如他说，如果你用“aRb”这个符号来代表 a 对 b 有 R 关系这件事实，你的符号之所以能够代表是因为这个符号在“a”和“b”之间建立起来一种关系，这种关系代表 a 和 b 之间的关系。这个学说是强调结构的重要性。例如他说：“留声机片、音乐思想、乐谱、声波，彼此都有那种图画似的内在关系。在语言和世界之间也有这种关系。逻辑结构和所有这些都有共通之点。”

“（正像故事里的那两个青年、他们的两匹马和他们的百合花。在某种意义上说，他们都是一回事。）”（《逻辑哲学论》，4.014。）。

强调结构的重要性，我仍然认为他是对的。可是，至于一个正确的命题必须重现所关的事实结构这样一个学说我现在觉得很可怀疑，虽然当时我是承认这个学说的。无论如何，即使这个学说在某些意义上是正确的，我也不认为它有什么很大的重要性。可是维特根斯坦却以为是根本的。他把它当做一种奇怪的逻辑神秘主义的基础。他主张一个正确的命题和与它相应的事实所共有的形式只能表示出来，而说不出来，因为它不是语言中的另一个字而是一些字或与这些字相当的一些东西的一种安排："命题能够表现整个的实在，但是它们不能为了能够表现实在，来表现它们必与实在相共有的地方——逻辑的形式。"

"为了表现逻辑的形式，我们应该能够把我们自己和命题置于逻辑之外，那就是说世界之外"（《逻辑哲学论》，4.12.）。这是提出来的唯一之点在我极接近同意维特根斯坦的主张的时候，我仍然不能信服。在《逻辑哲学论》我的导言中我建议，虽然在任何一种语言中有一些语言所不能表示的东西，可是总有可能构成一种高一级的语言，能把那些东西说出来。在这种新的语言中还要有一些东西说不出来，但是能在下一种语言中说出来，如此等等以至于无穷。这种建议在那个时候是新奇的，现在已经变成一种公认的逻辑上的平凡的东西了。这就消除了维特根斯坦的神秘主义，并且，我想，也解决了哥德尔所提出的新的谜。

其次我讲一讲维特根斯坦关于同一的说法。他这种说法的重要性也许不是一时就看得出来的。要解释这个学说，我不能不先把《数学原理》里关于同一的定义说一说。在一件事物的性质中，怀特海和我判别出一些来，我们称之为"叙述的"。这是和总的性质无关的一些性质。例如，你可以说，"拿破仑是科西加岛人"，或者"拿破仑胖"。这样说的时候，你并不是指集合起来的性质。可是如果你说"拿破仑具有大将的众长"，或者"伊丽莎白女王第一兼具她父亲和祖父的诸种德性，而没有他们的毛病”，你是指总的性质。我们把这样涉及总体的性质和叙述的作用加以区分，是为避免一些矛盾。我们把“x 和 y 是等同的”的定义说成是指“y 具有 x 的所有的叙述的性质”，并且，在我们的系统里，必然的结果是，y 具有 x 所具有的任何性质，不管是叙述的，还是不是叙述的。对于这一点维特根斯坦所持的异议如下：罗素对于“=”所下的定义是不行的；因为按照这一个定义来讲，我们不能说两件事物所有的性质都为它们所共有。（即使这个命题一点也不正确，却是含有意思的。）

“大体上说：说两件东西等同，是没有意义的，说一件东西和其本身等同，等于没有说”（《逻辑哲学论》，5.5302 和 5.5303）。有一个时候，我接受了这个批评，可是我不久就得到了这样一个结论：他的批评使数理逻辑无法成立，并且事实上维特根斯坦的批评是无效的。如果我们考虑到计算，这就格外明显了：如果 a 和 b 的一切性质都为它们所共有，你就永远不能提到 a 而不提到 b，或数到 a 而不同时数到 b，不是把 b 当作单独的一项来数，而是在同一数的动作中来数。所以你就决没有可能发现 a 和 b 是两个。维特根斯坦的主张是假定不同是一种难以明确的关系，虽然我并不认为他知道他是做此假定。可是如果他不做此假定，我就看不出有什么理由能像他所说：说两件事物的一切性质都为他们所共有，是有意义的。可是如果承认不同是有的，那么，如果 a 和 b 是两个，a 就有一种为 b 所没有的性质，那就是，与 b 不同那么一种性质。所以，我想维特根斯坦关于同一的那种主张是错误的。果真如此，那就使他的系统的大部分归于无效。

请以 2 这个数的定义为例。我们说一个类有两项，如果这个

类有 x 和 y 两项，并且 x 和 y 并不等同，并且，如果 z 是这个类的一项，则 z 和 x 或 y 等同。很难使这个定义和维特根斯坦的主张相调适，他的主张是要求：我们决不应该用辞句来表示“x＝y”或“x≠y”这个式子，而是应该用不同的字母来代表不同的东西，并且决不应该用两个不同的字母来代表同一个东西。除了这种专门技术上的困难之外，显然，由于上面所讲的理由，如果两件东西的一切性质都为二者所共有，则这两件东西就不能算做两个，因为算做两个就不能不把它们区别开，因此也就给了它们以不同的性质。

还有一个结果，就是，我们不能制造一个为某一组列举的物件所共有和特有的内包。举例来说，假定我们有 a、b、c 三个物件，那么，和 a 等同、和 b 等同、和 c 等同的那个性质就是一个为这三个物件所共有和特有的性质。但是，在维特根斯坦的系统中，这个方法是不合用的。

还有一点，是非常重要的，就是，维特根斯坦对关于世界上一切物的任何陈述都不认可。在《数学原理》里，万物总体的定义是所有那些 x 们的类，它们是 x＝x 那样的 x 们，并且我们可以给这个类指定一个数，（正如可以给任何别的类指定一个数），虽然我们当然不知道用来指定的那个正确的数是什么。维特根斯坦对此不予承认。他说像“世界上有三件以上的东西”这样的一个命题是没有意义的。一九一九年我在海牙和他正在讨论《逻辑哲学论》的时候，我面前有一张白纸。我在上面用墨水弄了三个点。我请他承认：既然有这三个点，世界上一定至少有三件东西；但是他坚决拒绝。他倒承认在那张纸上有三个点，因为那是一个有限的断定，但他不承认关于世界总体能有任何陈说。这和他的神秘主义有关系，但是由于他拒绝承认等同，这是不足怪的。

另有一方面和这同一类问题有关，我称之为“无限公理”。在一个只包含有限数目的东西的世界中，那个数目就是一批东西最大可能有的数目。在这样的一个世界中，所有高级数学就要垮台。世界上究竟有多少东西，在我看来，这纯粹是一个经验上的问题。我不认为一个单纯的逻辑学家关于这个问题应该发表什么意见。因此，所有需要一个无限数目东西的那些数学部分我都当成是假设的。所有这一切在维特根斯坦看来都是极其荒谬的。在他看来，你可以问“伦敦有多少人？”或“太阳里有多少分子？”但是推论世界上至少有那个数目那么多的东西，在他看是没有意义的。据我想，他的学说的这一部分肯定是错误的。

维特根斯坦发表了两个原理。这两个原理如其为真，是非常重要的。即，外延性原理和原子性原理。

外延性原理是说，关于一个 p 命题的任何陈述的真或伪，完全有赖于 p 的真或伪；包含一个命题函项的任何陈述的真或伪，完全有赖于这个函项的外延，那就是说，有赖于使这个命题函项之为真的价值范围。从表面来看，对这个论点显然可以有争议。请以“A 相信 p”为例。显而易见，一个人可以相信一些真命题，而不相信别的命题，所以“A 相信 p”之真伪并不完全有赖于 p 的真或伪。关于这一个题目，维特根斯坦有一段话，很神秘。他说，“在一般的命题形式中，一些命题只以真伪运算的基础出现在一个命题中。”

“乍一看来，一个命题出现在另一命题中似乎还有一个不同的方法”。

“特别是在心理学的一些命题形式中如‘A 认为，p 正是如此’,或‘A 认 p 为真’,等等。”

“在这里,从表面上看,好像 p 这个命题对 A 这个对象具有一种关系。”

“〔现代认识论里(罗素、穆尔等)的那些命题就被认为是如此的〕。”

“但是很清楚,‘A 相信 p’、‘A 认 p 为真’、‘A 说 p’是属于‘p 说 p’的形式;这里我们并没有事实和对象的对等关系,但是有事实之间由于他们的对象的对等关系而有的一种对等关系。”

“这表明,并没有像当代浅薄的心理学里那种想法的那种东西,如灵魂——主体等”(《逻辑哲学论》,5.54 以下)。

维特根斯坦的论点是“A 相信 p”并不是 p 的一个函项,而是 A 用以表示 p 命题或身体状况的那些字的函项,这种身体状况(不管是什么)构成其相信。他这个人和往常一样,是独断的,他吐露他的意见像沙皇下谕旨一样。但是草野小民对这种办法是难以满意的。我在《对意义与真理的探讨》中(第 267 页以下)对这个问题曾详加检查,但是对得到的结论是有些拿不定的。

原子性原理维特根斯坦是用下面的措辞来陈述的:“关于复合的每个陈述可以分析成关于它们的组成部分的一个陈述,并且可以分析成完全描述那些复合的一些命题”(《逻辑哲学论》,2.0201)。这个原理可以说是相信分析的具体表现。维特根斯坦写《逻辑哲学论》的时候,他相信(据我的了解,他后来终归不相信)世界是由许多具有各种性质和关系的简单东西构成的。简单东西的简单性质和简单关系是“原子事实”,关于它们的断定是“原子命题”。这个原理的要点是,如果你知道所有的原子事实,并且也知道它们是所有的原子事实，再也没有别的，你就能只用逻辑来推论所有别的真命题。这个原理引起的重要难点也是和“A 相信 p”这样一些命题有关，因为，这里 p 是复杂的，算是一个复合。这种命题的特点是，它们包含两个动词，一个是主要的，另一个是附属的。让我们举一个很简单的例子，比如说：“A 相信 B 是热的。”这里“相信”是主要动词，“是”是附属动词。原子原理需要我们设法把这事实表示出来，而不提出“B 是热的”这个附属的复合来。这个原理我也在《对意义与真理的探讨》中（第 262 页以下）详细讨论过。

关于这两个原理，我所得到的结论是：“(1)如果严格地加以解释，分析像‘A 相信 p’这样的一些句子，外延原理不能证明是伪的；(2)同是这个分析不能证明原子原理是伪的，但是证明其为真，是不够的”《对意义与真理的探讨》（第 273 页）。

对于维特根斯坦这两个原理更通常的批评是，没有理由相信简单东西和原子事实。据我的了解，他后来也终归这样想。但是讨论这个问题就使我们离开《逻辑哲学论》太远了。在后边的一章里，我还要讲这个问题。

维特根斯坦主张，逻辑完全是由重言式所构成。关于这一点，我想他是对的，虽然在我读到他关于这一问题所说的话之前我并不认为如此。还有和这个有关系的一点是非常重要的，就是，所有原子命题是各自独立的。从前以为，一个事实在逻辑上讲可以有赖于另一个事实。只有如果其中的一个事实其实是两个事实放到一起的时候，才是如此。在逻辑上讲，从“A 和 B 是人”推出的结果是，A 是一个人。但是那是因为“A 和 B 是人”其实是两个命题放到一起的。我们所讨论的这个原理的结果是，在实际世界中为真的那些选择出来的原子事实可以是逻辑所能证明的原子事实的全体，但是，显而易见，关于这一点，原子性原理是必不可少的，而且，如其不为真，我们就不能确信最简单、可能得到的事实有时在逻辑上也许是不相关的。

在《数学原理》的第二版中(1925)，我考虑了维特根斯坦的一些学说。我在一篇新的《导言》里采用了外延性原理，并且在《附录》里考虑了对这个原理显然可非议之处，就全体来说，我断定这些非议是无效的。在这个新版中，我的主要目的是减少《可化归性公理》的使用。如果我们一方面要避免矛盾，另一方面保存平常认为无可争议的所有数学，这个公理(等一会儿我就要加以说明)好像是必需的。但是它是一个可议的公理，因为其为真是可以怀疑的，并且更重要的是因为，如其为真，其为真是属于经验的，不是属于逻辑的。怀特海和我认识到，这个公理是我们的系统的一个弱点，但是我至少认为它有类乎平行公理，这个平行公理一向被认为是欧几里得几何学的一个弱点。我认为迟早会找出一种方法把这个公理废除掉，同时把难点集中在一点上是一件好事。在第二版的《数学原理》里，在许多情形中(这个公理原先看来好像是少不了的)，特别是在所有数学归纳法的使用中，我成功地把这个公理废除了。

我现在必须说明这个公理是说什么，以及为什么它好像是不可缺的。我在前面已经说明过属于一些性质总体的性质和不属于性质总体的性质之间的差异。属于性质总体的性质往往引起麻烦。举例来说，假定你提出来这样的一个定义：“一个典型的英国人就是一个具有多数英国人所具有的性质的人”。你就会很容易认识到，多数英国人并不具有多数英国人所具有的一切性质。所以，按照你的定义来说，一个典型的英国人就是不典型。麻烦之发生是因为，“典型”这个字的界说是指一切性质。然后其本身被当做是一种性质。因此似乎是，如果正当来说“一切性质”，你的意思不能是真指“一切性质”，而只是指“不属于性质总体的一切性质”。正像我在前面说明的那样，我们把这样的性质说成是“断言的”。可化归性公理是说，一个不是断言的性质永远在形式上等于某个断言的性质。(如果两个性质属于同一组东西，或者说得更确切一些，如果它们的真伪价值对每个主目来说都是一样，这两个性质在形式上就是相等的。)

在第一版的《数学原理》中我们把接受这个公理的理由说明如下：“可化归性原理是自明的，这是一个难以让人支持的命题。但是，事实上，自明不过是接受一个公理的理由的一部分，绝不是必不可少的。接受一个公理的理由，正和接受任何别的命题一样，永远大部分是归纳性的，也就是说，许多几乎无可怀疑的命题可以从这个公理推演出来，没有同样讲得通的办法使这些命题可以为真，如果这个公理为伪，而且无任何可能是伪的东西能从它推演出来。如果这个公理表面看来是自明的，实际上那就是说，它几乎是无可怀疑的；因为有些东西原被认为是自明的，可是后来知道是伪的。如果这个公理本身几乎是无可怀疑的，那只增加了归纳证据，这种证据是从其结果几乎是无可怀疑这个事实来的，它并不能提供迥然不同的新证据。绝对正确是永远达不到的，所以每个公理和其所有结果总要有若干可疑成分。在形式逻辑里比多数科学里可疑成分为少，但是并不是没有。这从这件事就可以看出来：悖论是来自一些原来不知道需要加以限定的前提。就可化归性公理来说，对它有利的归纳证据是很强的，因为它所容许的推理和从它引出来的结果都显然是有效的。但是，虽然这个公理竟然为伪像是很不可能，但是绝不是不可能居然发现它是从另外某一个更基本、更明显的公理推演出来的。很可能，使用循环论法原理（这种原理体现在前面讲过的层型中）是使用得过猛了，若是使用得不那么猛，这个公理的必要性也许就可以避免了。可是，这类变动并不使根据前面说明过的原理所断定的任何东西为伪，这类变动只不过为这些同一定理提供更容易得到的证据。因此，好像没有什么根据害怕使用可化归性公理会使我们有错误”（《导言》，第Ⅱ章，第Ⅶ节）。

在第二版里我们说：“显然应该改进的一点是可化归性公理。这个公理只有一个纯乎是实用的理由作为根据：它导致所想望的结果，而无其他结果。但是它不是我们能满意的那类公理。但是，关于这一个问题，还不能说可以得到一个满意的解决。雷昂·崔斯泰克毅然把这个公理废除，而不采取任何代替的东西。从他的研究来看，很清楚，他的这种办法使我们不得不牺牲大量的普通数学。还有一个办法（由于哲学上的理由为维特根斯坦所推荐），就是假定命题的函项永远是真伪函项，并且一个函项只能通过它的值出现在一个命题中。像这种看法是有难点的，但是这些难点也许不是不能克服的。这种看法会有这样的结果，就是，函项的所有函项都是外延性的。它需要我们主张‘A 相信 p’不是 p 的一个函项。在《逻辑哲学论》里（同上所引处，及第 19 至 21 页）证明这如何是可能的。我们不准备断定这个学说确是正确的，但是在以下的篇幅中把它的结果弄出来,看来是值得的。看来第一卷中的一切仍然是正确的(虽然常常需要新的证明);归纳基数和序数的学说继续存在;但是无限戴地钦德和良序级数的学说大部分是垮台了,所以无理数和一般的实数再也不能得到适当的解决。而且坎特的 $2^n>n$ 这个证明也瓦解了,除非 n 是有限的。也许还有一个什么别的不像可化归性公理那么不满人意的公理会产生这些结果,但是我们还找不出这样的一个公理来"(《导言》,第XIV页)。

《数学原理》第二版出版不久之后,F. P. 莱穆塞在两篇很重要的文章里捡起化归性公理这个问题来,一是《数学的基础》,发表于一九二五年,还有《数理逻辑》,发表于一九二六年。不幸,莱穆塞的早亡使他的意见不能充分发展。但是他已有的成绩是很重要的,值得认真考虑。他的主要论点是,必须使数学成为纯然是外延性的,《数学原理》的麻烦是起自非法侵入了内包的观点。怀特海和我主张,一个类只能用一个命题函项来规定,这甚至可以用于好像为枚举所规定的那些类。举例来说,由 a、b 和 c 三个个体而成的这个类是被"x=a 或 x=b 或 x=c"这个命题函项所规定。维特根斯坦拒绝等同(莱穆塞对此加以承认)使这个方法成为不可能,但是,从另一方面来说,莱穆塞认为,对于用枚举来给一个无限的类下定义,并没有逻辑上的异议。我们不能这样来给一个无限的类下定义,因为我们总是要死的,但是我们不免于死是一件经验上的事,这件经验上的事逻辑学家们是应该置之不顾的。他认为,根据这一点,乘法公理是一个重言式。例如,再回头讲那个有无限双袜子的百万富翁。莱穆塞主张,没有必要定一个规则从每双袜子里挑一只。他认为,就逻辑来说,一个无限数目的任意选择是和一

个有限数目的选择一样可以容许的。

他把一个类似的观点应用于改变命题函项这个概念。怀特海和我认为一个命题函项是含有一个未定变项的一个表达法，一旦给这个变项指定一个值，就变成一个普通的句子。例如“x 是有人性的”，一旦我们用一个专名来代替“x”，就变成一个普通的句子。这样来看命题函项们，它们是由内包而成（关于变项或变项们除外）。“是有人性的”这些字形成许多普通句子的一部分，命题函项是造若干这类句子的一个方法。函项的值因变项的不同的值而确定，变项由于语句内在的特性而有不同的值，莱穆塞关于命题函项的想法颇为不同。他把命题函项只看做是使命题和变项的值有相互关系的一种方法。除了以前下过定义的那个断言函项的概念（为了某些目的，我们仍将需要这种断言函项），我们用外延来给命题函项的新概念下定义（倒不如说是说明，因为在我们的系统中，必须认为它是不能下定义的）。一个个体的这样一个函项是由命题和个体之间外延上任何一——多关系引起的；也可以说是一种相互关系（不管能实用不能实用），这种相互关系把一个独特的命题联合到每一个个体上，个体是函项的主目，命题是它的值。

如，ϕ（苏格拉底）或许安女王已经死了，

ϕ（柏拉图）或许爱因斯坦是一个伟人；

$\phi\hat{x}$ 只是 ϕx 命题们和 x″个体们的一个任意的联合（《数学的基础》，第 52 页）。

把这个新解释用于“命题函项”这个概念，他就能废除了可化归性公理，也能用在符号上同《数学原理》里的定义没有区别的东西来为“x＝y”下定义，虽然那个定义现在有了一个新解释。这样他就成功地保留了《数学原理》的符号部分，几乎没有变动。关于这个符号部分，他说，“形式上，它几乎没有变更；但是它的意义已经大大改变了。这样保留形式，而改变解释，我是追随那一大派数理逻辑学家的，他们借着一系列惊人的定义，从怀疑论者的手中拯救了数学，并且为命题提供了一个严格的论证。只有这样我们才能使数学免遭柏劳尔和魏勒的布尔什维克式的威胁”（《数学基础》，第 56 页）。

关于莱穆塞对“命题函项”这个概念的新解释的有效性，我是很不容易拿定主意的。我觉得，实体对命题的一个完全任意的相关是不能让人满意的。请以自“对 x 所有的值来说，fx 为真”到“fa”这个推理为例。按莱穆塞对“fx”这个概念的解释，我们不知道“fa”可以是什么。相反，在我们能够知道“fx”的意思是什么之前，我们必须知道“fa”和“fb”和“fc”等等，贯穿全宇宙。一般命题就失掉了它们存在的理由，因为它们之所断定只能借枚举所有单独的实例来说明。不管你对于这个非难的意见如何，莱穆塞的建议的确是很巧的，而且，即使不能完全解决所有的难点，很可能路子是对的。莱穆塞自己是有怀疑的。他说，“虽然我对于怀特海和罗素的主张试加改造我认为克服了很多难点，却不能认为这种改造是完全满意的”（《数理逻辑》，第 81 页）。

在另一件事上，我认为莱穆塞的研究大家必须承认确是对的。我已经列举了各种矛盾，其中一类的例子就是那个人，他说“我说谎呢”，而另一类的例子是，是否有一个最大基数的问题。莱穆塞证明，前一类是和一个字或语句之于其意义的关系有关，是把二者弄混的结果。如果避免了这种混乱，这类的矛盾就没有了。莱穆塞主张，另一类矛盾只能用类型学说来解决。在《数学原理》里，有两种不同的层型。有外延阶层：个体，个体的类，个体的类的类，等等。莱穆塞保留这个阶层。但是还有另外一个阶层，正是这另外的那个阶层使可化归性公理成为必需的。这就是某一对象的某一主目或性质的函项阶层。先是断言阶层，这个阶层不指任何函项总体；其次是指断言函项总体的函项，如，"拿破仑具有大将的一切特长"。我们可以称这些为"第一级函项"。然后是指第一级函项总体的函项，这样下去，以至于无穷。莱穆塞用他对于"命题函项"这个概念的新解释，取消了这个阶层，这样就只留有外包阶层。我希望他的学说是有效的。

虽然他是以维特根斯坦的一个门人来写书，并且除了维特根斯坦的神秘主义之外，一切都跟着他走，他探索这个问题的途径却是非常不同的。维特根斯坦发表一些格言，让读者测量其高深。他的一些格言从字面上看是和符号逻辑的存在很难相合的。正相反，即使莱穆塞追随维特根斯坦追随得很紧，他却极其小心地说明，（不管所讲的是什么学说，）如何能把这个学说配合到数理逻辑的主体里去。

有大量的、深奥的文献论述数理逻辑的基础。除了在《对意义与真理的探讨》中讨论外延性和原子性原理和排中律以外，自一九二五年出版第二版《数学原理》以后，我没有做纯是逻辑的研究。所以，后来关于这个科目的研究没有影响我在哲学上的发展，因而也就不属于本书的范围。

第十一章　认识论

自一九一四年的八月到一九一七年之末，我是全神忙于反对战争的事。但是到了一九一八年之初，我就已经相信我无法进一步做出对于和平有益处的事。我尽快写了一本原先约过的书，名《到自由之路》。可是这本书一写完，我就又开始研究哲学问题了。我在前章中已经讲到讨论逻辑原子主义的那些讲演了。这些讲演正是我进监狱以前讲完的。在监狱里，我先是写了一篇论辩性的批评杜威的文章，然后写了《数理哲学入门》。在此之后，我发现我的思想转向了认识论，转向了心理学和语言学的似与认识论有关的那些部分。这在我的哲学兴趣中多少是一个永久性的转变。就我自己的思想来说，兴趣转变的结果具体表现在三本书里：《心的分析》(1921)、《对意义与真理的探讨》(1940)、《人类的知识：其范围与限度》(1948)。

在这项工作一开始，我并没有固定的信念，而是只有一些箴言和成见。我浏览的范围很广，最后发现，就和写《数学的原理》以前阅读的情形一样，我所阅读的那些东西大半和我的目的并没有关系。

在一开始的那些成见中，我应该列举六项，特别重要：

第一，我觉得最好是强调动物和人的心理的连续性。我发现普通是反对说动物行为具有理智。对此我大致是同意的。但是我认为解释动物行为所采取的方法比解释人类的所谓“思维”、“知识”或“推理”时所容许用的方法在范围上要广得多。由于有这种成见，我阅读了很多关于动物心理的书。有趣的是，在这一方面有两个学派，最重要的代表是美国的桑戴克和德国的柯勒。好像动物行动的方式总是表示观察者的哲学的正确性。这个破坏性的发现可以适用于更广的范围。十七世纪时，动物总是凶猛残忍的，但在卢梭的影响下，大家开始崇拜野人，认为野人是高贵的，动物也在被崇拜之列，皮考克曾借“乌兰·豪顿先生”对此加以嘲笑。在整个维多利亚女王当政时期，所有的类人猿都是道德高尚的一夫一妻主义者。但是在放纵的二十年代，它们的道德经历了一场灾难性的衰退。可是动物行为的这一方面对我没有关系。我所关心的是观察动物如何学习。美国人所观察的动物都是狂乱地跑来跑去，直到偶然碰到解决的办法。德国人所观察的动物是静静地坐在那里抓脑袋，后来从内意识里想出了解决的办法。我相信这两种观察都完全是可靠的，动物采取什么行动要看你让它解决哪种问题。关于这一个问题，我阅读的结果是使我十分警惕运用任何学说越出已由观察证实了的范围。

有一个领域，其中已经有了大量精确的实验知识，那就是巴甫洛夫观察狗的条件反射。这些实验产生了一种哲学，叫做行为主义，曾经十分流行。这种哲学的要点是，在心理学里，我们要完全依靠外部的观察，而绝不承认完全根据内省得来的材料。就一种哲学来说，我从来不愿意接受这种意见。但是当做一种方法尽量来采用，我认为是有价值的。我预先就决定我要尽可能推行这种方法，同时仍然相信它是有限度的。

第二，除了赞成行为主义方法的成见以外，另一种成见是赞成尽量用物理学来作说明。我一向深信，从宇宙的观点来说，生命和经验在事物的因果关系中并不重要。天文学的世界统治我的思想。与银河星系相比，我深深感到我们这个行星的渺小。在莱穆塞的《数学的基础》中我发现有一段，我不以为然：

"好像我和一些朋友意见不同的地方是不把物体的大小看得重要。我面对茫茫无际的天空毫不觉得自卑。星星也许是巨大的，但是它们不会思维，不能有所爱。这些特性倒比物体的大小给我的印象要深得多。我并不因为体重将近十七呫[1]觉得增加了光彩。"

"我心目中的世界图形是按透视画法画的，不像是一个合乎实物比例的模型，占据前景的是人类，所有的星星都和三便士银币一样小。我并不真个相信天文学，那不过是把人的（也许还有动物的）部分感觉过程记述得很复杂而已。我把我的透视画不但用于空间，而且也用于时间。世界将来到时要冷却，万物都要灭亡；但是离那个时候还很远。对它现在的价值不能打任何折扣。不因为将来是空白，现在就减损了价值。占我的图画的前景的人类我觉得是有意思的，而且，总的说来，是值得赞美的。"

个人的感觉如何是不容争论的。我绝不自以为我的感受胜于莱穆塞的，但是分别是太大了。想一想人类及其所做的蠢事，就觉得不愉快。想想安德鲁米达星座的星云比想想成吉思汗我觉得更

① 英制重量单位，一呫等于 14 磅。——译者注。

快活。我不能像康德那样把道德律和星空放在同一个平面上。想把宇宙加以人类化（这是构成唯心论的基础）使我觉得不快，这还和这究竟是正确不正确这个问题完全无关。我没有意思认为世界是来自黑格尔的苦思冥想，甚至也不是来自他那“天上的原型”。在任何与经验有关的题材中，透彻的了解会把比较重要的因果律简化为物理学定律。但是如果是非常复杂，我怀疑简化实际上能够做得到。

第三，我觉得“经验”这个概念自来强调得过火了，特别是在唯心论里，就是在很多形式的经验论里也是这样。当我开始思考认识论的时候，我发现强调“经验”的哲学家们都没有告诉我们他们用这个字是什么意思。他们好像以为这是一个没法下定义的字，它的意义应该是显而易见的。他们有一种趋向，以为只有被经验到的东西我们才能知其为存在，而断言某些东西存在我们却并不知其存在，则是毫无意义的。我认为这种意见是过于重视了知识，也可以说是过于重视与知识相类似的东西。我认为持这种意见的人并没有认识到这种意见的全部含义。看来很少哲学家晓得我们可以了解“凡甲皆乙”或“有若干甲”这种形式的命题，而不知道任何单独的甲。如果你是在一个石子很多的海滩上，你会深信海滩上有很多石子你还没有见过或摸过。事实上每个人都承认无数关于还未经验过的事物的命题，但是当人们开始思索哲理的时候，他们好像认为不能不人为地把自己弄得很愚蠢。同时我愿意承认，解释如何获得超乎经验的知识是困难的，但是我认为那种以为我们没有这种知识的看法是完全站不住的。

第四，我以前有，现在仍然有，另一种与方才所讨论的那种反

其道而行的成见。我认为，所有关于“世界上有什么”的知识，如果不是直接报告通过知觉或记忆而知道的事实，必是从若干前提推论出来的，其中至少有一个前提是通过知觉或记忆才知道的。我不相信有证明事物存在的十足先验的方法。但是我的确相信是有一些或然性的推理形式我们不能不加以承认，虽然这些推理形式不能由经验来证明。

第五，我一九一八年认识到的事情之中有一件是，我对“意义”和一些语言上的问题总的说来注意得不够。正是在那个时候我开始意识到字和事物之间的关系的许多问题。首先是单个字的分类：专名、形容词、关系词、连词，以及“所有”和“有些”这一类的字。其次是句子的意义和句子如何会有真伪二元性的问题。我发现，在算术中有些形式主义者，他们满足于立下一些做算术的规则，而不考虑数必须用于计算事物；同样，在语言这个更广泛的领域里有些形式主义者，他们以为真理就是合乎某些法则，而不是一个和事实相符合的问题。很多哲学家指摘真理的“符合说”，但是我总觉得除了在逻辑和数学中，任何别的学说都没有可能会是正确。

由于我想保持动物智力的连续性，我也认为，尽管语言极为重要，却过于强调了它的重要性。在我看，信念和知识有其前于语言的形式。如果不认识到这一点，就不能正确地对它们加以分析。

在我最初对于语言发生兴趣的时候，我完全没有料到问题的困难和复杂性。那时我只觉得语言问题很重要，最初并不知道那些问题究竟是什么。我并不自以为已经获得了这个领域里的全部知识，但是，无论如何，我的思想已经变得更清楚、更明确了，更认识到其中包含的问题。

第六，现在说到我最初的那些成见之中的最后一个，这在我整个思想中恐怕一直是最重要的。这是关于方法的。我的方法总是从某种含混而费解的东西开始，这种东西不容怀疑，但是我无法说得准确。我所走的过程像是先用肉眼看某种东西，然后再用显微镜加以检查。我发现，把注意力加以集中，在原来什么都看不见的地方就出现了区分和差别，就像通过显微镜你可以看见污水里的杆菌一样，而没有显微镜是看不出来的。有很多人反对分析。我一直认为，就像污水的那个例子，分析显然能给人以新知识，而对于原来就有的知识毫无所损。这不但适用于有形的东西的构造，也一样适用于概念。举例来说，平常所用的"知识"是一个很不精确的名词，其中包含很多不同的东西和自确有把握到稍有可能的许多阶段。

我觉得，据我的经验，哲学研究是从那种好奇、不满足的心情出发，心里觉得完全确信，而又说不出确信的是什么。长期注意所产生的那个过程正像在浓雾中注视一件越走越近的东西。最初不过是一片模糊的黑影，但是越来越近就清楚了，原来是一个男人或一个妇女，一匹马或一头牛，等等。我觉得那些反对分析的人是让我们满足于最初的那一片模糊的黑影。关于研究哲学的方法，对于以上那个历程的信赖是我最强、最坚定的成见。

第十二章　意识与经验

一九一八这一整年，我对心理现象的看法经受了一个很大的变化。我原来曾接受过柏伦塔诺的看法，即，在感觉中有三个成分：动作、内容与客体。后来我想，内容和客体的区别是不必要的，可是我仍然认为，感觉基本上是一件具有关系性的事，在这事件中，一个主体"意识到"一个客体。我曾用过"意识"或"认识"这个概念来表示主体与客体的这种关系，并且曾把它看做是关于经验知识的学说中的基本的东西。但是对于心理现象的这种关系性质慢慢怀疑起来。在我关于逻辑原子主义的讲演中，我曾表示过这种怀疑。但是我做过这些讲演不久之后，我深信威廉·詹姆士否认感觉中的关系性质，本来是对的。在一九一四年的《一元论者》学报中发表的《论认识的性质》这一长篇文章中，我批评了并且否定了詹姆士的意见。这篇文章的论证又在罗伯特·C.马尔士编辑的《逻辑与知识》，139页及以下中重印过。后来我采取的相反的意见最初于一九一九年发表在在亚里士多德学会宣读的一篇论文中，名《论命题：命题是什么及如何具有意义》。这篇文章也在马尔士所选的文集中重印了。有关的那一段是在305页及以下中。詹姆士的意见最初发表在一篇论文里，名《"意识"存在吗？》在这篇文章里，他主张，所设想的主体是"一个虚构物的名字"。他接着说:“那些对它仍然坚持不放的人只是对一个回声坚持不放,那是消逝了的‘灵魂’在哲学的空气中留下的微弱的谣传。”这篇文章是在一九〇四年发表的。但是直到十四年以后我才相信它是正确的。

这个问题要比表面上看来的那样更为重要。显然我们是借经验来学习。而且,至少在我看来,显然学习不只是得到一些行动的方法,而且也产生一些什么东西,可以名之曰“知识”。只要我坚信感觉的关系学说,这并不发生什么困难。就这种意见来说,每个感觉本身就是一种认识,这种认识是成自觉到我所谓“感觉材料”。在《心的分析》(1921)里,我毫不含混地放弃了“感觉材料”。我说:“感觉显然是我们对世界(包括我们的身体)的认识的源泉。把感觉本身就看做是一种认识,这也像是很自然的事。一直到近来我还是这样认为的。比如说,当我看见一个我认识的人在街上向我走来的时候,好像只是看见就是知识。当然不可否认,知识是通过看见而来的。但是我现在认为,把这个仅仅的看见本身就看做是知识,是错误的。如果我们这样认为的话,我们就不能不把看见和看见什么加以区分:我们必须说,我们看见某种形状的一块颜色的时候,这块颜色是一回事,我们看见它是另外一回事。但是这种看法要求承认在第一讲中讨论过的那个意义之下的主体或动作。如果是有一个主体,它可以对那块颜色有一种关系,就是我们可以称之为“感到”的那种关系。若是这样,这个感觉心理现象就要成自觉到这个颜色,而这个颜色的本身仍然完全是属于物理的。为把它和感觉区分开,可以称之为“感觉材料”。可是这个主体像是一个逻辑上虚构的东西,就像数学上的点和瞬一样。引进它来,不是

因为由观察而见到了它，而是由于语言上的方便，而且显然也是由于文法上的需要。这种名义上的实体也许存在，也许不存在，但是没有好的理由假定这类的实体真是存在。由不那么可疑的实体而成的类、系列或者别的逻辑结构总也可以起到这种名义上的实体表面上看来所起的作用。如果我们要避免一个完全无必要的假定，我们就非把以为是世界中的一个实际存在的要素的这个主体去掉不可。如果我们这样做，把感觉和感觉材料加以区分的可能性就没有了；至少我看不出有什么方法来保存这种分别。因此，我们看见一片颜色的时候，我们的那个感觉简直就是那片颜色，就是物理世界的一个实际成分，是物理学所讲的一部分。一片颜色当然不是知识，所以我们不能说纯粹的感觉是认识性的。通过它的心理上的效用，它是认识的原因，一部分是由于它本身是与之相关连的那些东西的一个记号，(例如，视觉和触觉是相连的)，一部分是由于在感觉消逝以后，它能引起心像和记忆。但是纯粹感觉本身不是认识性的"(第 141—2 页)。

但是由于放弃了感觉材料，就发生了新的问题，对于这些新的问题，我最初并没有完全意识到。像"觉到"、"认识"、"经验"这一类的字不能不重新加以界说。但这绝不是一件容易的事。在《对意义与真理的探讨》的开端，我是这样来谈这个问题的："如果对一个没有哲学训练的人说，你怎么知道我有两只眼睛？'他或她就会回答说，'这是一个多么糊涂的问题！我能看见你有两只眼睛'。不要以为，当我们的研究完毕的时候，我们就会得到和这种非哲学的态度完全不同的结果。会发生这样的事：我们会见到，我们原以为都很简单的事却是复杂的结构，我们将会觉得无可怀疑的环境却为不确定的阴影所环绕，我们将会遇到疑问，这种疑问常常是比我们原以为的那样更为正当。并且，甚至看来有理由的前提后来发现是能得出不合理的结论来。结果是用清楚的怀疑来代替不清楚的确实。究竟这个结果是否有什么价值，是我所不加考虑的问题”（第 11 页）。

但是在我写《心的分析》的时候，我没有完全意识到需要重新解释常识上所谓“感官上的证据”。

这个问题的一部分可以用行为主义的方法来对付。死的物质和一个活的生物的一种分别是，一个活的生物对一个常常加上去的刺激所起的反应因这刺激的重复而有变化，而死的物质的反应一般说来则看不出有这种变化。这在这句谚语里具体表现出来：“挨过烫的孩子怕火”。无论一架自动机器对塞进一分钱去做出反应有多少次，也永远不会只看见一分钱就做出反应。习惯是有生命的物质（特别是较高的生命形式）的一个最基本的特征。习惯主要是由“条件反射”而成。“条件反射”的主要意义是：假定一个动物对一个甲刺激用某种动作做出反应，并且甲刺激常常和另一个乙刺激出现在那个动物之前，这个动物过些时候就要和以前对甲做出反应一样，对乙也做出反应。巴甫洛夫用狗做过很多实验，证明这些狗学会把一件东西看做是另一件东西的“记号”。它们所表现的行为表明，从某种意义来说，它们是有“知识”的。举例来说，有两个门，一个上头画着一个椭圆形，一个上头画着一个圆形。如果狗选择画着圆形的门，它就有一顿好东西吃。但是如果它选择那个画着椭圆形的门，它就会被电打一下。试过多次之后，狗就总是选择那个圆形。可是那个狗在区别椭圆和圆形的能力上是比不

上开普勒的。巴甫洛夫把椭圆慢慢弄得越来越接近圆形，直到后来那只狗分别不出来，它就精神错乱了。小学生们也发生类似的事情。如果你问他们，“六乘九是多少？”或“七乘八是多少？”不久他们就知道答数是五十四或五十六，但是也许要经过很多时间他们才能在这两个数目中挑选一个。这种用狗或小学生做的实验可以用纯乎是行为主义的方式来做。那就是说，我们研究对身体上的刺激所做出的身体的反应，我们不必问我们自己是否狗或小学生是在“思考”。

对刺激发生反应本身不是有生命的物质的特点。电表对电流起反应，温度表对温度起反应。动物特别是高等动物的特点是所谓“学习”。学习是改变对某一刺激所起的反应。这是获得了一种习惯的结果。在获得有用的习惯这种能力上，高级和低级的动物之间有很大的差别。苍蝇要继续盲目地想从玻璃窗里跑出去，而猫或狗不久就知道这是不可能的。人之所以高于别的动物，大部分是因为他们有更大的能力获得很多很复杂的习惯。

这个原则包括“来自经验的知识”的全部意义吗？我自己从来就不这样想。但是我认为，很可能它所适用的范围比一般所认为的更要广。如果你看见一只狗的时候你说“狗”，你看见一只猫的时候你说“猫”，那就证明，你“知道”狗和猫的区别。但是显而易见，如果你能造一架也能这样做的机器，若是你说这架机器“知道”什么事情，人会认为你是用比喻来说的。只要不是醉心于行为主义的哲学家，人人都相信，我们心中有什么，机器是不会有的。如果你牙疼，你知道你是正在觉得疼。你可以做出一架机器会呻吟，甚至能说“这可受不了”，但是你仍然不会相信这架机器会经受你觉得牙疼的时候所经受的事。

感觉是否基本上是具有关系性，这个问题所影响到的一个最重要的问题是这样一个学说，名为“中立一元论”。只要是还保留“主体”，就有一个“心理”的实体，在物质的世界中完全没有和它相类似的东西。但是如果感觉基本上不是具有关系性的事件，就无需乎把心理上的和物理的事看做基本上是不同的。很有可能把心和一块物质都看做是逻辑的构成品，这种构成品是由无大分别或实际上是相同的材料形成的。可以认为，生理学家认为是脑中的物质的那种东西，实际上是由思想和感情而成。心和物的不同不过是一种排列上的不同。我用邮局人名簿做比喻，来对此加以说明。邮局人名簿用两种方法来把人加以区分：一是按字母表的次序，一是按地理上的位置。第一种排列是，一个人的近邻是那些在字母表上挨着他的人；在另一个排列中，是那些隔壁的邻居。同样，一个感觉可以借一个记忆连锁和一些别的事项归为一类，那样，它就成了心的一部分；也可以和它的因果上的前项归为一类，那样，它就是物理世界的一部分。这种看法就把事情弄得非常简单。当我意识到放弃了“主体”就可以承认这种简单化的时候，我很高兴，认为传统上心和物的问题算是完全解决了。

可是在一些别的方面，这种新看法的结果就不是那么方便。除去只表现于身体的行为的以外，在知识的任何形式中，有一种不可缺的二重性。我们觉到某种东西，我们记得某种东西，而且，一般说来，知和被知的东西有所不同。这种二重性在从感觉中排除以后，就不得不用某种方式重新拿来用。问题发生的第一种形式是关于“知觉”的。各种不同的感觉在这一方面是不一样的。嗅觉、味觉和身体的感觉，如头疼或胃疼，在暗示有这种二重性上不如视觉、触觉和听觉那么强而有力。在我们开始思考之前，我们想到我们看见、听到或触到的东西是在我们的身体之外。只是用了一些力，我们才能把我们的注意力转到与看到的东西相对的“看见”上。狗看见兔子的时候，我不能认为，狗对它自己说：“我正在有一个视觉，这个视觉大概有一个外在的原因。”但是如果詹姆士和马赫的见解是对的，当狗“看见兔子”的时候，狗的感觉对兔子只有一种间接的、因果的关系。这种见解使人觉得很奇怪。正是因为它奇怪，我采取这种看法才很慢。可是我认为，感觉的原因（部分是物理的，部分是生理的）的整个学说必不可避免地使我们认为“知觉”是远不像表面上看来的那么一种直接的东西。

从认识论的观点来说，这就发生了关于“经验上的证据”的很困难的问题。《对意义与真理的探讨》主要是讨论这个问题的。在这本书里，我用“注意到”来代替“认识”。“注意到”是以一个不加界说的名词来用的。引用这本书里的话会说明这一点：

“假定一个湿天你出外散步，你看见一个小水洼，你躲开了它。你大概不会对自己说：‘有一个小水洼，最好不要迈到里边去。’但是假设有人说：‘你为什么忽然走到一边去？’你会回答说：‘因为我不愿意迈到那个小水洼里去’。在内省上你知道你有一个视觉，你对这个视觉做了适当的反应。在那个假设的事件中，你用话来表示这种认识。但是如果问你的人不把你的注意力转移到这件事上来，你知道了什么呢？在什么意义上你是‘知道’了呢？”

“人问你的时候，那件事已经是过去了。你是借记忆来回答的。人能记得不曾知道的事吗？那就要看‘知道’这个字的意思是什么。”

“‘知道’这个字的意思是非常含混的。就这个字大多数的意思来讲，‘知道’一件事情是一件与被知道的事不同的事；但是‘知道’还有一个意思。你有一个经验的时候，这个经验和你知道你有这个经验并没有分别。也许有人认为我们总是知道我们现在的经验。但是如果‘知道’是一件和经验不同的事，就并非如此了。因为，如果一个经验是一件事，知道这个经验是另一件事，经验发生的时候，我们总是知道一个经验，这么一个假定就暗含着每件事的无限的增加。我觉得热；这是一件事。我知道我觉得热；这是第二件。我知道我知道我觉得热；这是第三件事，等等，以至无穷。这是荒谬的。因此，我们不得不说，或是我现在的经验和经验存在的时候我知道它，并没有区别，或是，一般说来，我们并不知道我们现在的经验。总地说来，我愿意用‘知道’这个字含有这个意思：知道不同于被知道的东西。并且因此认为，一般说来，我们不知道我们现在的经验。”

“所以我们不得不说，看见一个小水洼是一件事，知道我看见一个小水洼是另一件事。‘知道’可以说成是‘行动得适当’；我们说狗知道它的名字或信鸽认识它回家的路，就是这个意思。在这个意义下，我知道水洼是成自我迈向一边。但是这意思并不清楚，一是因为别的事情也许可以使我迈向一边，也是因为‘适当’只能用我的欲望来说明。也许我原想弄湿，因为我刚保了一大笔钱的人寿保险，认为因肺炎而死有很多方便；若是这样，我走向一边证明我并没有看见小水洼。不但如此，如果不讲欲望，对某些刺激的适当反应科学仪器可以表明出来，但是没人会说，温度表‘知道’天气冷。”

“为了我们知道一个经验，我们对它应该怎么办呢？很多事都是可以的。我们可以用字来描述它，我们可以用字或心影来回忆它，或者我们可以只是‘注意到’它。但是‘注意到’是一个程度问题，是很难下一个定义的；好像主要是从感觉的环境分离开。听音乐的时候，你可以特意只注意大提琴那一部分，你听其余的时候是‘无意识的’。但是对这个问题是无法加上确定的意义的。在某种意义上，如果一个现在的经验唤起你什么情绪，不管多么轻微，如果使你高兴或不高兴，使你感兴趣或使你厌倦，使你惊讶，或正是你所期望的，这可以说你是‘知道’这个现在的经验。”

“有一个重要的意义，在这个意义上，你能知道任何在你现在的感觉领域中的东西。如果有人对你说：‘你现在看见了黄色吗？’或‘你听见一个声音吗？’你可以满怀信心地来回答，即使在问你以前，你并没有注意到这黄色或声音，并且常常你完全相信在你的注意力没有转到它以前，它已经在那里了。”

“所以，好像我们所经验到的最直接的‘知道’是包含感觉上的存在，再另加上一些什么东西。但是对所需要的那个另外的东西下一个确切的定义，正因其确切，很容易使人误解。因为这件事本来就是含混的，是一个程度上的问题。所需要的那个，可以称为‘注意’；这一半是使主管的感觉器官更为灵敏，一半是一种情绪上的反应。一个猝然而强的声音总是能引起人的注意，但是一个微弱而带有情绪意味的声音也能起一样的作用。”

“每个经验上的命题都是基于一个或更多的发生时或紧接着被注意到的感觉上的事，这些事仍然构成‘现在’的一部分。我们可以说，这些事在被注意到的时候是被人所'知道'。'知道'这个字有很多的意义，这只是其中的一个；但是为我们的研究，这是基本的"(第 49—51 页)。

与"感觉"不同的"知觉"包含以过去的经验为基础的习惯。我们可以这样来区分：感觉是我们整个经验的一部分，这一部分只是由于刺激而引起，和以往的历史无关。在事件之发生上，这是学理的核心。整个事件总不外是一个解释，其中感觉核心有一些表现习惯的附加物。你看见一只狗的时候，其感觉核心是一片颜色，完全除掉包含在认识其为狗中所附带的东西。你预料这片颜色按狗所特有的方法而移动。你预料它如果发出声来，就是狗叫或嗥叫，不像公鸡那样喔喔而啼。你坚信它是可以摸得着的，不会化成一股气，而是有其将来与过去。我并不是说，所有这些都是"意识到的"，但是，如果情形不是如此，你会觉得惊奇。这证明这些是存在的。正是这些附加上去的东西把感觉变为了知觉，也正是这些附加物使知觉有可能让人误解。瓦特·狄兹尼[①]也许能使你认为你正在看见一只"真"狗，它像公鸡似地一叫或一下变为乌有也许使你大吃一惊。可是，因为你的预期是经验的结果，显然，你的预期一定是代表事物的一般情况，——总是假定自然律是一成不变的。

二重性的另一形式发生在想象和记忆中。如果我记起在过去的一个场合发生过什么事，显然我现在所遇到的事和我记起来的事不是一回事，因为一个是在现在，一个是在过去。所以在记忆中是有某种东西，可以称之为主体和客体的一种关系。这就需要仔

① 美国动画家——译者。

细地加以解释。我认为若不把“相信”拿来，解释是不可能的。当我回忆的时候，我是相信过去发生过什么事。发生的那件事在某种意义上是为我现在发生的事所“代表”。这里主要的问题是一个心像对它的感觉原型的关系。我可以在心里看见我的屋子，然后走到我的屋子里去，发现和我的心像“相符”。这类经验使我们相信记忆的心像，但不是像对注意到的感觉的那种绝对的相信，因为有时发现记忆是能引起错误的。

有两个哲学家们常用的字，就是“意识”和“经验”。这两个字都需要重新加以定义——倒不如说，需要给个定义。因为，一般用这两个字的时候，只是以为它们的意义是明显的。

我们说人或动物是有“意识”而石头是无“意识”的时候，我们究竟是何所指？这可以指两件事，其中第一件是可以从外面观察，第二件则不能。第一件是，人或动物将来的行为必异于如果该事不发生要有的行为。最好把这个当做“经验”的定义。“意识”的第二个定义是从“注意”的关系来的。我有事发生的时候，我也许注意到它，也许没有注意到它。如果我注意到了它，我可以说是“意识到”它。按照这个定义，“意识”是在于知道我正在有某事或已经有某事。这个定义中的“知道”其意义尚有待于研究。

在唯心哲学家们的影响下，我觉得，“经验”的重要性过分地得到了夸张。甚至有人认为，没有经验不到的东西，没有东西不是经验。我见不到这种意见有任何根据，也见不到有任何根据甚至以为，我们无法知道有我们所不知道的东西。我认为，如果大家费些麻烦，找出“经验”这个字可能有的意义，则我所反对的意见就不会兴盛起来。

第十三章　语言

前面说过，我最初对于“意义”的定义和语言之于事实的关系发生兴趣，是在一九一八年。在那以前，我一直认为语言是怎么一回事是“显而易见的”，从来没有把语言对于非语言世界的关系是怎么构成的检查过一番。我对于这个问题加以思考最初所得的结果出现在《心的分析》的第十讲中。

第一件使我注意的事是极其明显的，但是这件事好像是被所有以前写这个题目的人过于忽略了。那件事就是，一个字就是一个“普遍”，说或听见或写或念这个字的一个实例的时候，就是这个“普遍”的实例。那些研究“普遍”的哲理的人知道“狗”是一个“普遍”，因为有很多的狗，但是他们没有看到在同样的意义之下，“狗”这个字也是一个“普遍”。那些否认“普遍”的人总好像是说，一个字可以用于所有的实例。这正与事实相反。有无数的狗，也有“狗”这个字的无数的实例。这个字的每个实例对于这种四足兽的每种实例有某种关系。但是这个字本身只具有属于天上柏拉图哲学上的狗的那种形而上的地位（姑无论这种地位是什么）。从前认为字和其所指的物颇为不同，前面所说的事实就把这种想法的字和物的差异大为减少了。“意义”必是一个字的一个个别的实例与那个字所指的一个个别的实例二者中间的一种关系，这也是显而易见的。那就是说，如果你想解释“狗”这个字的意义，你就必须检查这个字呼出来的个别的声音，必须考量这些个别的声音和狗类个别的份子有什么关系。

在寻求“意义”的定义的时候，我采取的计划，正和作别的研究一样，是尽可能根据行为主义的原则来进行，同时也想到这些原则毕竟也可能是不够的。显然一个小孩之获得正确使用“狗”这个字的习惯完全和他获得任何别的习惯一样。在他的注意力集中在一个狗的身上的时候，他屡次听见有“狗”这个字说出来。由于普通的套合作用，一只狗恰好走来使他发生一个冲动说“狗”，并且听见“狗”这个字使他期待一只狗或找一只狗。这两种习惯既经获得之后，这个小孩就可以说是知道“狗”这个字的意义了。这并不是说，这个小孩有一种心理状态，有“狗”这个字的定义为其主要成分。这只是说，他有两种行为，一种是自一只狗导向“狗”这个字的一个实例，另一种行为是自这个字的一个实例导向狗类的一个实例。在他养成了这两种习惯的时候，他就能说得正确了。就“狗”这个字而论，这个小孩在成为一个辞书编辑人以前他需要的东西已经完全够了。

关于所谓“关于物的字”，其“意义”的定义这已完全够了。说“狗”这个字是指狗，不过是说已经养成了前面说的那两种习惯。这两种习惯可以依次称为对这个字的主动的与被动的了解。主动的了解是当着一只狗说出这个字来，被动的了解是当你听见“狗”这个字的时候，你就期待或找一只狗。被动的了解比主动的了解来得早，并且是不限于人类。狗和马学着对于某些字有被动的了解。从另一方面来说，鹦鹉能说一些字，但是我们看不出他们是知道那些字的意义。

用一个字“用得正确”，这究竟是什么意思，我曾给过以下的定义(同上书，第198页)：

“如果一个常人听到一个字，受到这个字原来拟定的意义的影响，这个字就算用得正确”。这是关于“正确”的心理学上的定义，不是文学上的定义。文学上的定义就要把一个通常的听者换为一个生活在许久以前受过高深教育的人；这个定义的目的是使人不容易说得正确或写得正确。

“我们用一个字以及我们听见有人用这个字以后我们发为行为，都有因果律以支配之，一个字之与其意义的关系正像这样的因果律。一个人用一个字用得正确，不一定要能够说出这个字的意义来，也就正如一个正规运行的行星不必须知道开普勒定律一样”。

了解一个关于物的字，要紧的事是这个字和其所指有共同的性质。你若是在半夜里被人喊“着火了”所惊醒，则你的行为和你嗅见有什么东西在燃烧以后的行为没有什么分别。当然一个字和其所指是有分别的。“火”这个字不能使你觉得热或使你丧命，但是确定意义是什么所牵涉到的东西是具有因果力的那些同点，不是具有因果力的那些异点。

以上所说的“意义”的定义虽然我认为是相当正确的，却绝不是把意义这个问题讲得详尽无遗。首先，这只能应用于关于物的字。你可以把一个孩子带到动物园去，在孩子正观看老虎的时候你可以说“老虎”。但是没有一个你可以对孩子指出“比”这个字的意义的那样的动物园。上面的这个学说还有一种限制，就是，只就用于指示或感叹的字来说，那个学说才算够用。那个学说若不加以补充，就不能解释用于叙述、想象、欲求或命令的字。在知识论里语言之用于指示是特别有关系，但是在别的领域里，语言之用于别的方面也是一样重要的。关于这一点我愿意引《人类的知识》（第85页）里的话：

"我想一个字的基本的用途可以分为指示的、命令的和疑问的。一个孩子看见母亲来的时候，他也许说：'妈妈'；这是用于指示。当他要妈妈的时候，他喊：'妈妈！'；这是用于命令。当母亲装扮成一个巫婆，他渐渐看穿假装的时候，他也许说：'妈妈！'；这是用于疑问。学语言的时候，用于指示一定是出现得最早，因为字与其所指的物之间的联结只能在二者同时出现的时候才能成立。但是用于命令很快地跟着就来了。在考量我们所谓'想到'一个物件究系何指的时候，这是有关联的。显然，刚学会了叫母亲的这个孩子找到一个口头上的表示，表达他以前常有的一种情形，这种情形与他的母亲相结合，现在这种情形与'妈妈'这两个字相结合了。在学说话之前，他的那种情形只有一部分能表达；一个成人听见他哭，从前会知道他是有所需求，可是只能猜测他所要的究竟是什么。但是'妈妈！'这两个字能表达他的情形这件事表明，即使在学说话之前，他的情形就和他母亲已有一种关系，就是所谓'想到'的这种关系。这种关系不是语言创造的，而是在学语言以前就有的。语言的功能是使这种关系能够表达出来。"

哲学家和有书癖的人通常有一种倾向，就是他们的生活是被字所支配，甚至忘记字的主要的功用是和事实总有一种关系，而一般地说来，事实是不属于语言的。有些近代哲学家甚而至于说，字

永远不应该和事碰面，而是应该住在一个纯净的、自主的世界里，在这个世界里，字只是和一些别的字相对照。“猫是一种食肉兽”，当你说这话的时候，你的意思并不是说一些实在的猫吃实在的肉，而只是说在动物学书籍里猫是划分为食肉类。这些作者们告诉我们说，使语言和事实碰面的这种企图是“形而上学”，因此是应该加以非难的。有的一些见解是非常荒谬，只有很有学问的人才会采取的。前面所说的关于语言的见解就是属于这一类的。特别使这种见解荒谬的是，这种见解看不到语言在事实世界里的位置。语言正和吃饭、走路一样，是由可以感觉的现象所组成。如果我们对于事实不能有所知，我们就不能知道别人说什么，我们甚至不知道我们自己说什么。语言正与别的行为一样，是成自一些有用的习惯，毫没有通常所以为的那种不可思议。关于语言的迷信看法并不新奇，是从史前时期传到如今的：

“自有史最早的时期，人就对于字有一种迷信的敬畏。从前一个人知道他的敌人的名字，就能借着这个名字获得了对待他的敌人的魔力。我们现在仍然用像‘凭《圣经》之名’这一类的词句。在太古的时候就有字(《圣经》)，人是容易同意这句话的。柏拉图与卡那魄以及大多数介于此二人之间的玄学家们的哲学基础就是这样见解构成的。”(《对意义与真理的探讨》第 23 页)

心理现象的要素完全是由感觉和影像构成的，对于这个论点我曾在《心的分析》一书里加以论证。我不知道那时的这种论点是否正确，可是我现在仍然十分确信，若不提出影像来，语言的许多用途就无法解释。行为主义者不肯承认影像，因为影像是无法自外观察的。但是这使他们想解释记忆或想象的时候有很多困难。

在我写《心的分析》的时候，我以为用行为主义来解释欲望是可能的，可是关于这一点，我现在觉得是很可怀疑的。但是，关于必须用影像来解释字之用于非当前可感觉的事物，在那本书里所说的话我现在仍然坚持。

能了解一个代表物的字我总结为六项：(1)在适当的情景中在适当的时候用这个字用得恰当；(2)当你听见这个字的时候你有适当的动作；(3)把这个字与另一个字相联结(比如说，另一种语言里的一个字)，那一个字对于行为有适当的效果；(4)学这个字的时候把这个字和其所指的一个物或多个物相联结；(5)用这个字来描写或追忆一个记忆中的影像；(6)用这个字描写或创造一个想象的影像。那时我陈述了这六点，好像一般的字都能适用。但是，事实上，这六点若不加以修改，对于不关于物的字是不能适用的。

但是，我们一旦进而考虑句子以及只用做句子的一部分才有意义的字，就有新的问题发生了。你能以感叹的方式来用“火”或“狐狸”这类的字，用不着把这些字放在句子里。但是有许多字是不能像这样单独来用的。就如这样的一句话吧：“地球是比月亮大”。“是”和“比”只有用做句子的一部分才算有意义。有人也许对于“大一些”这样的字有疑问。若是你正看着马，你忽然看见一只象，你也许喊道：“大些！”但是我想谁都看得出这是一种省略法。有些字须先有句子为其先决条件。因此，若不先把句子思量一下，也可以说，无论如何若不先把句子所表示的心理现象是什么考量一番，就无法进一步分析意义。

从前当我正在写《数学的原理》的时候，我就开始对于句子觉得费解。那时候特别是动词的功用使我发生了兴趣。那时使我认为重要的是动词使句子成为一体。“A 大于 B”是一个复杂的句子，因为其中包含好几个字。在使句子为真的那个事实中（如果那个句子为真）也必有相应的复杂性。那时候我觉得这一点很清楚，现在我仍然觉得很清楚。除了这种复杂的统一性之外，一个句子还有一种性质，即真与伪的二重性质。因为这两个理由，解释句子的意义所包含的问题比明确关于物的字的意义所包含的问题更要困难，更为重要。在《心的分析》中我并没有把这些问题讲得详尽。但是在《对意义与真理的探讨》一书中，我尽力提出了这个领域中的适当的说明。有些假定，很多近代哲学家认为是过于形而上的。若没有这些假定，我以为要创立一个关系真伪说得过去的学说是不可能的。我认为我们必须说有事实，必须说“真”乃是对事实的一种关系，而“伪”乃是另一种关系。谦恭的不可知论主张我们对于事实永远不能有所知，我认为这种不可知论是荒谬的。当我觉得疼痛或听见一个声音或看见太阳的时候，而我装做不知道，这种事情只对于有些人才是可能的，在他们，学理已经窒杀了一切实际之感。不但如此，即使最热心依附我现在所摈弃的见解的那些人也要承认句子是由字构成的，也无法否认，说一个句子或听一个句子正是一件他们所认为不可知的那种事实。语言和走路饮食一样，是一种属于身体的行为。凡我们对于行路饮食不能有所知，我们对于语言也不能有所知。

世界上有许多的事物我们可以看出是复杂的。也许有些事物不是复杂的，但是关于这一点不必有什么意见。当事物是复杂的时候，这些事物是由一些部分而成。部分与部分之间具有关系。桌子是由桌腿与桌面而成。刀子是由刀柄与刀身而成。若照我们的用法，事实永远是由全体的诸部分或单个事物的诸性质之间的关系而成。总而言之，除了完全单纯的事物外（姑无论有没有这样的事物），所有存在的事物都是事实。两件事物有了联系就形成一个复合体，这个复合体可以看做是一个事物。为了方便，就用事实这两个字来表示部分之间分析过的联结，不来表示由部分组成的复杂的全体。若是句子为真，句子就是表示这种关系。若句子为伪，就不能表示这种关系。凡由一个以上的爆音字而成的句子都是具体表现一个复合体的一些分析。如果若干复合体都有一个共同的成分，这可以由分析这些复合体的句子都包含一个共同的字表示出来。请以下列的一些句子为例："苏格拉底有智慧"；"苏格拉底是雅典人"；"苏格拉底爱柏拉图"；"苏格拉底喝了鸩酒"。所有这些句子都包含"苏格拉底"这个名字，而且使这些句子之为真的所有事实都含有苏格拉底这个人为其成分。我们说这些句子是"关于"苏格拉底的，就是这个意思。苏格拉底是以一个未经分析的整体进入使这些句子之为真的事实中。但是苏格拉底自己当然是复杂的。我们可以造一些别的句子对于这个复合体有所断定，例如，"苏格拉底是塌鼻子"或"苏格拉底有两条腿"。这样的句子是对于某个整体有所分析。究竟这种分析在某一个时期能进行到什么地步要看那个时期的科学发展到什么程度。一个整体的各部分之如何互相关联就形成这个整体的"结构"。关于这一点我愿意引《人类的知识》一书中（第 267—9 页）的下列一段：

"显示一个物件的结构是说出这个物件的各个部分以及这些部分如何互相关联。你若是学习解剖学，你可以先把各种骨头的名字和形状弄清楚，然后让人告诉你各个骨头在骨架中的位置。

然后你就知道解剖学所讲的骨架的结构了。但是关于骨架的结构的知识你还没有学完。骨头是由细胞而成,细胞是由分子而成,而每个分子都有一个原子结构,这是化学所从事研究的。原子也有一个结构,由物理学来研究。正统科学的分析就至此为止,但是没有理由认为进一步的分析是不可能的。我们以后还有机会建议把物质的实体分析为事件的结构,而且我将设法说明,甚而至于事件也可以认为是有一个结构,这种对事件的看法是有好处的。

其次让我们考量一下有关结构的一个稍微不同的例子,即句子是也。一个句子是一系列的字。如果是口语,这一系列的字是按先后的关系排列成一个次序。如果是笔之于书,是按左右的关系排列成一个次序。但是这些关系并不是字与字之间的关系,而是字的实例之间的关系。一个字是一类相似的声音,这些声音都有相同的或几乎相同的意义。(为简单起见,我只讨论口语,不讨论书写的文字)。一个句子也是一类声音,因为很多人能说同样的句子。所以我们必须说,不是句子在时间上是一系列的字,而是一个句子是一类声音,每一声音包含一系列的声音,在时间上前后紧相连接。这一系列中的每一声音则是一个字的一个实例。(这是一个句子所必具的特点,但不是充分的特点,这个特点还不足以尽之,其所以不充分是因为有些系列的声音是没有意义的。)我不详细讨论不同词类之间的区别,而进一步谈到在分析上其次的一个阶段,这个阶段不像上边所谈的那样属于句子的构造,而是属于发音学。一个字的每一实例是一个复杂的音,此音的各部分就是各个字母(假定是由发音字母而成的语言)。在发音的分析的后面,还有一个进一步的阶段,就是把说或听一个字母的复杂生理过程

加以分析。生理分析的后面是物理学的分析，从这一点起，分析就像骨头那个例子似的向前进行……

从单元来说明结构，后来发现这些单元本身是复杂的，这样来说明结构是毫不算错的。例如，点的定义可以说是事件的类，但是这并不证明传统的几何学中所说的是错误的，传统的几何学把点看作是单纯的。凡说明结构都与一些单元相关，这些单元暂时认为好像是没有结构的，但是切不可以为这些单元在别的一个连属中就没有结构，承认这个结构是很重要的”。

说出一个直说的句子是因为说者相信其为真，或是因为说者希望这句话要引起听者的行动或情感。我前面曾经指出，当一个演员说：“是我，丹麦人哈姆雷特”的时候，没有人相信他的话，但是没有人以为他是在说谎。这证明，只有表示信念或意在使人相信的句子才有真伪。关于真伪，句子只是当其为传达信念的媒介的时候才是重要的。显而易见，信念若不复杂，不用字句也可以存在。这样我们就来到语言的领域以外，不得不先讨论和语言无关的信念，其次再讨论这种信念和表达这种信念的句子之间的关系。

因为最低的动物和人之间有连续，信念并不是一个精确的概念。动物有各种行为，这些行为可以说是含有这种或那种信念。这一点虽不可忘记，但我们所讨论的却主要是我们自己经验中所知道的人类的信念。只有简单的信念才可以不借用文字。我们大家都相信圆周和直径之比大约是 3.14159，但是我就不明白这种相信若没有语言如何能够存在。虽然如此，有许多信念却显然是在语言之前的。你看见一只狗的时候，你也许说出“狗”这个字，来用语言表达你之所信。一只猫看见一只狗却用不同的方法表示其所信，它竖起毛来，弓起背来，发嘶嘶声。这是信念的一种表示，也就正和你用“狗”这个字相同。记忆也是如此。如果你刚听到了一大声霹雷，你就有一种状态，这种状态，如果你用文字，就要用这样一句话来表达：“刚才有一大声霹雷”。但是，即使这些字不在你心里出现，你也相信这句话所表达的意思。“据我的了解，信念这个词是指身或心或二者的一种状态。为避免冗长，我称之为一个有机体的一种状态，而对身体、心灵的因素不加区别”（《人类的知识》第16页）。我又说：“一个有机体的任一状态（这个状态是对于某种事物有所相信），在理论上说来是完全能加以描述，而不提到那被相信的事物。当你相信‘一辆汽车来了’的时候，你的相信之所由成，是在于肌肉、感官以及情绪的某种状态，也许还要加上一些视觉的影像。所有这一切，以及还有什么别的东西可以构成你的相信，在学理上经过心理学家和生理学家的合作，都能够完全描述出来，而他们却不必提到你的身心以外的任何东西。”说出一句适当的话只是构成你的相信的若干状态之中的一种状态而已。言语上的表达，其为重要是由于其能传达，是由于比体现这个相信的任何非言语的状态更能表达得精确。

第十四章　普遍、特殊和名称

自从我放弃了一元的逻辑以来，有关普遍与特殊以及和专名有密切关系的诸问题，颇费了我不少的思索。这些都是一些旧有的问题，事实上至少是自亚里士多德以来就有的。这些问题在中世纪经院学者的思辨中颇占重要位置。经院学者关于这一方面的成绩现在仍然值得重视。在十七、十八世纪的时候，普遍在心理学上和在形而上学上有什么不同是大陆哲学家与英国经验论者的矛盾的要点之一。我曾用寓言的形式把一些传统的意见写出来，发表于《论战》杂志(1946，第二期，第 24—25 页)：

> 从前有一伙派别不同的哲学家在大陆上的一个荒僻的地方旅行。他们找到一个简陋的客栈，然后要菜吃饭。店主东答应给他们大片牛肉。但是把肉端上来的时候，他们觉得滋味不好。其中一位哲学家是休谟的信徒。他是行远路的老手。他把店主东叫来，说："这不是牛肉，是马肉"。他不知道店主东曾经过过好日子，但是因为倾心于哲学，疏忽了他的事务，景况不及从前；所以哲学家听了店主东的答话吃了一惊，店主东答应道："先生，我听见你说的话颇为惊讶。你知道你说的话是没有意义的。按你的意思，'牛肉'和'马肉'只不过是一些字而已，在非语言界并无所指。所以这只是文字上的

争论。如果你喜欢‘马肉’；那也好，但是我以为说‘牛肉’是更合算”。

店主东这样一答复，这些哲学家们立刻就谈论起来。其中有一位哲学家是罗塞林的门徒。他说：“店主东说得对，‘牛肉’和‘马肉’不过是人的气息说出来的声音而已，都不能表示这块可憎的咬不动的肉”。一位柏拉图主义者答道：“荒谬，这块肉是一个动物身上来的，那个动物活着的时候是天上那个万世不变的马的一个摹本，不是不变的牛的摹本”。一位奥古斯丁主义者说道：“‘牛肉’和‘马肉’是上帝心里的观念，我认为神的牛肉这个观念一定是和这块肉不同。”只有一点这些哲学家是同意的，就是，无论哪个人，如果拿这种难吃的东西当牛肉卖，是应该告官，说他欺骗的。店主东晓得地方官是不懂哲学的，他听见哲学家们这样一说，就害了怕。他拿来了另外一块肉，大家吃了都很满意。

这个寓言的要点是，“普遍”问题不只是文字的问题。这个问题之发生是由于想要把事实说出来。

讲到我，我走到了两个方面：一是由于对于莱布尼茨的研究；另外是由于数学的许多基本概念是需要非对称的关系，这种非对称的关系不能化为有关系的各项的宾词，也不能化为各项所组成的全体的宾词。在确信关系的“实在性”以后，我既不能相信主词——宾词的逻辑，也不相信经验论的意见，以为只有特殊。

在放弃一元论以后，在我的哲学的发展过程中，我始终保留了一些基本的信条（虽也有一些改变），这些信条我虽然不晓得如何论证，我却无法使我自己加以怀疑。其中的第一个信条是非常明显的，若不是因为还有人主张与之相反的意见，我真不好意思把它说出来。这第一个信条就是，“真理”是有赖于对“事实”的某种关系。第二个信条是，世界是由许多相关的事物所构成。第三个信条是，造句法，也就是说，句子的构造，必是和事物的构造有些关系，造句法的那些不可避免的方面，（而非这一种或那一种语言所特有的），必定是如此。最后，有一条原理我不是那么确信无疑，但是我愿意坚持，除非有极其强有力的理由使我不得不背弃这个原理。这条原理就是，说明一个复合体所包含的部分以及各部分间彼此的关系，而不提到那个复合体，也就等于说明了那个复合体。

在《数学原理》一书中符号的使用是暗含以上所说那些假定的。这本书里使用的符号是假定有“物”，这些“物”有其属性，而也与别的“物”有关系。最初在句子构造上我所使用的符号有两种是基本的，第一种表示，一“物”是一类中的一项，第二种表示，一个“物”和另一个“物”有某种关系。我用小写的拉丁文字母来表示“物”，用小写的希腊文字母表示类，用大写拉丁文字母表示关系。但是类渐渐为属性所代替，最后，除非是为符号上的方便，就完全不见了。

我的符号逻辑所包含的形而上学上的信仰，我是在《数学的原理》一书的第四章中第一次企图把它说明的，那一章的标题是“专名，形容词与动词”。大致说来，我那时的思想是和变项所指定的值有关的。我用小写拉丁字母代替变项，这些变项所可能有的值是些有属性或关系的实体。一个希腊字母是指一个属性，或具有那个属性的一类事物。大写拉丁字母是指关系。那时我认为，给一个小写拉丁字母定一个值就是用一个专名来代替这个变项。举例来说，我们若是知道，不管 X 是什么，如果 X 是一个人，X 是不免于死的，我们可以用“苏格拉底”来代替“X”。同样，我们可以用一个属性来代替一个希腊字母；用一种关系来代替一个大写拉丁字母。这种用一个常项来代替一个变项就是应用逻辑的过程。这个过程是在逻辑的范围以外的，因为就逻辑学家本身而论，他是不知道苏格拉底或任何其他东西的存在的。

那个时候我的意见具有清晨般的那股率真的精神。这种朝气经过白天的辛苦和炎热却消失了。那时我以为，如果一个字对于一句话的意义起作用，那个字必定是有所指。关于这一点，我愿意引《数学的原理》第四十七节中的话：

> 有些区别在哲学中是司空见惯的，这些区别差不多都是一样的；我是指主语与谓语、实体与形容词、这个与什么之间的区别。关于这些性质相同的区别我现在要把我所见到的真理指出来。这是一个重要问题，因为一元论与单子论，观念论与经验论，之间的争论，以及主张与反对真理是与存在有关的那些人之间的争论，都完全或部分以我们对于这个问题所采取的学说为转移。但是我们在这里讨论这个问题，只是因为这个问题对于数的学说或变项的性质的学说是紧要的。这个问题之与一般哲学的关系虽然不是不重要，我却完全不加讨论。凡可以做思想的对象的，凡出现在一个真或伪命题的，凡可以算做一个的东西，我统名之曰一个项。这是在哲学词汇里最广泛的一个字。我还用一些字与项这个字同义，就是，单位、个体、实体。这三个之中的前两个是强调每项是单个，第三个是由于每项有其存在，那就是说，在某种主义上说是实存

> 的。一个人，一瞬间，一个数目，一个类，一种关系，一个怪物，以及凡可以谈到的东西，当然都是一项。不承认某某事物是一项，必定永远是错误的。
>
> 也许有人认为用得这样极其广泛的字不会有什么多大用处。但是这种意见，其发生是由一些流传很广的哲学学说来的，是不正确的。事实上，凡名词所具有的属性，项是都具备的。首先，每一项是一个逻辑上的主词，举例来说，每一项是一个命题的主词，那个命题本身也是一项。不但如此，每项都是不变的，不能毁灭的。一个项是什么就是什么，设想其中有什么变化必是损坏其同一性，使之成为另一项。项的另一个特征是与自身数目上的同一，与别的项数目上的不同。数目的相同与歧义是一与多的来源。所以承认有许多项就驳斥了一元论。这似乎是不容否认的：每一命题的每一成分都可以算做一个成分，每个命题最少包含两个成分。所以*项*是一个有用的字，因为它表明对各种哲学都持异议。还有一个原因，就是，在许多陈述之中，我们要谈到*任一*项或*某*项。

在这一段里，有许多我后来认为是错误的。我改变了我的意见是由于叙述学说和类型学说。叙述学说使我相信，一个字可以在一句话的意义上有所贡献，在孤立的时候却可以没有任何意义。例如，我从前以为“这”这个字是指一种稀奇的东西，这种东西是善良的逻辑学家可以希望在柏拉图的天国里遇到的。叙述学说使我放弃了这种希望。类型学说也使我放弃了《数学的原理》里那种天真单纯的想法。从前我觉得有些字若被别的字所代替，必完全失掉了意义。我注意到动名词和动词的意义相同，但是可以用做一句话的主语，例如，在“杀死非谋杀”这句话里，“杀死”就是如此。后来我以为，这一类的句子，若不是没有意义，是一些缩短的句子，这些句子里的动词是真正的动词，而不是一个名词。例如，“杀死非谋杀”这句话可以扩充为“如果甲杀死了乙，不一定是甲谋杀了乙”。如果这样翻译是不可能的，那句话就是毫无意义的。“苏格拉底和杀死是两个”这句话，按类型学说来说，就是一个不合法的句子；“苏格拉底和杀死是一个”也是如此。

还有一类困难是和反对实体论有力的学说有关。我用小写拉丁字母所代表的特殊事项好像在造句的意义上是实体，虽然不一定有一贯认为实体所具的不灭那种属性。如果“x 有某某属性”这句话总是具有意义的、不能分析的，好像我们因此就可以说，x 是一件与它所有的属性之总合不同的东西，而且也一定是不同于另一个特殊事项 y，二者之不同完全是从数目方面来讲的。所以 x 和 y 这两个特殊事项的一切属性是为二者所共有，这在逻辑上讲应该是可能的。当然我们无法知道它们是两个，因为那需要知道 x 是不同于 y（y 并不是这样），事实上 x 就要变成一个不可知的基体，也可以说是变成一个悬挂属性的看不见的木钉子，好像火腿挂在农家的屋梁上一样。有此诸点，“殊相”这个概念就有了困难，我们就不得不寻求一个避免困难的方法。

关于特殊问题，我对付以上所说的困难第一次所做的努力是一九一一年在亚里士多德协会里宣读的一篇文章，题目是“论普遍与特殊的关系”。当时有柏格森出席，使这个会增光不少。他觉得很诧异，说我好像是认为所需要证明的是特殊的存在，不是普遍的存在。在这篇文章里我分析了一个假设，并且以为那个假设不能成立(自那时以后直到现在,我却以为是可以采用的)。这个假设是说,用不着特殊来做属性所依附的主位。按这一个假设来说,一团一团的属性能够代替了特殊。那时我之所以摈斥了这个假设是由于数的杂多问题,以及它与时、空的关系。那个时候我相信精神现象不外是主体和客体之间的关系,主体是极细微的特殊,这是主体的特征。我先是根据时、空位置的相对性,主张在感觉界不能不有特殊,紧接一步,关于两个人之间的差异,我有与以上所说的很相似的主张。我说:

> 从知觉的空间我们推寻出数的杂多来。数的杂多这种论证由于一个与之类似的论证而得到加强,那就是关于各国人的心理内容的论证。至少在理论上这是可能的:如果两个人都相信二加二等于四,则二、加二、等于、四这几个字的意义在这两个人的心中是一样的,所以,就他们二人相信的对象而论,实在无法把二者加以分别。虽然如此,却显而易见是有两个实在,一是这一个人之所信,一是另一个人之所信。一个特殊的信仰是一个复合体,这个复合体中有一个要素,我们不妨称这个要素为主体。就我们所举的例子来说,是不相同的主体产生出不同的信仰来。但是这些主体绝不仅仅是一束一束的一般属性。假定这两个人之中有一个人具有仁爱、愚笨和好说双关语的特点,若说"仁爱,愚笨,和好说双关语相信二加二等于四"是不正确的。即使再增加很多的一般属性,这样说也不会是正确的。不但如此,无论我们增加多少属性,仍然有可能别的主体也有这些属性;因此,主体之所以不同,不是由于属性。两个不同的主体必须差异之点是在于它们对特殊的

> 关系。例如，一个主体与另一个主体的关系是它与它自己之间所没有的。但是有一点在逻辑上讲并不是不可能的，就是，和一个主体有关的一切事物，（这些事物在别的方面只和普遍有关），也许可以应用于另一个主体。所以，即使有以上所说的差异出现，两个主体之所以不同，并不是由于这些差异。因此，必须把主体看成是特殊，主体是和主体所可能有的一般属性之集合绝不相同的。

到后来我认为这些论证是不能成立的。关于感觉世界，一加思索，显然经验空间里的位置，正和物理学的空间里的位置一样，并不是相对的。在我的片刻间的视域里，位置是由一些性质所规定。在视域中心有一种性质，这种性质我们可以称为“中心性”，在这片刻之间我所看见的一切别的东西有不同程度的两种性质：上下与左右。但是这不是最重要之点，使我放弃那篇论文里的意见。最重要之点是和时空关系的逻辑属性有关。我认为这种关系是可以产生连续的。为简明起见，我们只讲时间，甚至只讲一个人的经验里的时间。我们认为，如果是A在B之前，A和B必然是不同的。我们认为，如果A是在B之前，B是在C之前，则A是在C之前。如果对于时间关系的这些特点有所怀疑，就不容易明了时间连续如何能够构成。在一九一一年，我觉得时间连续和几何学的空间若不用具有时空位置的材料是无法构成的，我觉得如果不承认殊相，这种材料是找不到的。

点——瞬的构成问题在一九一一年就已经很在我的心中盘桓了。不久怀特海开始研究这个问题。我在《我们关于外界的知识》一书中对于这个问题有所发挥。我那时好像已经见到，用以构成时空的特殊(如果有特殊存在)其本身的性质不应该是属于点的,而应该是有一定的广袤好像物理学所需要的那种点的性质只是属于一束一束的特殊,其中每一个单独的特殊是有一个有限定的广袤。但是在那个时候,我确实觉得如果在两个地方有两块红,就是有两个特殊的红。我们之不得不把它们认做是两个是和位置的相对性有关系的。那时我认为这两块红只是位置上的不同,而且因为位置不是一种性质(也可以说我认为不是),位置必须先有杂多以为条件,不能构成杂多。承认感觉空间的位置是绝对的,情形就不同了。在我右方的两个红块可以是红和右两个性质的复合体;在我左方的两个红块可以是红和左两个性质的复合体。左与右以及上与下都有几何学所需要的各种程度的逻辑特性,同时看见的两个红块之为复数是由左右和某一性质(如红)结合而成。我把与此类似的理由应用于时间的次序上。假定一个人的经验里有一种性质发生两次,例如钟报时刻。使你认得敲两下是两下,而不是一件事的重复,究竟原因何在呢?我所得的结论是:有些认识是有赖于一种性质,我们不妨称之为"主观的过去"。我的心理的内容,就其与经验的事件有关而论,可以排成一个系列,这个系列自感觉开始,继之以平衡感觉,然后是极近的记忆,其次是和现在的感觉稍有距离的记忆。这样就产生了一个主观的时间系列,其中的各项,从客观的观点来看,都是现在。当你听见报时刻的钟重复极相似的声音的时候,你已经听见的声音有不同程度的"渐次衰微"。是声音加上"渐衰"所成的复合体是多数,不是声音实际上的性质是多数。我在《人类的知识》一书里创立了这个学说。这个学说我现在仍然觉得是令人满意的,我之所以比较起来喜欢这个学说,是因为相信这个学说就不必假定一些不能认识的和不可知的实体，而不承认这个学说其结果就势必至于以为特殊就是那些不能认识，不可知的实体。

但是还有一个困难，这个困难我在一九一一年认为是无法克服的。心的两个状态完全相同，这在逻辑上讲，不能认为是不可能的。也许有人说，这在一个人的经验里是不会发生的，这是由于在两个时期所伴随的记忆是有差别。但是根据逻辑的证明，这种完全的相同是可以出现于甲与乙两个人的经验之间的。果真如此，上面所提到的我那个学说就使我不得不说，甲的心理状态和乙的心理状态，在数上说是相同的。乍一看来，这好像是不合理的。我们觉得，一定有可能见到或构成一些事物，其性质是，如果一件事物是在另一件之先，则这两件事物在数上是不同的。但是我以为这种看法是由于经验侵入了逻辑的领域。就经验而论，我们永远见不到这种完全的再现。就我们在经验上所能发现的而论，一个人一个时候的心理的整个内容永远不会完全同于那个人另外一个时候的心理内容，也不会同于任何时候任何别人的心理内容。

有些人不喜欢逻辑范围以外的先验的直观，对于这些人说来，我的这个学说有个长处。这个长处是在于处理了一些先验的综合知识的实例。“如果甲在乙之先，乙在丙之先，则甲是在丙之先”，这句话无疑地是综合的，而且使人觉得好像是先验的。按我的学说来说，这句话一方面仍然是综合的，却不是先验的，而是自我们的经验概括而来的，这个经验就是，构成瞬间的心理内容的复合体永远不会照样重新出现。从一个经验论者的观点来看，这确是一个优点。

现在我谈一个题目，是跟普遍与特殊密切相关的，那就是专名问题。但是在开始谈这个问题以前，我愿意略谈一谈逻辑语言这个颇有争论的问题。据我的看法，一种逻辑语言应该是这样的一种语言，凡我们借明白的命题想说的话，都可以用这种语言来说，并且用这种语言，把结构总可以弄得显明。在这种语言里面，我们须用表示结构的字，也须用一些字来表明具有这种结构的项。那时我主张这些项就可以用专名来表明。我认为这种语言之构成对于清楚的思维会大有帮助，虽然我始终没有认为这种语言对于日常生活是合用的。有一个时期，维特根斯坦跟我有相同的意见，也认为一种逻辑语言在哲学里会是有用的。在我给他的《逻辑哲学论》写的导言里，我曾说过他有这种意见。可惜到了那个时候，他不但已经放弃了那种主张，并且好像已经忘记他曾经有过那种主张。所以关于这种意见，我所说的话在他看来是与事实不符。自此以后，他的信徒就竭力否认一种逻辑语言会是有用的这种说法。

在重要的一点上，我愿意承认他们的批评是公平的。当初，我和莱布尼茨一样，认为凡是复杂的东西都是由单纯的东西所组成，而且，在考虑分析的时候，要紧的是把单纯的东西当做我们的目标。现在我却认为，虽然我们知道有许多东西是复杂的，我们却无法知道什么是单纯的。不但如此，在一些语句中提出复合体的名字来，这些语句可以完全是正确的，虽则不把这些复合体认做是复杂的。有许多科学上的进展是在于把一向以为是单纯的东西现在看出是复杂的来了。举例来说，分子是由原子构成的，原子有一种结构，这种结构是近些年弄明白的。只要我们避免说所正在考量的一件事物是单纯的，我们对于这件事物所说的话就用不着因后来发现这件事物是复杂的而加以推翻。因此，究竟有没有用分析来获得的单纯的东西，这个整个问题就是不必要的了。

这对于专名这个问题有些关系。我原来以为，如果我们是无所不知的，对于每一个单纯的东西都有一个专名，可是对于复杂的东西是没有专名的，因为说出其所以构成的单纯的原素和这些原素的构造就把这些复杂的东西弄明确了。这种见解我现在是抛弃了。但是，我抛弃了这种见解，却仍然留有关于专名的作用的许多问题。

从传统上来说，有两种名词：专名和公名。"苏格拉底"是一个专名；"人"是一个公名。但是公名是不必要的。"苏格拉底是一个人"和"苏格拉底属于人类"这两句话的意思是一样的，所以"人"这个公名是多余的，可以被"属于人类"这个属性所代替。属性和性质不同，必须加以区分。后者是一个较广的概念，包括前者。一个属性出现在一个只包含一个名字的命题中。"苏格拉底属于人类"就是一个例子。一个性质就是把有名字出现的命题中的那个名字除掉或代以一个变项所剩下的东西。例如，你可以说，"如果苏格拉底愿意和解，他就用不着喝鸩酒了。"这可以算是说明苏格拉底有一种性质，但不是给他加上一个属性。

从传统上说，专名和公名的区别是，公名可以有一些实例，而专名则是指某一个独有的东西。但是实例的概念是和类的概念相联系的，在逻辑上不是基本的。逻辑所需要的是命题函数，那就是说，一些词句，在这些词句里有一个或一个以上的变项，若是把变项予以一个值，其结果就是一个命题。因此，实例就成了这个正确命题函数的变项的值。变项可以代表一件可变的"物"，或一个可变的属性，或一个可变的性质，或一个可变的关系。可以给变项所加的不变值要看变项是属于何种，而有差异。如果值的总类加得不对，就成了毫无意义的话。以“苏格拉底属于人类”这个命题为例，如果你用任何别人或动物的名字代替“苏格拉底”，姑无论这样而成的命题是真是伪，这个命题还是有意义的；不但如此，若是你用任何别的属性来代替“属于人类”，则所成的命题仍然是有意义的。如果你的命题是一个关系命题，例如“苏格拉底爱柏拉图”，你可以用任何别的表示关系的字来代替“爱”这个字，而不致使这个命题成为毫无意义，但是你不能代以任何不表示关系的字。

以上的讨论暗示出关于专名的一个造句法上的定义。我们可以说，一个专名就是一个不表示一个属性或关系的字，这个字可以出现在一个不包含变项的命题中。（在普通的语言中，一个变项的出现可以由“个”，“这个”，“一些”，“所有的”，等字的出现表示出来）。仅就造句法而论，我以为关于专名没有什么更多的话可说了。

但是我们还须做认识论方面的考虑。如果一个专名要完全完成其职能，就不应该必须借别的字以划定其定义。它应该表示某种我们直接所觉得到的东西。但是专名的这一方面就引起了困难。如果有人提起了苏格拉底，而且你在以前从来没有听见说过他，你就可以去查百科全书，就以你所查得的来做苏格拉底这个名字的定义。那样，认真来说，“苏格拉底”对于你就不是一个名字，而是一个代替的东西，代替了叙述。显而易见，因为给字下定义不得不用别的字，一定就有一些字，我们了解这些字的意义并不是凭借定义。一个小孩学着知道他家里的人的名字是这些人是在跟前的时候有人呼唤这些人的名字。即使他的父母载入在百科全书中，这个孩子也不是从书中得知他们是谁，他们叫什么。这是专名的本原的使用，至于专名当做省略的叙述则是转了来的。如果你从前生在雅典，你说："苏格拉底是谁？"被你这样一问的那个人也许指着说："那就是苏格拉底。"正是因为现在和早已死去的人的经验有这种遥远的联系，所以关于苏格拉底的命题是历史的一部分，不是虚构的故事的一部分，而关于哈姆雷特的命题却是虚构的故事的一部分。"哈姆雷特"假托是一个名字，实际上并不是。所有关于哈姆雷特的命题都是捏造的。只有我们用"哈姆雷特"来代替哈姆雷特的时候，这些命题才是真的。这是专名的特点之一的一个例证。这个特点就是：专名与叙述不同，除非专名指示一件实有的事物，专名是没有意义的。虽然法国现在是一个共和国，关于法国现在的国王我可以做出一些命题。这些命题虽然是捏造的，却不是没有意义的。但是如果我妄称他是路易十四，凡把"路易十四"当做一个名字来用的命题不是捏造的，而是没有意义的。

我并不是建议在普通的语言中或在文法中我们应该拒绝把(比方说)"苏格拉底"看做一个名字。但是，从一个认识论的观点来看，我们关于他的知识是和我们对于事物的亲证的知识大不相同的。凡我们关于苏格拉底的知识只有把关于他的叙述来代替他的名字才陈述得完全，因为，对我们来说，我们对于"苏格拉底"这个词的了解完全是来自叙述。

我一向主张一个原则，就是，如果我们能够了解一句话的意思，构成这句话的字必须完全是指示我们所亲证的事物或是用这种字来做界说的字。这个原则我至今仍然觉得完全是正确的。关于逻辑上用的字，例如，或、不、若干、一切等等，对于这个原则加以一些限制也许是必要的。若把我们的原则的应用只限于不包含变数的句子或不包含由句子组成的句子，我们就没有加以限制的必要了。假使那样，我们可以说，如果我们的句子给一个主语加一个属性，或在两个或两个以上的项之间断定有一种关系，则用做主语的字或有关系的那些项的字非是狭义的专名不可。

如果我们采取这种意见，我们就遇到一个问题，就是必须决定是否普通的语言是包含以上所说的那种意义的专名的字。特殊与普遍的问题是和我们现在的这个问题有关系的，但是其关系却不简单。我们不得不问我们自己：不借字面的定义我们所能了解的字是什么呢？不但如此，除去逻辑上用的字，不用字面的定义我们所能了解的字，在某种意义上说，必须是指示指得出的事物的字。例如"红"和"蓝"是表示某种经验的字，我们知道这些字的意义是由于我们见到红的东西或蓝的东西的时候听到念这两个字。关于心理学上的字，困难就多一点，如"记忆"就是如此，但原理是一样的。如果你看见一个小孩正在追想什么事物，你就对他说："你记得吗？"他慢慢就会知道你用那个字是什么意思。只有经过这种程序，字才能建立对实际的关系。

这种狭义的名称只能用于经验到的事物，不管是感觉上的或是思想上的。究竟经验到的是单纯的还是复杂的，这个问题是没有关系的。但是我们不会经验到那种细碎的特殊，这却不是一个没有关系的问题。关于细碎的特殊前面在本章中曾讨论认为是不必要的。心理学里所讲的东西以及物理学里的质点，如果使人能够了解，我们必须认为都是一簇一簇的经验得到的性质与关系，或是由于经验上已经知道的关系，和这一簇一簇的性质有关联。根据以上的学说，制造普通言语的专名的基本器具必须是由通常所说的性质而成，而不是由物质而成，如红与蓝、硬与软、愉快与不愉快等就是这些性质的例子。这就需要在造句法上有新的配列。如果有一个红的东西是在我们的视野的中心，我们不应该说："这是红的"，而是应该说："红是和中央共现"。如果这个红的东西不在我们的视野的中心，我们就须用适当的左右上下的程度来替代中央。

我再说一遍，我并不是建议废弃普通的语言而采用这种古怪的说话方法。如果说出我所说的"最低限度的语汇"来，这事也许可以弄得更明白一点。"最低限度的语汇"的界说如下：假定有若干句子，其意义我们是了解的，究竟其中有多少是起码要用的字，来为这些句子中的别的字作界说之用？大体上说，对这个问题的回答不止一个，但是这些可能有的回答中都包含一些字是为这些回答所共有。这些字代表经验的中心，这些句子之与非语言界发生关联是依赖这个经验的中心的。我不相信在这些字中有一个字是具有特殊所具有的那种独特的性质。我们未尝不可以给构成世界的质料下一个界说，就是：构成世界的质料就是一些字所指的东西，那些字如果用得正确，就是谓语的主语，或关系的项。从这一种意义来说，我认为构成世界的质料是由像"白"那一类的东西而成，而不是由有白的性质的物件而成。这就是以上冗长的讨论的主要的结论。这个结论的主要性是在于，这个结论是不承认构成世界的质料是心和细碎的物。

如果承认以上关于性质的学说是正确的，则关于普遍的地位

的问题就获得了一种略为新的形式。传统上把性质如白、硬、甜等算做普遍，但是如果以上所讲的学说是正确的，这些性质在句子的构造上说是与物体更近一些。正如传统上的看法，这些性质之与物体有所不同，是因为没有空时的连续性，常识以为人和物件是有这种空时的连续性的。有一些复合体是由共现的性质合成的。若是一个复合体的成分都彼此相共现，但是不与复合体以外的任何东西相共现，我称这样的复合体为一个“共现的完全复合体”。这样的完全的复合体代替了特殊，我们不说：“这是白的”，而说：“白是由我现在的意识内容组成的一个共现的复合体之中的一个成分”。

但是，虽然以上的学说适用于很多的传统上的普遍，却不能废掉对于普遍的需要。仍然有宾词所指的那些普遍，如颜色、声音、滋味等。显而易见，所有颜色都有一些共同的东西。我们可以举例来说明，你能经过极细微的颜色的浓淡从任何一种颜色到任何另外一种颜色。声音也是如此。但是没有法子从一种颜色渐次到一个声音。因为这些理由，我认为“红是一种颜色”是一个真正的主词——宾词的命题，把颜色这种性质加在红这个“实体”上。

但是比这种主词——宾词的命题更重要得多的是表明关系的命题。除非一种语言有方法说“甲是在乙的前面”，“甲是在乙的右边”，“甲比丙更像乙”，这种语言就不能把一切我们对于世界的知识表示出来。“在以前”，“相似”这一类的字或和这些字同义的字是语言不可少的一部分。也许实际上的这几个字不一定是必须的。用各种不自然的方法拿“相似”来代替很多的（如果不是一切的）表示关系的字是可能的。但是“相似”仍然是表示关系的字。

假如这个表示关系的字必须保留，取消了别的表示关系的字是没有显著的好处的。表示关系的字是最顽强的字。在某种意义上，这些字的意思是属于普遍的。

在几乎一切关于普遍与特殊的学理中，有一点是向来为人所忽视的。那些不喜欢“普遍”的人一向认为普遍大概不过是一些字而已。这种主张的困难是，一个字本身就是一个普遍。“猫”这个字代表实际上很多猫。在口语上这个字是一套相似的声音，在文字上这个字是一套相似的形象。如果我们像唯名论者那样用力否认普遍，就没有像“猫”这个字这种东西，只有这个字的一些实例。这种讨论把我们引到普遍的更困难的一方面，也就是普遍在形而上学上的地位的问题。

当我们从表明事实的句子来到句子所表明的事实的时候，我们不得不问我们自己，句子的什么特征必是属于所表明的事实。“腓力浦是亚历山大的父亲”，“亚历山大是在凯撒以前”，像这一类的句子显然是表明客观世界的一些事实的。从前一些唯心论者说关系是心之所产；康德以为实在的事物并不存在于空间和时间里，那个时空体系却是我们主观的装备之所造。但是这一种关于关系的见解完全是根据一种错误的逻辑，只有那些看不出这种逻辑的含义的人才会承认那种见解是对的。至于我，像“甲早于乙”这一类表示关系的事实必定是有的。但是因此就能说有一个物件，它的名字是“更早”吗？这一个问题的意义是很不容易了解的，至于能够看出回答这个问题的方法是更加困难了。没有疑问，确是有些具有结构复杂的整体，若是不用表示关系的字我们就无法叙述这种结构。如果我们要发现关系字所表示的实体，能隐约中潜存于那个整体以外，我们能不能发现这实体是很不明确的。我以为明确的是一件关于语言的事，就是，从前已经提到过，关系字只应用来发生联系作用，用这种字来做主语的句子只有能译成另一些句子，关系字在里面表示项与项之间的关系的时候才有意义。换句话说，动词是不能没有的，动名词却不是不能没有的。这并不能回答以上所说普遍在形而上学上的地位的问题，但是这是我所知道的最接近的回答。

这一个题目的全部曾经在我的《对意义与真理的探讨》一书的最后一章里讨论过。我所要说的话在那里已经说尽了，现在没有什么新意要说，所以我把那本书的最后两段引在下面：

> 有些含有“类似点”这个词的命题能够代以含有“相似”这个词的同义命题，有些却不能。不一定要承认有些命题不能这样代替。例如，假定我说：“相似点是存在的”。如果这里所说的“存在”是和我说：“美国的总统是存在的”那句话里的“存在”的意思是一样的，则我说的话是荒谬的。首先，我的意思可以用这样一句话来表示：“有些事件，为用文字来叙述，需要有像‘甲和乙相似’这样形式的句子。”但是这件语言上的事却暗指一件事实，和所叙述的事件有关，也就是指我说“甲和乙相似”的时候所表明的那种事实。当我说：“相似点是存在的”的时候，我所要表明的是关于事物界的这件事实，不是关于语言的一件事实。“黄”这个字是不能不有的，因为有黄的东西；“相似”这个词是不能不有的，因为有一对一对相似的东西。两个东西的相似之点其确为一个非关语言的事实，正和一个东西之黄之为一个非关语言的事实是一样的。

在这一章里我们已经得到了一个结果，这个结果在某种意义上说是所有我们的讨论的目的。我心目中所指的结果是如此：完全的形而上学的不可知论是和支持语言上的命题相矛盾的。有些近代的哲学家主张关于语言我们知道的很多，但是对于别的任何东西则一无所知。这种见解忘记了语言也是一种经验上的现象，也忘记了一个主张形而上学的不可知论的人，当用一个字的时候，不得不否认他有所知。至于我，我相信略借造句法的研究，我们可以获得不少关于世界结构的知识。

第十五章 “真理”的定义

关于“真理”的定义这个问题，我曾在两个不同的时期写过文章。在一九〇六年到一九〇九年关于这个题目所写的四篇文章又重印在《哲学论文》(1910)里。在三十年代的晚期，我又来研究这个题目，这第二次研究的结果发表在《对意义与真理的探讨》(1940)里，并且略加改动，印在《人类的知识》(1948)里。

自从我放弃了一元论，我确信真理是什么必须借对事实的某种关系来说明，但是究竟这种关系是什么，要看该真理的性质而定。我着手驳斥我极端不同意的两种学说。我先驳斥一元论，然后驳斥实用主义。一元论的学说表述在哈勒德·究钦的《真理的性质》一书里(牛津，1906)。在前边的一章里，我曾就这本书的一元论做了一般的讨论。现在我愿意更专门地讨论一元论关于真理的主张。

一元论用配合来为“真理”下定义。一元论主张没有一个真理是完全与别的真理无关的，而是每个真理如果完全说出来没有遗漏，没有不合理的抽象；结果就成了关于整个宇宙的整个真理。根据这个学说，虚妄是在于抽象，在于把部分看做独立不倚的全体。正如究钦所说：“一个意见错误的人深信他的所知就是真理，这正是错误的特色，而且把真理部分的了解变成了虚妄。”关于这一个定义，我曾经说过：

> 这种见解有一个很大的长处，就是，这种见解把谬误看成是完全不承认一元论的关于真理的学说。只要承认这种学说，没有判断是错误的；一旦拒绝了这种学说，每个判断都是一个错误。但是，对于这个舒服的结论我们颇有些异议。如果我“深信我之所知就是真理”，我说斯托伯士主教从前穿过主教的绑腿，这样说是错误的；如果一个主张一元论的哲学家没有忘记有限的真理其为真只是局部的，他说斯托伯士因谋杀被吊死，这样说是不错的。所以显而易见，究钦先生的标准并没有把普通所理解的正和误区别开来。其不能做到这一点是其缺点的一种表示。(《哲学论文》，第155页)。

我最后说：

> 有一种意义，按照这种意义，像“甲杀了乙”这个命题可以是真的或是伪的；按照这种意义，该命题之为真为伪并不因其为部分的或不是部分的真理而定。我觉得这种意义是构成全部真理时预先假定的；因为整个真理是由按照这种意义断定为真的命题构成的，因为相信“斯托伯士因谋杀被吊死”这个命题是整个真理的一部分是不可能的(《哲学论文》，第155—6页)。

主张真理一元论的人现在不是很多了。但是我曾在同时批评过的实用主义，现在仍然有人持之甚坚。我写过两篇文章讨论这个题目，第一篇是批评威廉·詹姆士的《实用主义：几种旧想法的一个新名词》，第二篇文章讨论一般的实用主义，发表在一九〇九年四月的《爱丁堡评论》上。

我对实用主义所持的异议的要点是这样:实用主义主张,如果一种信念是有某些效果,这种信念就可以断定是真的。我则主张,如果一种经验上的信念是有某些原因,就可以断定这种信念是真的。引几句原文就可以明白詹姆士的主张。他说:"思想……如果有助于我们同我们经验的别的部分得到满意的关系,就是真的"。他又说:"真理是好之一种,并不是像通常那种想法,以为是与好不同,与好并列的一个范畴。凡在信仰方面证明为好的都可以叫做真理,好也是因为有明确的能够举示的理由的。"我们再引詹姆士的两段,里边的话更为有力。这两段如下:

> 简单来说,"真理"不过是我们思想上的权宜方便而已,也就正如"正当"是我们行为上的权宜方便。权宜方便是各种各样的;当然方便是从长远和整体来看。(《实用主义》,第222页)。
>
> 我们说明真理是说明多数的真理,是说明引导的过程,在事物中得到实现。真理只有一个共同的性质,就是它们使人得到好处(同上书,第218页)。

我曾把上边最后这个定义意译为这样一句话:"无论什么,如果相信它就能得到好处,那就是真理。"实用主义者硬说我大大地歪曲了詹姆士的话,但是我总也不能明白他这话会有什么别的意思。

人之所信若有极大的效果就成了真理,撇开总的缺陷不谈,这种见解有一个极大的困难我以为是无法克服的。这个困难就是:在我们知道一种所信是真是伪之前,我们应该知道(甲)什么是这种所信的效果,和(乙)这些效果是好还是坏。我认为我们必须把实用主义的标准应用于(甲)和(乙):关于究竟什么是一种所信的效果,我们要采用那种“有好处”的见解来断定,关于这些效果是好还是坏,我们同样须采用那种“有好处”的见解来断定。显然这就使我们陷于后退至无穷。我曾批评詹姆士说:

> 有一种观念,以为一种所信的后果什么时候好,是极容易知道的,事实上是那么容易,一种关于知识的学说对于这样一件简单的事是用不着讲的——我不得不说,在我看来,对于建立一种知识论来说,这种观念是一种最奇怪的假定。我们再举一个例证。参加法国革命的人有许多是卢梭的信徒。他们对于他的学说的信仰有深远的影响后果。若无那种后果,则今日的欧洲必是一个大不相同的世界了。如果那些人的信仰的后果就全体来说是好的,我们不得不说他们的信仰是真理;如果是坏的,他们的信仰是伪的。但是我们如何算这个总账呢?清理这些后果是什么几乎是不可能的。即使我们能确定这些后果是什么,我们关于这些后果是好是坏的判断要由我们的政治主张而定。借直接的研究来发现“民约”是无稽之谈比断定信仰民约从全体来说是有恶果还是有善果当然要容易得多了。(《哲学论文》,第135—6页)。

除了这种对于实用主义关于“真理”的定义纯粹学理上的批评,还有一些批评是属于实际方面的,这些实际方面的批评好像给有实用主义性情的人听更合适一点。关于哪类信仰会在个人的生活中有好的后果这个问题,往往是视政府和警察而定的。在美国能得到好处的信仰,在俄国就要惹祸的。反过来说也是一样,在俄国能得到好处的信仰，在美国就要惹祸。纳粹党员的信仰没有合乎实用主义的真理标准，因为德国在第二次世界大战中打败了；但是，如果德国是打胜了，实用主义者就会欢呼纳粹信条是实用主义所讲的真理。实用主义者不承认这样的论证，他们指出詹姆士有一个条件，就是："当然是就长远和整体来说"。我并不认为这个条件能使情形有什么好转。回教徒相信，如果他们在打仗的时候为保卫"真正的信仰"而死，他们就要进天堂。据我看来，这种信仰"从长远和整体来看"已经表明是合算。难道我们因此就认为这种信仰是真理，即使那死了的回教徒在事实上并没有享到他所想望的那个极乐吗？如果他在事实上真享到了那个极乐，我们对于从前基督徒的那种与回教相反的信仰又要怎么说？基督徒以为穆罕默德的信徒死了他一直就进了地狱。这种信仰对基督徒是有用处的，但是不可能两方面的信仰都是合乎事实的。

除了实用主义在理论上的缺陷以外，五十年前在两次世界大战以前我认为，实用主义不但在理论上是错误的，实用主义这种哲学在社会方面害处是很大的。我这种见解历史已经证明是正确的。那时我对实用主义的批评最后是这样说的：

> 对于国际和平所抱的希望，正如获得国内和平一样，是有赖于在舆论上创造一种有效的力量，这种舆论是由是非的判断形成的。所以若说争论是由武力来决定，而不附加一句武力是靠正义，是误人的。但是能不能有这样一种舆论是要看能不能有一种正义的标准，这种标准是社会的愿望的原因，不是社会愿望的结果；这种正义的标准似乎是和实用主义的哲学相矛盾的。所以这种哲学虽然是从自由和容忍开头的，却

由于内在的必然性发展为诉之于武力和大军的裁决。由于这种演变，这种哲学在本国适合民主政治，在国外又适合帝国主义。所以，在这一点上，这一种哲学又是比任何别的前此所发明的哲学更为巧妙地合乎时势的需要的。

总结起来说：实用主义投合一种脾气，那种脾气在地球上找得着一切所想象的材料；这种脾气对于进步是确信的，对于不属于人的世界给人的力量所加的限制是没有注意到的；这种脾气喜爱战争以及一切和战争相伴随的危险，因为这种脾气以为胜利是有把握的；这种脾气要宗教，也就和要铁路跟电灯一样，是把宗教当做人世的一种慰藉和帮助，不把宗教看做是能给我们以人世以外的东西，来满足希求至善和绝对崇拜的东西的渴望。但是有些人觉得，若不是因为有通往另一个大的世界的窗户，住在这个世界上就是监狱的生活；有些人以为，相信人万能是妄自尊大的，他们宁愿意要斯多葛哲学的自由，这种自由是来自对于情欲的克制，而不愿意要拿破仑式的统治，这种统治雄视各王国列在脚下——总而言之，有些人认为人不是他们所崇拜的适当的对象，对于以上所说的这些人来说，实用主义者的世界近乎狭隘褊浅，劫夺了人生价值的来源，并且由于使人所沉思默察的宇宙失掉它所有的光辉灿烂，就把人弄得渺小了。(《哲学论文》，第 125—6 页)。

威廉·詹姆士在《真理的意义》(1909)一书中的一篇名《两位英国批评家》的文章里对我的批评做了答辩。他也和别的一些实用主义者一样，责备我说是歪曲了实用主义；他责难我的理由也和别的一些实用主义者的理由一样，是对他所说的话的意思做了想

象。在这一篇文章里，他承认断定教皇是否永远没有错误比断定以为他们是如此其影响是好还是坏要容易一些。他接着说："我们的主张绝不像罗素先生所设想的那么糊涂。"可是当他解释他究竟何所指的时候，我觉得他的意思比我原来所设想的更要糊涂。他说他的意思并不是说这种信仰的后果是好的，而是说这样信仰的人以为后果会是好的。结果是（他承认后果），如果甲相信一件事情，乙之所信正与此相反，甲和乙二人之所信可以都是对的。他说："我可以认为莎士比亚是真写了署名莎士比亚的那些戏剧，并且可以对一个批评家表示我的意见。如果那位批评家是一个实用主义者又是一个培根派的人，从一个实用主义者的立场出发他就会看得清楚，我既是我，我的意见的作用使我的意见对我来说完全是对的，同时从一个培根派的立场出发，他仍然相信莎士比亚从来没有写过那些戏剧。"我坦白地说，我认为这种主张是莫名其妙的。我觉得，如果"莎士比亚写了《哈姆雷特》"这句话含有真理，就曾有一个时候莎士比亚手里握着笔写下了一些字；可是如果《哈姆雷特》是培根写的，这些字就是培根写的。不拘二者之中究竟是哪一种，是一个事实的问题，完全和现在活着的哪一个人怎么想不相干。如果我说有关莎士比亚的那句话是真的，有关培根的那句话是伪的，假如从前曾有一种事实，那么我这话就是真的；假如曾有另一种事实，那么我这话就是伪的。但是，在詹姆士看来，写作《哈姆雷特》的时候有什么事情发生是完全不相干的；唯一有关系的事是当今批评家的感觉如何。

我曾把詹姆士的学说势所应有的推论指出来，现在我仍然觉得我当时所说的话是对的，那就是，"甲存在"这话在实用主义的意义上是可以成立的，即使甲并不存在。詹姆士死后，有人把载有我那一篇文章的他自己的那一册送给我，上边附有他的评语。他对上边那句话的评语是“糊涂！”两个字。在印成的文章里，他把那两个字略加发挥。他说道：“罗素先生也加入了那一大群人，他们告诉读者说，按照实用主义对于真理所下的定义，甲存在这个信念可以是正确的，即使甲并不存在。这是批评我们的人的那一套老的诬蔑，他们反三复四地这样说已经让人听够了。”我全然不明白这是一种诬蔑。我要更进一步，还要说些实用主义者或许认为是更大的诬蔑的话。詹姆士很想找个法子断定“上帝存在”这话是正确的，而不使自己卷入形而上学的旋涡里，而且他的兴趣专重在现世，所以他只注意“上帝存在”这话在现世所生的后果。是否在事实上有一个超时空、用智慧统御宇宙全能的上帝，他是不关心的。因此，他以为找到了一个论证来证明“上帝存在”这话能够成立，他就尽了宗教感要他做的能事。我老实说，在这一点上我和教皇有同感，教皇曾经谴责实用主义是维护宗教信仰的一种不能令人满意的方法。

后来我在一九三九年又写了一篇批评实用主义的文章，印在谢尔波博士所编的《现存哲学家丛书》中论杜威的那一卷里。杜威在这一本书里做了答辩。我不相信我们两人所说的话对于以前的讨论有多少增益。

在那一个较早的时期，我自己对于真理的定义是发表在《哲学论文》的最后一章里。后来我不得不放弃这个学说，因为这个学说有赖于一种主张，那就是，感觉主要是一件表示关系的事。在本书前边的一章里已经说过，因为受了威廉·詹姆士的影响，我把这个学说放弃了。那时我的主张最好是用一个例子来说明。今有'苏格拉底爱柏拉图'一个命题。如果你能了解这个命题,你必须了解构成这个命题的那些字。那时我认为了解这些字是存乎这些字的意义的关系中。因此,当我相信"苏格拉底爱柏拉图"的时候,在我和苏格拉底和爱和柏拉图之间是有一种四个关系者的关系。事实上,当苏格拉底爱柏拉图的时候,是有一种苏格拉底和柏拉图两个关系者的关系。在我对于"苏格拉底爱柏拉图"这件事的信念里,这个复合体的统一是有赖于相信这个关系,在这个关系中,爱并不是一个有联系作用的关系,而是相信这个关系所维系的几个关系者之中的一个关系者。如果这样相信是正确的,就有一个由苏格拉底和柏拉图而成的复合体,二者为爱这个关系所联系。我那时主张,正是因为有这个复合体,有"相信"作联系关系的那个复合体才是真的。我放弃了这个学说,因为我不再相信有个"自我",也是因为我不再认为一种关系出现其重要可以使之成为一个关系者,(若是能详细解释,在解释中此关系不如此出现,又当别论)。因为这些理由,我一方面坚持我对一元论的与实用主义的真理学说的批评,我却不得不寻求一个新的学说来否认这个"自我"。

我在《对意义与真理的探讨》中详细地陈述了这个学说。这书用很多的篇幅来讲字的意义,在讨论了这个题目以后,我才讲到句子的意义。向上追溯什么是原始的时候,那是有很多的阶段的。第一是句子;其次是用各种语言所说出的句子的共同点,这些句子说的都是一个东西。这个什么东西我称之为"命题"。如"Caesar is dead"(英文,凯撒死了)和"César est mort"(法文,凯撒死了)说的是一个命题,虽然句子是不同的。在命题的背后是信仰。能说话的人往往用句子来表示他们的信仰，虽则除了表示信仰以外，句子还有别的用处。句子可以用来说谎，意在使人相信我们所不相信的东西。句子也可以用来表示一个命令、或一个意愿、或一个疑问。但是从认识论或真理的定义的观点来说，重要的是表示信仰的句子。真和伪二者原本是信仰的特性，其为命题与句子的特性只是转来的。如果信仰相当简单，不借语言就能存在。我们很可以相信高等动物是有信仰的。如果一个信仰对于一种或一种以上的事实有一种适当的关系，则这个信仰就是“真的”，如果没有这种关系，就是“伪的”。因此，为“真理”下定义的问题包含两部分：第一是“信仰”的意义的分析；其次是研究信仰和使信仰为真的事实二者之间的关系。

据我的了解，信仰这个名词是指一个有机体的一种状态，这种状态和使信仰为真或伪的事实没有直接的关系。对于一个懂得语言的人来说，除去最简单的信仰而外，一切信仰都要用语言来表示。但是运用语言只是有机体表示信仰的诸种状态的一种。我所想到的最明显的实例是预期在最近的将来有一件惹人注意的事情发生。例如，如果你看见风在吹门，并且预期要有砰的一响，当你这样期待的时候，你就处于一种状态之中，这种状态如果你用语言来形容，就要用这样的一句话来表示：“要有砰的一响了”。但是显而易见，你可以有这种期待而不用语言来表示。我想可以概括地说，一个有机体的状态正在相信其目前实际情形以外有什么事情，这种状态在理论上总可以形容出来，而不提到信仰的证实者。这一点不容易为人所见是因为当我们提到语言的时候，我们容易认为我们是说语言所指的意义。信仰的最主要的特征最容易在我刚才所提到的那个实例中看出来，是当你正在预期在最近的将来有什么事情发生。在这一个实例中，你在最近的将来有一种感觉，这种感觉可以用“果然”或“真奇怪！”这话来表示，那要看你感觉为真还是伪。我想大致可以说，诧异是错误的标准，但是并不是总可以应用这个标准。

在这一个研究中，我是想法自最简单、最原始、最确实的实例来着手，以及于比较困难的、复杂的和暧昧的。我原以为这种程序是在研究法上显然要采取的程序，但是我发现大多数从事给“真理”下定义的作者却用颇不相同的方法来着手。他们先从复杂的或可疑的出发，如引力定律或上帝的存在或量子论。他们绝不关心简单明了的事情，如“我觉得热”。这种批评不但可以用于实用主义者，也一样可以用于逻辑实证主义者。差不多各派的哲学家都不研究我们对个别事实的知识，却喜欢从我们关于普遍定律的知识着手来研究。我想这是败坏他们的思想的一种基本错误。

至于我呢，我刚才已经说过，我是从最简单、最直接、离动物最近的来着手。如果我说“我觉得热”，并且在这样说的时候我是表示一种信仰，这种信仰乃是一种身体状态，这种身体状态能够不借语言的运用而存在，但是使能用语言的人想到一些字以表示之。在我的心中，经验在某种身体状态和“热”这个字之间已经树立了一种因果关系。正是因为有这种关系，所以“我觉得热”这几字就成了我的状态的一种表示。但我能完全不用语言而觉得热，并且知道我觉得热，毫无困难。不但如此，语言只是我能“表示”我的状态的若干方法中最有效、最方便的方法。我也许喘气，我也许擦正在出汗的额头，我也许脱掉一半衣服。这些动作，正如说“我觉得热”这种动作，都表示我的情况。照这一种情形，好像没有错误的可能。当然，也许我原是觉得冷，现在觉得暖和了，而且在此之后也许有一个过渡的期间，在这个期间我竟不知道我是否觉得热。但是没有疑问，我们有时候对于这一点是十分有把握的。关于我们觉察到的鲜明的感觉，大致都是可以这样说的。如果我看见一道闪光，或是听见一个大的声音，或是闻见一种不能忍受的恶臭，我一定会注意到这件事，而且毫无疑问，这件事的确是发生了。

我放弃了感觉的关系性使我不得不用“注意”来代替“知悉”。在我们的感觉生活中，大多数的事件不为我们所注意；在没有注意到这些事件的时候，这些事件就不是经验知识的材料。如果我们用语言来讲这些事件，那就分明证明我们已经注意到那些事件了；但是我们习以为常注意到许多我们不用语言来提的事。

在一种信仰中，我把信仰所“表示”的和信仰所“指示”的加以区别。信仰所表示的是我自己一种状态；信仰所指示的不一定是这样。但是，在最简单的实例中，如“我觉得热”，其所表示的与其所指示的是同一个东西。因为这个理由，这里犯错误的机会是最小的。在这个最简单的实例中，如果我运用语言，说出这几个字来是由于这几个字的意义所使然：当我说“热”的时候，我说这个字是由于我感觉热。这是一切经验知识所依据的基石。

但是，大致说来，言词与使言词为真（如果那个言词是真）的那个事实二者之间并没有这样简单的关系。如果我说：“凯撒过了卢比孔河”，我这话之所以为真是因为好久之前有过一件事情发生。我现在没有法子来改变这件事情；若是有一条法律通过，认为凡说凯撒过了卢比孔河就是犯死罪，那也和说他过了这条河这话之为真毫无关系。这句话之为真全在对于某一件事实的某种关系。使这话为真的那件事实我称之为那话的“证实者”。只有比较简单的那种话才只有一个“证实者”;“凡人都是不免一死的”这句话,其证实者是和人的数目一样多的。但是不管是一个证实者还是许多证实者,使话能成立或不能成立(看情形而定)的总是一件事实或多数事实;而且这有关的一件事实或多数事实(除在一个关于语言的陈述中)是离语言而独存的,并且也许是离一切人的经验而独存的。

现在我来讲一些信仰,这些信仰,如果用语言来表示,包含这样的一些字,如“一切”或“有些”或“一个”或“这”等。请以这样一句话为例,“我在旷野中遇见了一个人”。如果这句话是真的,则是有我遇见的某一个确定的人,我和他相遇就是我这句话的证实者。但是我能知道这句话是真的,而不知道我所遇见的是谁。在这一个实例中,我所知道的我解释如下:有一种用“我遇见了甲”来表示的一种情形,又有用“我遇见了乙”来表示的一种情形,(在这些情形中甲和乙是人,)等等,以至于全人类。所有这些情形都有些共同之点。这些情形的共同之点用“我遇见了一个人”这几个字表示出来。所以,如果我遇见了我的朋友琼斯,我遇见了一个人的这种认识是我遇见了琼斯这种认识的一个实际部分。这就是自“琼斯”到“一个人”这个推理能成立的理由。

这种分析的重要性和理解一些句子有关,那些句子超出了我个人经验的范围。请以这样一句话为例:“有一些人我从来没有遇见过”。我们大家都相信这句话是真的。我发现,甚至唯我论者因为没有遇见别的唯我论者也觉得骇异。重要之点是,在“有一些人我从来没有遇见过”这句话里，我从来没有遇见过的那些人不是一个一个来举的。“我遇见一个人”这个比较简单的句子已经是如此，如果事实上我所遇见的那个人是琼斯。虽然琼斯是我这句话的证实者，这句话并不是指他而言，当我说“有一些人我从来没有遇见过”的时候，也是如此。不论是为理解这句话，或是要知道这话真不真，我都不必说出我从来没有遇见过的人实际上是哪一个人。关于“有”或“一些”的句子比一些代以某个个别的人或东西的句子所讲的为少；正是因为这个理由，这些句子在不知道有代替某明确的东西的句子的时候，能够为人所理解。我们都深信我们不但知道有我们不曾遇见过的人，而且也有我们不曾听见说过，将来也不会听见说的人。我们无法举出任何这样的人的一个实例来，可是我们仍然能知道有这样的一些人这个概括的断定。我发见很多经验论者在这一点上走错了路，他们认为我们不可能知道某种某种事物，除非我们至少能够举出一个这样事物的实例来。这种意见如果深信不疑，势必导致很荒谬的驳论，只有不注意到这些驳论的人才会持有这种意见。

要紧的是要知道证实一句话的那件事实或多件事实不一定有一个逻辑形式，和那句话的逻辑形式有任何密切的关系。关于这一点最简单的例子是一个选言命题。假定我看见了一个火山，并且相信“那不是爱特纳火山就是斯特朗柏里火山”，并且假定我的相信是正确的，证实我这句话的是那火山是爱特纳这件事实，或者那火山是斯特朗柏里这件事实。所以一个选言命题和其证实者的关系不像选言命题中真的那一半和其实证者的关系那么直接。这也可以应用于包含“某”这个字或“一”这个字的语句。在所有这样的语句中都有一个像"人"这样的一个一般名词。这一个词的意义我们可以这样来了解，就是，在"我遇见了甲"，"我遇见了乙"等等中（甲和乙等等是些不同的人），我们可以见到一些共同之点。我们之所以能够越过经验中若干个别的界限乃是倚赖这种机构，虽然像"人"这样的一些一般名词的意义我们必是通过经验学来的，我们把这些名词用在一些一般性的语句中，而这样语句中的实例我们却举不出来。

总而言之：主要是信仰具有真或伪的性质（看情形而定）。句子也有这种性质是次出的。一个信仰是一件事实，此事实对另一事实有或可能有某种关系。我能在星期四或在别的日子相信今天是星期四。如果我是在一个星期四这样相信，就有一件事实——就是今天是星期四——我的相信对于这一件事实有某种特别的关系。如果我在一星期的别的日子这样相信，就没有这样的事实。当一个相信是真实的时候，我称使相信为真的那件事实为它的"证实者"。为完成这个定义，假使有了相信，我们必须能够描述使相信为真的那件事实或多种事实（如果这事实果真存在）。这是一件冗长的事，因为在一个相信与其证实者之间能够存在的那种关系是随相信的性质而有不同。这种观点的最简单的例子是一个复杂的记忆影像。假定在我的脑中我摹想我所熟悉的一间屋子，在脑中我所见的这个影子里有一张桌子，周围有四把椅子，并且假定一到屋子里去我看见了这张桌子和那四把椅子，我所看见的东西是我所幻想的那个影子的证实者；这个记忆影像与这个相信和证实这个相信的那个知觉是很相近的。现在把这件事用极其简单扼要的话来说：假定说，我在脑中有一个视觉性的记忆，不是文字上的

记忆，看见甲在乙的左边，并且在事实上甲是在乙的左边。在这个例子中，脑中的影像与事实二者之间的符合是很直截了当的。甲的影像是像甲，乙的影像是像乙，“在左边”这种关系在影像里和在证实者里是一样的。但是我们一旦用起语言来，这种最简单的符合就成为不可能的了，因为表示一种关系的字并不是一种关系。如果我说：“甲在乙前”，我这句话是“四”个字之间的一种关系，而我所要说的却是“两”件事物之间的关系。随着采用逻辑中的字，如“或”、“不”、“所有”以及“有些”等，符合的复杂性就增加了。但是，虽然复杂性是增加了，原则却是不变的。在《人类的知识》一书里我用以下的定义总结了真伪问题的讨论：“信仰不只是行动的一种推动力。每个信仰都有一种图形的性质，并且兼有一种‘是的感觉’或‘不是的感觉’；就是的感觉来说，如果有一件事实，这件事实之与这个图形的相似正和一个范本之与一个影像的相似是一样的，那么，那个信仰就是真的、正确的；论到不是的感觉，如果没有这样的一件事实，则那个信仰就是真的，正确的。一个不真的信仰就谓之‘伪的’。”（第 170 页）

“真理”的定义不能自然而然地产生出一个关于“知识”的定义来。知识是由一些正确的信仰而成，但是所包括的不都是正确的信仰。负面常用的例子是，一个钟已经停了，但是我相信它还是走着。我偶然一看这个钟的时候，凑巧所指的时间完全无误。若是这样，关于时间，我的信仰是正确的，但是我的知识不是正确的。可是知识是由何而成这个问题，说来要用很多篇幅，这个题目我不打算在本章加以讨论。

在《对意义与真理的探讨》一书中所逐步形成的真理学说基本

上是一个符合说——那就是说，当一个句子或一个信仰是真的时候，其为真是凭借对于一件或多件事实的关系；但是这种关系并不总是简单的，是随该句子的构造而变的，也是随所说的和经验的关系而变的。虽然这种变化引进了不可避免的错综繁复，在能够避免可以指出的错误的范围内这个学说的目的却是在于不违背常识。

第十六章　非证明的推理

在大西洋岸上留了三个礼拜之后，我于一九四四年六月间回到英国。三一学院已经授予我以五年的讲座，我选择了“非证明的推理”当作我学年课程的题目。在此之前，我已经越来越意识到，逻辑和纯粹数学里所用的演绎推理的范围是很狭隘的。我觉察到，在常识和科学中所用的一切推理是和演绎逻辑的推理不同的。常识和科学中所用的推理其性质是，当前提是真而且推理是正确的时候，所得的结论只是有盖然性。在我从美国回来的头六个月中，我住在三一学院里。虽然德国发射 V—1、V—2 火箭，我却享受一种安谧之感。我开始研究盖然性以及产生盖然性的那种推理。我最初觉得这个题目有些麻烦，因为有许多问题纠缠在一起，必须把每一条线和别的线分开。研究的积极成果出现在《人类的知识》中，但是在那一本书里我总没有提到我得到的最后的结论所经过的各种困惑和试验性的假设。现在我认为这是失策的，因为这样就使结论显得比实际上更为草率，更欠稳固。

我发现非证明的推理这个题目比我原来所想象的要大得多，有趣得多。我发现大多数关于非证明的推理的讨论是过于限于归纳法的研究。我得到的结论是，归纳的论证，除非是限于常识的范围内，其所导致的结论是伪常多于真。常识所加的界限容易感觉得到,但是很不容易用公式说出来。最后我得到的结论是,虽然科学上的推理需要不能证明、逻辑以外的原理,归纳法并不是这种原理之中的一种。归纳法有它的作用,但是不能用作前提。关于这个题目我马上就要在下文中加以讨论。

另一个我不得不得出来的结论是,如果我们只知道能够经验得到或能够证实的东西,不仅科学,而且大量人所不能加以怀疑的知识都是不可能的。我觉得以前是过于重视了经验,因此我觉得经验论这种哲学非大受限制不可。

由于所包含的问题之大和问题之多,我最初颇感棘手。因为在本质上非证明的推理只是给结论以盖然性,我想为慎重起见,我还是先研究一下盖然性,特别是因为关于这个题目是已经有了一些积极的知识,这些知识像是在无常的大洋上浮着的一个木筏。有几个月我研究了盖然性的计算及它的应用。盖然性有两种,其中之一体现为统计性,另一种体现为可疑性。有些理论家认为他们只能对付其中的一种盖然性,又有一些理论家以为他们只能对付另一种。数学上的计算按平常的那种解释,是讲属于统计的那种盖然性的。一副牌里有五十二张牌,所以,如果你随意抽一张,方块七的机会是五十二分之一。一般都认为(却没有确凿的证据),如果你随意抽牌许多次,大约每五十二次之中方块七就会出现一次。盖然性这个问题是起源于一些贵族们对于机会性的游戏的兴趣。他们雇了一些数学家,为的是想出一些方法,按照这种方法可以使赌博有利可图,而不浪费金钱。这些数学家们写出了不少的有趣的著作,但是好像并没有使他们的雇主发了财。

有一种学说,认为一切盖然性都是属于统计性的这一种,这种

学说叫做“频率”说。例如，任意从英国人口中挑选一个人，结果他是姓“斯密”，这有多大的盖然性呢？你知道了英国有多少人，其中有多少是姓“斯密”。然后你对任选一人其姓是“斯密”这个盖然性所下的界说是姓斯密的人数与全国人口之比。这是一个完全精确的数学概念，与不确定毫无关系。只有当你把这个概念加以应用的时候才有不确定发生。举例来说，如果你在街的那边看见一个不认识的人，你打赌一百对一他不叫“斯密”。但是只要你不把盖然性的计算应用于经验上的材料，它是数学的一个完全纯正的分支，具有数学上所有精密和确实等特性。

但是另外有一个很不同的学说，这个学说为凯恩斯在他的《论盖然性》一书中所采用。他主张，在两个命题之间可以有一种关系，这种关系是其中的一个命题确可以使另外那一个命题有或多或少的盖然性。他主张这种关系是不明确的，并且可以有程度上的差别，到极端是一个命题使另一个命题必真，或使其必伪。他不相信所有盖然性都能在数字上加以测量，或者即使在理论上都能归结为频率。

我得到的结论是，无论在哪里，若是盖然性是明确的，频率说都可以应用，但是另有一种想法，也被误称为频率说，可以用更像凯恩斯的学说的一个什么名称称呼它。这个另外那种想法我称之为“可信的程度”或“可疑的程度”。显而易见，我们对于一些事情比另一些事情要确定得多，而且我们对事情的不确定往往并不具有统计性。的确，在乍一看来并不明显的地方，统计性有时却是可以发现的。我念过一本关于撒克逊人侵犯英国的书，使我不得不相信亨季斯特是确有其人，而荷尔撒却大半是传说。也许有可能把有关荷尔撒的证据和有关其他历史人物的证据并排起来，看一看有多么大的比率这种证据已被证明是正确的或是错误的。但是这种做法虽然有时是可能的，却绝不是一切地方都可以用的。在研究被认做知识的事项中，这种做法使可疑性的程度仍然成为一个不可少的概念。

我觉得，在我所研究的问题中，可疑性这个概念比数学上的盖然性更重要得多。在我所研究的推理中，不仅是前提（即使是真的）不足以使结论确定。更重要得多的是，前提本身就是不确定的。这使我得到一个结论，就是，盖然性的数学方面和科学推理问题的关系不像所想象的那么大。

其次我就搜集一些实例，在这些实例中，我们做一些我们觉得是很可靠的推理，虽然这些推理只能用逻辑以外的原理来证明。在搜集这样的实例的时候，凡是只要一个哲学家在卫护一个学说的时候为他所怀疑的，我都收纳。大体说来，除了和强的科学论证相抵触的以外，我并不拒绝常识。有一个很简单的例子：假定有一天，天气晴朗，你在户外散步；你的影子跟着你走；如果你摆动你的胳臂，你的影子就摆动它的胳臂；如果你跳，你的影子就跳；因此你就毫不迟疑，说它是你的影子，而且你确信它是和你的身体有因果关系。但是，虽然这个推理是没有一个精神健全的人会怀疑的，却不能从逻辑方面来证明。在逻辑上不是不可能有一黑块有一些动作，也像你的动作，但是是自己独立存在的。我搜集尽我所能想到的许多事例，其中非证明的推理我们觉得是不能怀疑的，我借分析想法发现，如果我们关于这些事例确实无误，有什么逻辑以外的原理必须是真的。支持这种原理的证据是来自这些事例，而不是与此相反。我觉得有好几条这样的原理，但是我得到一个结论，就是，归纳法不是其中的一个。

我发现，有些人因为缺乏分析，承认一套一套的非论证的推理，因为他们在主观上有偏见，赞成某些类知识，同时因为与此相反的偏见，不承认另一套知识。我觉得在任何看来无可怀疑的个别的推理中，我们应该发现这个推理所依据的原理，并且承认以这个原理为依据的一些别的推理。我发见，关于什么能以及什么不能单从经验推断出来，几乎所有的哲学家都弄错了。我把经验知识这个问题分成三个阶段：(1)关于我自己的知识；(2)关于别人的心灵的知识——包括容纳证明；(3)关于物质世界的知识。先从关于我自己的知识说起，我发见普通所讲的唯我论包含很多东西，这些东西是与激发这种学说的那种慎重精神不相合的。我两岁以前所遇到的事情我一件都不记得，但是若说我两岁的时候才开始存在，我想这是讲不通的。我深信后来我遇到很多事情我并不记得。甚至我所记得的事情也说不定从来就没有发生过。我有时做了一些梦，在梦里记得一些事情，这些事情完全是想象的。我有一次梦见我害怕警察，因为在那个梦里我“记得”一月以前我和怀特海在一起谋杀了洛伊德·佐治。由此可知，我想起了什么事，这想起的本身并不足以证明那件事确实发生过。所以，如果唯我论者要获得他所寻求的那种逻辑的确实性就要限于我所谓“目前的唯我论”。他不只要说，“我不知道物质世界是否存在，我的心以外的别的心是否存在”，他还得更进一步说，“我不知道我是否有过去和将来，因为过去和将来是和别人或物质世界的存在一样可疑的。”还没有一个唯我论者是这样彻底，因此每个唯我论者，在承认关于他

自己的那些推理的时候，都是矛盾的，关于他自己的那些推理并不比关于别人和事物的推理有更好的保证。

有很多我们深信不疑的知识是靠证据，而证据又靠相信除我们自己的心灵而外还有别人的心灵存在。在常识看来，别的心灵的存在好像是不容怀疑的，关于这一点我自己看不出有任何理由要与常识抵触。但是，毫无疑问，我之所以不得不相信别人的心灵存在是由于我自己的经验；而且，毫无疑问，从纯粹逻辑来说，即使别的心灵不存在，我们仍然可以有我的这些经验。相信有别的心灵一部分理由是由于类推，可是另一部分理由另有其来源，这个来源的应用更要广一些。假定你把两本同样的书作一个比较，你发见这两本书字字相合，你就不得不断定这两本书有一个共同的原因，你可以从排字工人和出版者到书的作者追溯这个共同的原因。你不会相信，这位作者的身体有过写这书的动作，而同时他没有任何思想。承认别的心灵存在的这些根据在逻辑的意义上是不能证明的。在梦里你可以有一些经验，这些经验你还在睡着的时候是一样地使你深信不疑，可是你醒过来的时候，你就认为是不真了。这些事实证明有某种程度上的可疑性，但是通常这种程度是很小的。绝大多数的情形，由于这些事实，你承认证据是正当的，如果没有相反的证据。

其次我要讲纯然是物质性的事件。请以我们相信有声波的理由为例。若是在某个地方有一个大的爆炸声发生，则一些人听见这个声音的时间是看这些人和那个地方的距离而定。我们不相信这些人在不同的时候会听见一个大的声音，除非在相隔的空间中有什么事情发生。在有耳朵的地方有一系列事故，而在别处又完全没有相连接的事故发生，这使我们觉得太不连贯，无法让人相信。更简单的例子是物体的持续性。我们无法相信，没有人看见的时候珠穆朗玛峰就不存在了；我们离开我们的屋子的时候，屋子砰的一声就消灭了。我们没有理由会相信这样荒唐的事情。我们之所以不能承认会有这样荒唐的事，其原理正和使我们不得不相信现在已经忘记了的我们曾经有过的事是发生过的那种原理在本质上是一样的。

不止科学，也有很多的常识，不是讲个别的事情，而是讲普遍规律。可是我们关于普遍规律的知识，如果是属于经验方面的，是自我们对于若干特殊事件的知识推断而来的，不管推断得正确或不正确。"狗吠"是一条普遍规律，但是如果人没有在个别的时候听见个别的狗叫，则这条定律是无法为人所认识的。我发现我们关于这些个别事件的知识引起了一些问题，这些问题是一些哲学家，特别是逻辑实证主义者，没有加以充分考虑的。但是这些问题不是非证明的推理中所包含的问题，因为我们所讨论的推理要有一个普遍的定律做根据才可以说是正当的。如你听见一声狗叫，你就推论有一条狗时，你所使用的就是一条普遍定律。科学所寻求的定律大部分是因果性意味的。这就把我引到一个问题，就是，"我们所谓因果律究竟是什么意思？因果律出现的证据是什么？"

从前哲学家们常常认为因果律可以用"甲引起乙"这个公式来表示，意思是说，只要是有某种事件甲发生，跟着就有另外某种事件乙。有很多人主张，因果的连续不只包含不变性，而且必须有一些特性，可以称之为"必然性"。但是很多经验主义者不承认这一点。他们以为，除了不变的连续以外，不包含任何别的。但是，如果这些哲学家们对于科学有些认识，他们就不会坚持这整个观点了。因果律必定是不是不变的，或只是表示趋势的东西。在古典动力学里，因果律是用微分方程式来表示，是表示加速度，不表示实际上的事件。在近代物理学里，因果律已经变为统计的：因果律并不讲某特殊事件将要如何，只是讲不同的事物每件在一定比例的事件中会发生。因此，因果关系已经不是从前旧式哲学家的书里的因果关系了。但是，因果关系仍然保有一个重要的位置。例如一件大致不变的“东西”，这究竟是指什么？这件“东西”必是由一系列的事件集合构成的。每一集合表示我们可称之为这件“东西”的瞬间的状态。在不同的时候这件“东西”的若干状态常常是（虽然不永远是）为一些定律所联结，这些定律可以表述出来，而不提到别的一些“东西”。如果不是这样，科学知识就永远不能有个开端了。除非我们能够不必对事事物物都知道也能对某种事物有所知，显然我们就永远不能有所知了。这不但可以应用于特殊的事件，也可以应用于联结事件的定律。在物理学里，原子和分子都继续存留一些时候，如果不是这样，运动这个概念就变得没有意义了。一个人体继续存留一些时候，虽然身体所由构成的原子和分子不是没有变化的。自一个星体传到人的眼睛的一个光子在它的行程中一直不变，若不是如此，我们就不能说看见一个星星是什么意思了。但是所有这些持续性只是通常的，而不是不变的。科学所着手研究的因果律所讲的只是接近通常的情形。是否将来会知道得更要确切，现在我们无法知道。我想我们所能说的大约是如下：如有一既定的事件，则在一相近的时间与某一邻近的地方通常有一事件，此事件与那一个既定的事件相似；而且大概总可以发见一个什么定律，这个定律约略决定此事件与既定的事件略为不同之处。像这样的原则是不能不有的，为的是解释许多“东西”的大致不变，以及解释知觉到甲和知觉到乙二者之间的区别——例如，如果甲和乙是我们现在都看得见的两个星体。

如果一系列的事件有一种性质，就是，从其中任何一种事件可以推断这一系列中的一些邻近的事件，我称这一系列的事件为“因果系统”。正是因为有这些“因果系统”的存在，所以“东西”这种概念对于常识是有用的，“物”的这种概念对于物理学才是有用的。正是因为这些“因果系统”是近似的，不是永久的，不是普遍的，所以近代物理学认为“物”的这种概念是不能令人满意的。

还有一个概念我认为在非证明的推理中有很大的用处，就是“结构”这个概念。如果你在一个方向看见红，在另一个方向看见蓝，你假定在一个方向所发生的事和另一个方向所发生的事有些不同，这样假定好像是合理的。因此，虽然我们不得不承认我们的色觉的外因本身不像我们的感觉那样是有颜色的，但是，你看一些颜色的花样的时候，在你的色觉的原因中，必是有类似的花样的。时空的结构在一系列的因果联结的事件中常是一种不变的东西，或大致不变的东西，这个概念是很重要，很有用的。举一个很简单的例子，假定甲朗诵一本书，乙把甲所念的笔录下来，并且甲在书里所看见的和乙所写下来的都字字相同，否认以下所列的四组事情之间的因果连接是不合理的，就是，(1)书里所印的字，(2)甲朗诵时所发的声音，(3)乙所听到的声音，(4)乙所写下来的字。留声机片和所发出的音乐二者之间的关系也是如此。又如无线电广播，声音变为电磁波，电磁波又变成声音。若是在说的声音与听到的声音之间作为中介的电磁波没有与说的听到的字的时空结构很近似的时空结构，则说的声音与听到的声音彼此那样近似是不可能的。在自然界有无数复杂结构的例子，这些结构只要有内在性质上的变化，就由此结构移转到彼结构，其间有因果的关系，广播时声音和电磁波之间的变化就是内在性质上的变化。事实上，所有视觉和听觉都有这种移转结构的特性，但是没有内在的性质。

对于近代逻辑不习惯的人难以设想我们对于时空的结构能够有所知，而不知道构成结构的那些性质。这是知识更大一方面的一部分。我们若不陷于荒谬的怪论，我们就不得不承认，我们可以知道像“凡甲皆乙”或“有些甲为乙”这样的命题，而不能举出甲的任何实例来，例如，“凡我从来没有想到的数目或将来永不会想到的数目都是大于一千”。虽然这个命题是不容否认的，但是，如果我想举出一个实例来，我就自相矛盾了。纯物理世界里的时空结构也是如此。在纯物理世界里，没有理由可以认为组成这个结构的性质有和感觉经验中我们所知道的性质有本质上的类似。

使科学上的推理生效所不得不有的普遍原理是不能有平常所说的证明的。这些原理是用分析从个别的实例中蒸馏出来的，这些实例看来是极其明显的，像我方才所举的甲口授而乙笔录就是一个。从我所谓“动物的预期”起，等而上之，一直到量子物理学里的最精微的定律，其间是有一个逐渐的发展的。这整个进程的起点是经验到甲，然后预期有乙。一个动物闻到某种气味，预期食物是可吃的。如果它的预期通常是错误的，它就活不成了。进化和对于环境的适应使预期对的时候多，错的时候少，虽然预期不是逻辑上可以论证的。我们未尝不可以说，自然是有一些习惯的。如果动物要生存，动物的习惯就必须对于自然的习惯有某种适应。

如果用这个论证反对笛卡尔式的怀疑论，这是一个拙劣的论证。但是，如果我们自怀疑论出发，我以为是不可能有什么结果的。凡看起来像是知识，而没有特殊理由加以否认的，都予以广泛的承认，我们必须以此为出发点。假设的怀疑论在逻辑的剖析上是有用处的。它使我们能够知道不用这一个前提或那一个前提可以得有什么结果，正如，举例来说，我们不用平行线原理可以探讨几何学在什么限度内是可以成立的。但是只有为达到这个目的，假设的怀疑论才是有用的。

在解释非证明的推理中不能证明的前提在知识论上有什么确实功用以前，关于归纳法我们还有一些事情不能不讲一讲。

我在前面说过，归纳推理不在非证明的推理中的前提之列。但是这并不是因为不用归纳推理，而是因为就所用的归纳推理的形式而论，归纳推理并不是不能证明的。凯恩斯在他的《论盖然性》一书中对于有没有可能从盖然性的数学学说中推究出归纳推理来，做了一个很精能的研究。他要研究的问题是：今有 As 是 Bs 的若干例子，而没有相反的例子，如果 As 是 Bs 的例子的数目继续增加下去，在什么情况下就有可能“一切 A 都是 B”这个概括可以接近确定不移这样一个极限呢？他所得到的结论是，这必须满足两个条件。其中第一个又是比较重要的条件是，在我们知道任何 As 是 Bs 的例子以前，“一切 A 都是 B”这个概念必须在我们其余的知识的基础上有一个有限的盖然率。第二个条件是，如果这个概括是错误的，当推理的数目充分增加的时候，我们只看到有利的例子的盖然性应该趋向于零，成为一个极限。凯恩斯以为有以下的情形就可满足这第二个条件，就是如果有某种缺乏确定性的盖然性，姑且说是P，那么，假定概括出来的是伪的，并且已经知道n－1个As是Bs，则第n个A会是B的机会永远小于P，倘若n足够大。

这两个条件之中的第二个没有第一个重要，而且不方便的程度也小得多。就要专讲第一个条件。

对于作出的某一个概括，在我们检验正或反的证据以前，我们怎么知道这个概括有一个有利的限定的盖然率呢？如果当我们知道这个概括有很多有利的例子，没有不利的例子的时候，凯恩斯的论证要给这个归纳以高度的盖然性，这是我们不能不知道的。我借分析非证明推理的例子所得到的假设是用来给某些概括以这种限定的先天的盖然性，而不是给别的概括以这种先天的盖然性的。要知道，为发生作用，这些假设不必一定是确定的，必须的只是要有一个限定的盖然性。在这一方面，这些假设和唯心的哲学家们所寻求的那种先天的原则大不相同，因为主张这种原则的人认为这些原则其确定性的程度比大部分经验上的知识要高。

我最后得到的假设共有五个。这些假设怎样用公式来表明并不重要。我认为很可能这些假设的数目可以减少，而且可以更精确地表述出来。但是，虽然我不相信这些假设都是*必要的*，我确认它们是*足够的*。所不得不注意的是，这些假设只是表示盖然性，不表示确实性，而且只给予凯恩斯所需要的那种限定的前提的盖然性，使他的归纳推理有效。关于这些假设我已经初步地讲了一些。我现在把它们重述一遍，说得更确切、更明白一些。

第一个假设我称之为“半永久性的假设”，在某种意义上，我认为这个假设可以代替牛顿的关于运动的第一条定律。常识之所以能运用“人”这个概念和“物”这个概念相当成功，乃是靠着这个假设。从前有一个很长的时期科学和哲学所以能够应用“实体”这个概念，也是靠着这个假设。这个假设的意思可以述之如下：

如果有一事件 A，则在任何邻近的时间，在某邻近的地方常有与 A 很相似的一个事件发生。

常识就要认为这个很相似的事件是遭遇到 A 事件的那个人或那件东西的历史的一部分。

第二个假设是可分的因果线的假设。这也许是五个假设之中最重要的一个。这个假设使我们可以从部分的知识作出部分的有盖然性的一个推论来。我们相信，宇宙中的任何事物对于任何别的事物都有，或者可以有某种影响。因为我们对于宇宙中的事物不能件件都知道，我们无法确实无误地说出事事将要如何。但是我们能够大概地，具有盖然性地说出来。否则，我们就无从获得知识和科学上的定律了。这个假设如下：

常常有可能性形成一系列的事物，在这个系列中，根据其中的一二事件，可以推出关于其余各事件的一些事情来。

最显明的例子是声波和光波这一类的东西。由于这些波的持久性，听觉和视觉能够告诉我们远近有什么事情发生。

第三个是时空连续的假设。这个假设主要是否认隔着一段距离会发生作用。这个假设是说，如果两个不邻接的事物之间有一种因果关系，则在这个因果的连锁中必有一些居间的环节。例如，如果 A 听见了 B 说什么，我们认为在 A 和 B 之间必有什么事情发生。但是我不敢说无法把这个假设化为一个重言式，因为物理的时空完全是推想而知的，而时空中事件的排列是有赖于因果关系。

第四个假设我称之为“结构的假设”。这个假设极为重要，效果极大。这个假设是关乎这一类的事情：如，很多人听了一个讲演，或在一个剧场里看见了一个表演，或者，举一个范围更大的例子，大家在天空中都看见一些星星。这个假定的意思如下：

如果一些结构上相似的复杂的事件围绕着一个中心，布列在离开不远的一些区域中，这些事件往往都属于源于一个在中央的结构相同的事件的因果线。

时空结构是很重要的。我最初在《物的分析》里着重指出了这一点。时空结构能够说明一个复杂的事件如何能和另一个复杂的事件发生因果关系，虽然这两个事件在质的方面绝不相类。这两个事件只需在时空结构的抽象性质上相似就够了。显而易见，在广播上所用的电磁波引起了听者的感觉，但是除了在结构方面以外，二者并无类似之点。正是因为结构的重要性，所以理论物理学能够在找到有关非经验的事件的公式之后就满足了，这些非经验的事件，除了在结构上，不必和我们经验上的事情有任何相似之点。

最后是类比假设，这个假设的最重要的作用是证明别人心里的信仰是有充分理由的。这个假设述之如下：

假定有 A 和 B 两类事件，并且假定只要能见到 A 和 B 的时候，就有理由相信 A 引起了 B，那么，如果在某一种情形下，A 是见到了，但是无法见到是否有 B，则大概会有 B 发生；同样，如果见到有 B 发生，但是见不到 A 还是没有 A，也大概有 A 发生。

我再说一遍，以上这些假设之为正当，都由于这样一个事实，就是，在所有我们认为能成立的推理中都蕴含着这些假设，而且，虽然在形式上不能对于这些假设加以证明，但科学的整个系统和日常的知识(这些假设是从中提取出来的)在某些限度内是可能由本身取得证实的。我并不承认真理的相合说，但是有一个“盖然性”的相合说，这个盖然性的相合说是很重要的，而我认为是有效的。假定你有两件事实和连接这两件事实的一个因果原理，这三者合起来的盖然性就可能大于其中之一的盖然性，而且这互相连接的事实和原理越多越复杂，则由其互相相合而来的盖然性就越增加起来。要知道，若不把原理引进来，一堆假定的事实既不能说是相合，也不能说是相抵触，因为若不靠逻辑外的原理，无论两种什么事实都不能彼此相蕴含或者相矛盾。我相信，上述的五种原理或与之类似的某种东西可以作那种相合的基础，那种相合能够产生我们所讨论的那种增高的盖然性。一种什么笼统称之为“因果关系”或者“自然的一致性”的东西出现在许多科学方法的讨论中。我的这些假设的目的是拿一种更确切、更有效的东西来代替这些笼统含混的原理。我对于上述的这些假设没有十分大的自信，但是我深信，如果我们想证明非证明的推理是正当的(事实上没人会怀疑这种推理)，像上边列举的假设那一类的东西是不能没有的。

自从我着手写《数学原理》，我就有了一个方法。我最初不大意识到这个方法，但是在我的思想里这个方法慢慢地变得越来越明确了。这个方法乃是想建造一座桥梁来沟通感觉世界和科学世界。我认为这两个世界在大体上是无可置疑的。就好像造一个阿尔卑斯山洞，工作必须从两头儿进行，希望最后是在中间相遇来完工。

我们先对一些科学知识加以分析，所有的科学上的知识都是用一些人造的实体，其目的是在易于用某种计算方法来处理。科学越高深，这话越能适用。在各种经验科学中，这话最能完全适用于物理学。在一种高深的科学中，例如物理学，哲学家的初步工作是要人明白这一门科学是一个演绎的系统，这个系统开头是几个原理(其余都是从这几个原理沿着逻辑的必然结果向前进)，还有一些实在的或假定的实体，用这些实体，凡这门科学所论列的东西都可以加以说明(至少在理论上是如此)。如果这项工作做得好，在分析之后所余留下的那些原理和实体可以算做是这一门整个科学的抵押品，哲学家就不必再去理会这门科学所包含的其余复杂的知识了。

但是没有一门经验科学只是意在成为一篇能自圆其说的童话，而是意在包含一些命题能用于实在的世界，并且因为这些命题和实在世界的关系而使人相信这些命题之为真。即使科学上最抽象的那些部分，例如广义相对论，也因为有观察到的事实而为人所承认。所以哲学家就不能不研究观察到的事实和科学的抽象二者之间的关系。这是一件繁难的工作。其所以困难，其中的一个原因是，我们的起点是常识，而常识是已经沾染上了理论，虽然这种理论是粗糙简陋的。我们以为我们所观察到的是不止我们实际上所观察到的，其所增益的那一部分是常识的形而上学和科学所增添的。我并不是说，我们应该完全否认常识上的形而上学和科学，而是说，这也是我们所必须研究的一部分。它一方面不属于用公式表示的科学这个极端，一方面也不属于纯粹的观察那个极端。

我因为把数理逻辑上的方法用之于物理学上的说明，颇受非议，可是关于这一点，我毫不后悔。最先让我知道在这一个领域内有什么可能性的人是怀特海。数理物理学所用以从事研究的是由点所成的空间、由瞬所成的时间和由质点所成的物质。没有一个近代数理物理学家认为在自然界中有这类的东西。但是，假定有一堆乱七八糟的东西缺乏数学家们所喜欢的那些圆滑的性质，也可能做得出一些结构来，那些结构包含这些东西，而且还具有一些对于数学家很方便的性质。正是因为这是可能的，所以数理物理学并不只是一种玩意儿。指明如何弄出这些结构来的是数理逻辑。因为这个道理，在我前面所讲的建造一座桥梁来沟通感觉和科学上，数理逻辑是一件要紧的工具。

笛卡尔式的怀疑方法在我年轻的时候颇惹我的喜欢，而且在逻辑分析的工作上也许仍然可以把它当做一个工具，可是现在我觉得它已不再具有可靠的有效性了。普遍的怀疑论是驳不倒的，但是也不是能够接受的。到了现在，我终于承认感觉上的事实和科学上明显的真理是哲学家应该拿来用做资料的东西，因为，虽然这些东西之为真理不是十分确实不移，可是其盖然性的程度比哲学的思辨中所可能获得的任何东西要高一些。

从粗糙的事实过渡到科学，除了演绎逻辑以外，我们还需要另外一些推理的形式。传统上认为归纳法就可以做这个用。但是这种想法是错误的，因为从正确的前提所得到的归纳推理的结论，错误的时候多，正确的时候少，这是有明证的。用分析才能得到从感觉过渡到科学所需要的推理原理。所要做的分析乃是把事实上没有人怀疑的那些种类的推理来加以分析。举例来说，如果你看见你的猫是在炉边的地毯上，过了一会儿你又看见它是在门口，那是他走过了这两个地点之间的一些中间地点，虽然你并没有看见它这样走。如果分析科学的推理这种工作做得好，就可以知道这种推理的具体的实例是(a)没人出于真心地对之加以怀疑的，(b)是不能没有的，如果在感觉的事实的基础上我们要相信这个基础以外的事物。

这种工作所得的结果要算是科学，而不是哲学。那就是说，对这种结果加以承认的理由是在科学工作里适用的那些普通的理由，而不是从什么形而上学学说得来的一些不切近的理由。更要紧的是，一些轻率的哲学家所要求的确定性是达不到的。他们常常妄以为已经达到了那种确定性。

第十七章　放弃毕达哥拉斯

自本世纪的初年起，我的哲学的发展大致可以说是逐渐地舍弃了毕达哥拉斯。从前，毕达哥拉斯的信徒有一种特别的神秘主义，这种神秘主义和数学有密切的关系。这种神秘主义对于柏拉图有很大的影响，而且我以为对他的影响比世所公认的更要大一些。有一个时期，我有一种类似的看法。那时我在我所认为的数理逻辑的性质里找到了一些东西，使我在某些方面很能得到情绪上的满足。

在少年时代，我对数学的兴趣是比较简单平凡的。在泰勒斯和毕达哥拉斯二人中，我对于数学的兴趣是更近于泰勒斯。我发现，现实世界里的事物遵循数学的原理，那时我很高兴。我喜欢杠杆和滑车。降落的物体循着抛物线走，这我也喜欢。我虽然不会打台球，我却喜欢关于台球怎样运行的数学学说。有一次来了一个新家庭教师，我转一个钱。他说："那个钱为什么转？"我回答道："因为我用我的手指弄成偶力。"他很惊讶，说道："关于偶力你知道了多少？"我轻快地答道："哦，关于偶力我没有不知道的。"有一次，我须自己划网球场，我用的是毕达哥拉斯定理，来确保那些线成直角。我的叔父带我去拜访那位有名的物理学家丁达尔。在他们谈话的时候，我只得自己寻些消遣。我拿了两个手杖，每个上边都有一个曲把。我使这两个手杖在我的手指上保持平衡，使它们向相反的方向倾斜，因此在一点上交叉。丁达尔回过头来问我在做什么。我回答说，我想找一个实用的办法，来推定重力的中心，因为每一个手杖的重力中心一定是在我手指以下的垂直线上，因此也就是在手杖交叉的那一点上。大概是因为我说了这么一句话，丁达尔就把他的一本书《水的形式》送给了我。在那个时候，我希望一切科学都像数学那样严正，包含心理学在内。力的平行四边形证明，一个物体同时有两个力量加于其上，是要走中间的一条路线，偏于力量大的那一方面。我希望也许有一个类似的“动机平行四边形”。这是一种糊涂思想，因为如果一个人来到一个岔路，又想走这条路，又想走那条路，他并不到两条路中间的地里走。那时候科学还没有发现“有或无原理”。这个原理的重要性是到本世纪才发现的。我在年轻的时候认为，如果两个引力背道而驰，结果是导致民党式的妥协。后来才发现，往往二者之一完全占了优势。这给了约翰逊博士以理由，在他看来，第一个民党党员是魔鬼，不是上帝。

我对于数学应用上的兴趣逐渐被对于构成数学的基础的那些原理的兴趣所代替。这个转变是由于一种愿望，要把数学上的怀疑主义驳倒。有很多要我接受的论证显然是错误的。我读了所有我能找到的好像能加强数学上的信仰的书。这种研究把我从应用数学慢慢引得越来越远，越来越引到抽象的领域里去，最后引到了数理逻辑里去。后来我有一种想法，以为数学基本上不是一个了解和操纵感觉世界的工具，而是一个抽象的体系，这个体系是存于柏拉图哲学意义的天上，只有它的一种不纯净和堕落的形式才来到感觉的世界。在本世纪初年，我的一般的看法是一种极深的避世的思想。我厌恶这个实在的世界，想在一个超时间的世界里求隐遁，在那里是无变迁，无衰退，也没有前进那个鬼火。虽然这种看法很严肃，很诚挚，我却有时候用一种不郑重的方法来表示。我的内兄罗干·批扫·斯密有一套问题，他常拿来问人。其中有一个问题是："你特别喜欢什么？"我的回答是："数学和海洋、神学和纹章学，我之所以喜欢前两个是因为它们不近人情，喜欢后两个是因为它们荒唐无稽。"可是我的回答之所以实际上采取了这个形式，却是为了得到发问的人的赞许。

那时我对于数学的态度表现在我的一篇文章里，题目是《数学的研究》，发表在一九〇七年的《新季刊》里，又重印在《哲学论文》里(1910)。引证这篇文章里的几段可以说明我那时的意见：

> 数学，如果正确地看它，不但拥有真理，而且也具有至高的美，正像雕刻的美，是一种冷而严肃的美，这种美不是投合我们天性的微弱的方面，这种美没有绘画或音乐的那些华丽的装饰，它可以纯净到崇高的地步，能够达到严格的只有最伟大的艺术才能显示的那种完满的境地。一种真实的喜悦的精神，一种精神上的发扬，一种觉得高于人的意识(这些是至善的标准)能够在诗里得到，也确能在数学里得到。数学里最好的东西不止应该当做一种工作来学，而且也应该把它化为日常思想的一部分，要用反复的鼓励常常使它显现在心里。对大多数人来说，现实生活是一种漫长的、居第二位的东西，是理想与可能之间不断的妥协；但是纯理性的世界不知道妥协、实际的限制和创造活动的障碍为何物。(创造的活动把对于

尽美尽善的热烈的希求具体表现在壮丽的大厦里,一切的伟业都是起自对于尽善的向往希求)。远远离开人的情感,甚至远远离开自然的可怜的事实,世世代代逐渐创造了一个秩序井然的宇宙。纯正的思想在这个宇宙里好像是住在自己的家里。至少我们的一种更高尚的冲动能够在这个宇宙里逃避现实世界的凄清的流浪。

* * *

冥想与人无关的东西,发现我们的心能够对付非心所造的材料,更重要的是,认识美固然是属于内界,也未尝不属于外界,这些都是克服那种可怕的无力感、微弱感的主要方法,能够克服那种以为是流亡在有敌意的力量之间的感觉。其所以有这种可怕的感觉的原因,是由于承认外来的力量差不多是万能的。所谓命运不过是文学里把这些力量加以人格化。把命运的令人懔然的美显示出来,使我们安于命运,这是悲剧的任务。但是数学把我们从人事以外更向前带进一步,把我们带到绝对的必然界去。不但现实界不能不遵从这个必然界,而且每个可能有的世界都不得不遵从这个必然界;数学甚至在这里建造一个住所(说得更确切一点,数学找到了一个永久存在的住所),在那里我们的理想得到充分的满足,我们最高的希望不会遭到挫折。

* * *

大家常常说,绝对的真理是没有的,只有意见和个人的判断;每个人在他的世界观里为他的特性、趣味和偏见所限定;用耐心和训练我们就可以进入的那个外在的真理界是没有的，只有我的、你的、个别人的真理。由于这种心理上的习惯，人类努力的主要目的之一就被否定了，而且坦白率真那种至高的美德，不怕对存在加以承认的那种美德就要从我们的道德的理想中消失了。

*　　　　*　　　　*

在一个满是灾难痛苦的世界里，退隐到沉思冥想里享受一些快乐（这些快乐无论是多么高尚，必总是为少数人的）不能不算是出自自私，拒绝共同肩负灾难所加在别人身上的负担，在这些灾难中是无正义可言的。我们试问，我们有没有权不理现在的灾难，对我们的同类不加援手？而我们却过一种生活，这种生活虽然是刻苦严肃的，其为善的却显然是由于其本身的性质而使然。

所有这些，虽然我仍然记得我相信时的快乐，现在看来却大部分是荒谬的，这一部分是由于技术上的原因，一部分是因为我的世界观已经有了改变。我已经不再认为数学在题材上是和人事无关。我终于相信（虽然是很不愿意）数学是由重言式而成。我恐怕在有充分智力的人看来，整个数学会是显得无足重轻，就像说一个四足的动物是一个动物无足重轻一样。我想数学的超时间性毫没有我从前以为它所具有的那种崇高和庄严，而只是由于纯粹的数学家是不谈时间的。在默想数学真理的时候，我再也得不到什么神秘的满足之感了。

一段精致的数学推论所生的美感依然是有的。但是这里也有令人失望的地方。在前边一章里提到了一些矛盾的解决。这些矛盾好像是只有采取真但是并不美的学说才能得到解决。那时我对于矛盾的感想正和一个真诚的天主教徒对坏主教们不能不有的感想差不多。我在数学里总是希望得到的那种壮丽的确定性消失在不知所措的困惑之中了。若不是我那时那种避世的心情已经开始消失,这一切是会使我感到难过的。那种避世的心情原是紧紧地抓住了我,所以我觉得但丁的《新生》在心理上是很自然的,其中的那种奇怪的象征表示很投合我的心意,觉得在情绪上可以得到一种满足。但是这种心情开始消失,终于为第一次世界大战所驱除。

那次大战的影响是使我不能再继续活在抽象的世界里。那时我眼看见年轻的人们搭上了运送军队的火车,后来因为将帅们的愚蠢在索谟被人家屠杀了。我对于这些青年感到一种痛苦的怜悯。我发现我和实际的世界有了痛苦的结合。看到我周遭所存在的痛苦,所有我以前关于抽象的概念世界那些浮夸的思想,我都觉得没有内容,无足重轻了。那个与人事无关的世界有时依然是一个逃避的处所,但是不是一个建造永久住所的国度了。

在这个心情的改变中,也有损失,也有收获。失去的是寻求完满、终局和确实性的那种希望。获得的是对于我所嫌恶的一些真理的一种新的屈服。可是我并没有把我从前的信仰完全放弃。有些东西我那时还信,现在仍然信。我仍然相信真理有赖于对于事实的一种关系,事实一般地说来是和人无关的;我仍然相信人从宇宙来讲是不重要的;如果有一个神公正地、不以“此地”和“现时”的偏见来看宇宙,除非也许在卷末的底注里,怕是不会提到人的;但是我不再想把人的成分从它所在的领域里赶出去;我不再觉得理性高于感觉,不再觉得只有柏拉图的理念世界才接近“真际”的世界。我从前以为感觉以及以感觉为基础的思想是一座囚牢,我们可以被摆脱了感觉的思想从这个囚牢里解放出来。现在我不是这样想。我认为感觉和建筑在感觉之上的思想是些窗户，不是牢狱。我认为我们能够（尽管不是完全地）像莱布尼茨的单子似的反映世界；我认为哲学家的职务是尽量使他自己成为一个平正的镜子。但是认识由于我们的天性这面镜子的歪曲之不可避免，也是他应有的职务。其中最重要的歪曲是我们从"此地"和"此时"的观点来看世界，不是用有神论者以为是由神而来的那种大公无私来看世界。这种公正不偏我们是做不到的，但是我们可以走进一段距离。指明走向这个目标的道路是哲学家无上的义务。

第十八章　对于批评的几个答复

一个人时兴了一个时期之后，发见人家以为他是过了时，这并不是很愉快的。接受这个经验而有雅量是不容易的。莱布尼茨老年的时候听见人称赞贝克莱，说道："以物体非真的那位爱尔兰的青年好像是既没有把他自己的意思说清楚，也没有拿出充足的论证来。我疑心他是想用他的一些悖论来出风头。"我不能拿这话来说维特根斯坦，据许多英国哲学家的意见，我已经为他所代替。他并不是用悖论来博声誉，他的方法倒是用温和态度避免悖论。他是一个很不平凡的人物，我怀疑他的信徒们是否晓得他是怎样的一个人。

他和历史上的两个伟人有些相像。一个人是巴斯葛，另一个是托尔斯泰。巴斯葛是一个有天才的数学家，但是他因为敬神，放弃了数学。托尔斯泰牺牲了他写作的天才，而取一种虚伪的谦恭，以为农民胜于受过教育的人，《黑奴吁天录》胜于一切别的小说。维特根斯坦玩弄一些玄学上的错综问题，本是和巴斯葛玩弄六边形、托尔斯泰玩弄皇帝们一样地擅长。他抛弃了他的才能屈就常识，在托尔斯泰，是屈就农民，二人都是出自一种自傲的冲动。我佩服他的《逻辑哲学论》，但是并不佩服他后来的著作。我觉得他后来的著作是否认他自己颇类乎巴斯葛和托尔斯泰的那种最高的才能。

维特根斯坦、巴斯葛和托尔斯泰尽管是背弃了他们自己的伟大所在，他们在精神上所受的痛苦使人认为他们还是情有可原的。维特根斯坦的信徒们没有经受这种痛苦。他们出了一些作品，我听说颇有价值，在这些作品里，他们提出一些论证，来反对我的意见和方法。尽管我做了一番努力，我在他们对我的批评里还看不出有什么确实的根据来。我不知道这是因为我是有所蔽呢，还是这确有所据。关于这一点，我希望读了我四篇辩论的文章会帮助读者下一个判断。这四篇文章曾发表于一些学术杂志里，我把它们重印在这里。这四篇文章是：(1)《论〈哲学分析〉》，这是对乌尔逊先生一本书的评论；(2)《逻辑与本体论》，这是检查渥纳克先生写的一章书，那章的题目是《逻辑里的形而上学》；(3)《斯特劳逊先生论指称》，这是反驳他对于我的叙述学说的批评；(4)《心是什么？》，这是评论莱尔教授的书《心这个概念》。

I　哲学分析[①]

乌尔逊先生的书《哲学分析》来得很合用。这本书简洁地举出一些理由，说明为什么维特根斯坦和他的信徒们不接受我的和逻辑实证主义者的哲学，而代之以一种新哲学。他们坚信这种新哲学要比以前的各种哲学都好。乌尔逊先生把他所讨论的那些从前的意见叙述得很公允。我认为，他对于赞成新意见所提出的论证，

① 《哲学分析：它的在两次世界大战之间的发展》，J. O. 乌尔逊，克莱恩顿牛津出版部，1956。

在信从这些意见的人看来，是能令人信服的。我个人完全看不出乌尔逊先生所提出的论证有什么使人信服的力量。在一个重要方面，根据他自己的观点，这本书看来不能不认为是有毛病的。他明白说，他没有注意到他所批评的各学派二十年来所出的任何书。逻辑实证主义者和我已经在各方面力求弥补了我们认为我们学说上所有的缺点。但是乌尔逊先生并没有留心我们的这种努力。在这一点上，他只是遵循他那一个整个学派的惯例。

阅读这个学派的著作的时候，我有一种奇怪的感觉。如果笛卡尔能够在莱布尼茨和洛克的时候神奇地复活了，我的那种奇怪的感觉就和笛卡尔这样复活了也许要有的感觉一样。自从一九一四年以来，我把不少的时间和精力花费在哲学以外的事情里。从一九一四年到现在这个期间里，有三种哲学连续统治了英国的哲学界：第一是维特根斯坦的《逻辑哲学论》的哲学，第二是逻辑实证主义者的哲学，第三是维特根斯坦的《哲学研究》的哲学。这三者之中的第一种对于我自己的思想有过很大的影响，虽然我现在并不认为这完全是好影响。第二派，逻辑实证主义，大体上得到了我的同情，虽然我对他们的学说的一些特异之点并不同意。第三派为方便起见我称之为“维二”以别于《逻辑哲学论》的学说。《逻辑哲学论》的学说我称之为“维一”。“维二”这个第三派我一直觉得完全莫明其妙。这派在积极方面的学说，我认为是浅薄的，其消极方面的学说，是不能成立的。在维特根斯坦的《哲学研究》里，我没有见到任何我觉得有趣味的东西。我不明白为什么一个整个学派在这本书里找得到有重要性的智慧。在心理上讲，这是出乎意外的。我对于早期的维特根斯坦有过亲密的认识。他是一个酷嗜苦

思力索的人,深深地注意到困难的问题,这些问题的重要性我和他一样都有所认识。他具有(至少是我这样想)真正的哲学天才。正相反,后来的维特根斯坦好像是对于严肃的思维发生了厌倦,似乎是发明了一种学说,把这种活动弄成是不必要的了。我绝对不相信有这些偷懒的后果的学说是正确的。可是我感觉到,我对于这种学说的偏见其强烈是不可遏抑的,因为,如果这种学说是正确的,哲学充其量不过是对于字典编辑人的一点些微的帮助,最坏就成了茶余饭后闲着没事的一种消遣了。

乌尔逊先生对于我的批评,一部分是由于误解,一部分是由于在哲学上真有分歧。为的是清除误解,就要把指导我哲学工作的目的和方法尽量简明地说一说。

和"维二"以前所有的哲学家一样,我的主要的目的一直是尽量对于世界有所了解,把可以算做知识的和斥为没有根据的意见分开。若不是因为"维二",我本以为说出这个目的来,是不值得的,我本以为这个目的应该认为是当然的。但是现在人家对我们说,我们要努力了解的不是这个世界,而是句子,并且认为除了哲学家所说的句子以外,一切句子都可以算是正确的。这话可说不定是说过了火。"维二"的信徒们好像当做一种发现似的喜欢指点给人说,句子固然有直说式的,也未尝没有表示疑问的、命令的或愿望的。可是这并没有把我们带出句子的范围。有一种奇怪的提法(有些逻辑实证主义者已有之),就是,语言世界可以完全脱离事实世界。如果你提到一个说出来的句子是一个由一些物质运动而成的物理上的事件,一个写出来的句子是一种颜色在另一种颜色的背景上写的一些记号而成,人家就要认为你俗不可耐。你应该忘记人说话时所指的事物有不属于语言的原因和结果，语言正和走路吃饭一样，都是身体的活动。有些逻辑实证主义者（主要是诺伊拉和亨派尔以及有一个时期的卡那魄）公然主张句子不可和事实对证。他们主张断定的话与断定的话相比，不与经验相比，我们绝不能拿实在和命题相比。亨派尔主张我们所谓真的那个体系“只有历史的事实为其特征，此体系实际上是人类所采用了的，特别是为我们文化界的科学家们所采用”。我已经在《对意义与真理的探讨》的第142以下诸页批评了这种意见，我现在在这里只把我那个批评的要点说一下。你的“文化界”的科学家们所说的是一件事实，因此他们说什么是不关重要的，所关重要的是，你的文化界中别的人说他们说什么。这些作者好像没有想到，我在一页书上看见印出的一个句子的时候，我是碰到一件感觉上的事实。如果这些作者说得不错，那么要确定在这页书上印出了什么这个真理，不是看一看这一页书，而是问我们的朋友们他们说在这一页上印了什么。我们可以用一个童话来说明亨派尔的主张：有一个时期他的财源不大兴旺（童话那么说），他走进了巴黎的一个便宜饭馆。他要了菜单。他看了一看菜单，他叫了牛肉。自从进了饭馆以后的这一切都是语言。食物来了，他尝了一口。这是碰到了事实。他唤了饭馆的老板来，说道：“这是马肉，不是牛肉。”饭馆老板回答道：“对不起，可是我的文化圈里的科学家们是把‘这是牛肉’这句话包括在他们所承认的那些句子之中的。”按亨派尔自己的说法，自然不得不泰然承认饭馆老板说的话是对的。这是荒诞背理的，卡那魄后来不久就明白了这一点。但是“维二”的信徒们更进了一步。关于经验上的命题从前是有两种主张：一种是，这些命题的根据是命题对于事实的关系；另一种是，这些命题的根据是命题合于造句法的规则。但是“维二”的信徒们是不管任何种根据的，这样就让语言得到了前所未曾享受过的毫无拘束的自由。他们认为，“要了解世界”这种愿望是一种过了时的蠢事。这是我和他们最主要的分歧之点。

无论是关于数学还是物理学、关于知觉还是语言之于事实的关系，我的主张总是按着一个方法向前进。姑且承认，科学和常识大致说是能够加以解释，以证明其基本上是真的，那么就有这样的一个问题：这种广泛的真理所从出的最低限度的假设是什么呢？这是一个专门问题，不是只有一个答案的。关于用做起点的一些没有界说的名词是有一套起码的假定的。有一些命题（如纯粹数学或理论物理学的定理）可以从这样的假定演绎出来。凡是把没有界说的名词或无从证明的前提的数目减少，都算是进了一步，因为这样就缩小了可能有的错误的范围，并且为整个系统的真理所出的抵押也少了一些。正是因为这个理由我发见数学可以还原为逻辑。克罗耐克说上帝创造了天然数，数学家们创造了其余的数，就是，分数、实数、虚数和复数。但是按这种见解来说，天然数本身仍然是一套无限个神秘实体。所可引以为愉快的是，我们发见，所有这些我们都可以扫除到垃圾坑里，把神创造出来的东西只是限于或、不、所有和一些这一类的纯粹逻辑上的概念。的确，如果这种分析做到了，和所剩下来的有关的那些哲学问题还是存在的。但是问题的数目就减少了，就比较容易驾驭了。在以前是不得不以为一切自然数其存在都有些像柏拉图的理念。现在是用不着否认这些数的存在了，而是不再断言这些数确是存在了。那就是说，

我们用以维护纯粹数学之为真理的假定就不必像从前那么多了。

关于经验科学，出现不少问题，这些问题在纯粹数学中是不会有的。也说不定多数高深的经验科学（如纯粹物理学）可以达到一个最低限度数目的无界说的名词和无证明的前提。但是即使能够达到这个起码的数目，并不能产生使我们相信这个体系之为真的理由。纯粹数学中的真理是属于造句法的，正如有些逻辑实证论者相信一切真理都是如此，但是经验事物中的真理则另有其根据。我认为无法相信竟有一些哲学家会否认一个经验命题中的真理是由于其与一件或一件以上的事实的关系。这种关系的性质也许是不容易说得明确的，但是某种关系是包含在内，这只有那些在哲学上堕入了五里雾中甚至极其明显的东西也弄不清楚的人才会否认。现在我们举一个很平常的例子，比方说："除非下雨，Z 教授每天下午散一回步。"我们怎么会知道这话是真理呢？我们姑且忘记我们是讨论哲学，把这件事用合于常识的办法来想一想。你知道这句话之为真也许是因为 Z 教授或 Z 太太告诉你的，你对他们两位的品格是十分尊重的。也许你是 Z 教授的邻居，除天气不好以外，你看见他走过你的窗户。我想，到这里为止，这事是不成问题的。但是我们一说明乌尔逊先生对分析所持的异议，就有问题了。我个人完全看不出乌尔逊先生的反对分析的学说的说服力来。假定你相信这句话是因为你听见过 Z 教授说过这句话。你有理由否认他说的时候你是听见一些连续的声音吗？如果你之得到这句话是由于你自己的观察，这件事就更加明白了。天气好的日子你有过一种经验，你称这种经验为"看见 Z 教授走过我的房子"。下雨的日子你没有这种经验。我看不出有什么根据否认产生你这句

话的经验是很复杂的。我敢说乌尔逊先生和与他意见相同的人对于我到这里为止所说的话是不会有异议的，但是如果我的分析再进一步，他们就觉得不自在了。他们会说："我们都知道说你看见Z教授走过你的窗户是什么意思。如果你竟然要把这句话再加分析，你就掉到形而上学里去了。"在哲学里对形而上学的责难已经有一点像是说某人是一个危害公安的人。我个人不知道"形而上学"这个词到底是什么意思。我所想出的唯一的、处处能适用的定义是"著者本人所不主张的一种哲学上的意见"。不管这个定义对不对，我要把我们称之为"看见Z教授走过我的窗户"的这种经验再加分析的时候，我不是在谈哲学，而是在谈科学。对科学和常识来说，显然这是包含一系列的视觉印象。其中每一个印象有些部分与Z教授的头、躯干和腿相应。而且这也是显而易见的，就是，一系列的单独的影像（就像电影片子中的一系列的影像）可以复制出一种经验来，很像是你看见Z教授走路时你所有的经验。

可是，乌尔逊先生提出两种不同的异议来。一方面他主张，无论你分析到多么深远，你永远达不到单纯不可再分的东西。另一方面他主张，由分析所得到的那些话聚到一起，不等于未加分析的那句原话。现在我们把这两种异议逐一加以讨论。关于单纯不可再分的东西，我不知道有什么理由肯定或否定能由分析得出来。《逻辑哲学论》里的维特根斯坦和我有时说"原子事实"是分析中最后的残余。但是认为能够得到这种事实并不是乌尔逊先生所批评的那种分析哲学的主要部分。在明尼苏达大学哲学系重印的《逻辑原子论的哲学》中引了一九一八年的一场讨论，其中有下列的问答（第16页）："卡尔先生：你以为有单纯而非复合的事实。一切复合的都是由单纯的构成的吗？构成复合的那些单纯的其本身不是复合的吗？罗素先生：没有事实是单纯的。至于你的第二个问题，那当然是一个可以争论的问题，就是，是否一个复合的事物加以分析的时候必须包含单纯的成分。我以为，完全有可能认为复合的事物可以分析到无穷，永远达不到单纯不能再分。我不以为这是正确的，但是这当然是一件可以争论的事。我个人认为复合的东西——我不喜欢谈复合的东西——却是说事实是由单纯的东西而成，可是我承认这是一个困难的争论，也说不定分析可以永远继续下去。卡尔先生：你的意思不是说，说一件东西是复合的，你就肯定真有单纯的东西吧？罗素先生：不是的，我并不以为必然包含那个意思。"自从那时以后，我更加深信，没有理由指望分析能够达到单纯的东西。关于这个问题，我要引《人类的知识》里的一段（第268—269页）："结构的分析普通是一步一步地来进行。……在一个阶段认为是不可分的单位，在下个阶段中就见出是复合的结构来了。骨骼是由骨头组合而成，骨头包含细胞，细胞包含分子，分子包含原子，原子包含电子、阳电子和中子；进一步的分析尚难逆料。随我们的目的之所在，骨头、分子、原子、电子各可以姑且认为是无组织的不可分析的单位，可是无论在哪一个阶段，却没有确实理由以为事实上确是如此。到现在为止所能达到的最终单位，随时可以变成是能够分析的。是否一定有一些单位因为不包含部分，因此不能分析，这一个问题看来是无法决定的。这也无关重要，因为对于结构加以说明的时候，先从单位着手，这些单位后来发现本身就是复合的，这样做绝不是错误的。举例来说，点的界说可以说是若干类事件，但是这并不证明传统的几何学里有什么是错误的，传统的几何学把点看做是单纯的。对于结构的说明都是和一些单位有关，这些单位暂时看做是不具结构的，但是万不可认为，在另一个情景中，这些单位就没有一个不可不承认的结构。”

不断言有原子事实，我们不因此就不承认有原子句子。一个句子是否是原子的，这纯粹是一个造句法上的问题。如果一个句子里没有“所有”或“一些”等字，或没有句子作为其中的部分，那么这个句子就是一个原子句子。

因为有以上所说的理由，乌尔逊先生关于原子事实所说的话是不恰当的。

现在我讲第二点，就是，复合的命题并不等于简单一些的命题的集合。他常用的例子是“英国在一九三九年宣战”（这让人推想他不是一个苏格兰人）。我不能了解他关于这一个命题的主张，因为他主张两点，这两点我认为是互相矛盾的。一方面他说，上边所举的这个命题并不等于关于许多英国人的活动的一些命题，另一方面他主张，这个命题却并不包含承认有“英国”这样一个实体的意思。他借坚决完全拒绝分析来把他的主张的这两部分加以调和。你不可以为这个命题是讲名为“英国”的那么一个东西，或者（我们还可以说）名为“战争”的那么一个东西。可是这个命题却不只是一些没有意义的字的集合。它是讲一件有无数后果的大事。他从来不想法证明这个命题是不等于讲英国人的活动的若干命题。我就不明白他怎么来证明。其中所包含的命题当然是很多的。我们可以先从一个口授留声机来开始，把内阁会议的讨论重演一遍，会议讨论的结果是宣战。但是我们还须进而讲到内阁和授内阁以权的各个英国人民。他指出，在想象中，内阁的决议也可

能引起革命，否认内阁之权。那样，“英国”就不会宣战了。但是这只是表明“英国宣战”这个命题包含一些关于英国人对他们政府所持的态度的命题。我就看不出他丝毫证明了如果有足够数目的这样的命题，这些命题在逻辑上不含有“英国宣战”这个命题的意思。

关于这一点，另有一种混乱，不得不清除，就是，完全的逻辑语言问题。如果你从事于逻辑分析工作，你就需要一种与日常用的语言大为不同的语言。但是你需要这种语言只是为逻辑分析之用。这一点在《数学原理》的第二页上曾加以申明：“语言的文法构造是适应各种不同的用法的。因此它没有一种独特的简易性来表现这里所用的演绎推理所产生的那几个简单却极抽象的观念与过程。事实上，本书中那些观念的抽象简易的性质是语言无能为力的。语言表现复杂的观念是更容易些。‘鲸鱼大’这个命题最足以表现语言的长处，把复杂的事实表现得很简明，而把‘一是一个数目’这句话若用语言加以认真的分析就要冗长得令人不能忍耐。因此，特为表现本书中演绎推理的观念和程序所设计的符号用起来其效果就是简单明了。”主张用一种特殊语言来做逻辑分析的人并不是说“鲸鱼”或“英国”这一类的字就应该加以废弃。他们是认为，如果有充分的时间与知识，用这些字所表达的事实不用这些字或任何同义字也能表达出来。没有一个逻辑学家会以为这样的一种语言是有实际的用处。他的意思只是说，这种语言是可能有的，这种语言的可能性是起因于世界结构的性质。

有一件事是这派新的哲学不愿意人把它加以分析的，就是，经验证据的性质。我以为这种困难一部分是由于大家开始弄哲学的时候，他们以为必须把常识丢在脑后。我们大家都相信我们所看到的东西是存在的，如桌、椅、太阳、月亮之类，可是我们也知道，如果我们加以思索，这类的信念有时是错误的。常识通常使我们可以改正这类的错误。我们从梦中醒来，就是一个例子。但是常识上的方法虽然一般说来是正确的，却不是没有错误的。那要看人的经验的性质如何而定。如果你没有听过播音这种经验，你听到隔壁的一间房子有说话的声音，你就会相信那里一定是有一个人。有些饭馆用些镜子使人看来屋子很大。如果你不仔细看看，你会容易相信镜中照出的东西是“真的”。你疲倦的时候，有时听见营营地响，很像风吹电线的声音。你发狂的时候，你也许会听得见整句命令口气的话。错觉是从希腊时期传到现在的一个老问题。我再说一遍，在某种程度上，错觉是可以由常识来决定的。到这一点为止，这派新的哲学是不会有异议的。但是如果你想更要精确一些，想得出一些原则来避免错觉，人家就对你说你是贪恋形而上学。事实上，人家把认真考虑知觉这个问题当做一种罪恶。物理学家、生理学家和心理学家做了不少科学工作，把物和对物的知觉二者之间的因果联系追求出来。虽然这种工作是用科学的名义，不是用哲学的名义来做的，许多否认哲学，支持科学的哲学家们却甘心对这种工作置之不理。由于对这种工作置之不理，他们就陷入了错误。只有坚决拒绝分析，他们才看不见这种错误。

特别是有一种议论，听起来似乎是言之成理，但是经不起仔细检查。据说若是没有许多 A 是许多 B 的经验，你就不能懂得“凡 A 皆 B”这种形式的一个命题。这种见解是起于对于全称命题的不正确的分析。构成“凡 A 皆 B”这个命题的成分不是个别的 A，因此，如果你知道“A”这个字的意思，即使你从来没有见过一个

“A”，你也能了解这个命题。不但你能知道这个命题的意思，而且甚至你也许知道这个命题是正确的。举例来说：“没有人会在本世纪之末以前想得到的一切整数都大于1,000”。我就看不出哪一个人能否认这个命题，虽然本世纪末以前显然是无法举出这个命题所包含的真理的一个实例来的。其实我们不必只拘于这样一个精密的例证。凡是大家公认为真的任何一个与将来有关的命题都可以说明这个原理。航海历在出版的时候包含许多很正确的预言，但是海员们并不因此就认为这是一本玄虚的形而上学著作。

经验与经验命题之间的整个关系常常为人所误解。有两种相反的误解：一方面，生硬的经验给我们的知识比我们所想象的要少；另一方面，尽管有科学的攻击，如果要保持常识的信仰，从经验以推到未曾经验的，甚至推到无法经验得到的，是不可少的。我对于这两点都略讲一讲。

在哲学里“经验”这一个名词用得很不精确。几乎没有一个哲学家肯费些麻烦给这个词下一个定义。经验的知识和经验二者的关系这个问题也和别的一些问题一样，我们加以研究的时候，最好是先从一些笼统而不容怀疑的东西来着手，进而仔细检查以证明这个笼统的东西是包含一些更要精确，但是乍看起来并不是那么使人深信不疑的东西。我们先讲笼统而不容怀疑的东西。有不少命题我们都深信是正确的。我们相信这些命题的正确性是因为我们有亲身的经历。我们相信有开普角这个地方，相信诺曼底征服英国是在一〇六六年。我们为什么相信这些是真有其事呢？我们相信这些事是真的，是因为我们听见过别人那么说，或者看见过有这样的话。如果我们没有听见过或者看见过有这样的话，我们就不会知道这话里面所讲的事。但是听见和看见是不同种类的感觉。这样说来，即使是关于往古或遥远的事，我们自己认为知道的事，就我们知道此事而言，不是就此事之真伪而言，而是有赖于我们自己的感觉。我认为可以毫无例外，毫无限制地说，一个人所具有的无论哪一片断经验上的知识，若不是在他自己生活中有过感觉，这点知识他是不会有的。我认为这是经验主义者所依赖的基本真理。

这里我们须加区别。我的意思并不是说，当我看见一张桌子的时候，我对我自己说："我有一个视觉。我相信这个感觉有一个外界的原因，就是我所谓桌子。"当然，事实并不如此。在我有这个感觉的时候，我相信这张桌子是外界的一个物体。这个感觉是我的这个相信的原因的不可少的一部分，但是未必是我之所信的一部分。可是，由于以往错觉的经验，我也许已经知道我现在的感觉所产生的我的这个所信有时是错误的。我想我和我所批评的这些哲学家们不谋而合都否认那种大规模、不分青红皂白的怀疑论，这种怀疑论只因偶尔有之的错觉就完全不承认感觉是关于感觉以外的物的知识的来源。我和这派新的哲学的分歧是，我认为值得费些事来研究一下什么时候，在哪些方面有科学上的理由证明感觉大概是错误的。而且进一步研究，关于外界的知识之来自我们的感觉，我们对彻底怀疑论共同加以拒斥，这里面要包含哪些普遍原则。

因此我就谈到我方才所提到的两点的第二点。物理学和生理学讲得很明白，如果我们对于外界的任何事物有所知，这完全是由于从那件事物以达于我们自己的神经和脑的那些因果连锁。那就是说，我们认识的那件事物是经验到的结果的未曾经验到的原因。有人反对我这种说法，认为如果一种原因完全经验不到，则对于那个原因所得的推断就不能成立。在我看来，这样说的人是犯了两种错误。一方面，我们已经说过，他的错误是误认，如果对一些A没有经验，我们对于"凡A皆B"这种形式的判断就无法了解；另一种错误是没有注意到，否认有可能对不能经验到的事物做出推断，就会有破坏性极大的后果。我在这派新的哲学里看不到对这样发生的问题有什么认识。这派新的哲学或许能够找到一个答案，也说不定。但是到现在为止，它还没有做过这番努力。老实说，只要是它遇到了一种困难，它应付的办法是像"三月兔"那么说："我对于这个腻烦了，我们还是换一个题目罢"。

据我们所知，乌尔逊先生讨论逻辑原子论是不明了逻辑原子论后来的发展的，这是有些可惜的。例如，在他的书里有关于专名的讨论，最后说（第八十五页）："逻辑原子论对于语言所持的见解是这个学派难以成立的主要原因。他们关于专名的学说是他们对于语言的见解的一个重要部分，不可以为是无足重轻的。"在我的《人类的知识》里，我用相当长的篇幅讨论了专名，占了很多页数。我不觉得我在那一本书里所说的话可以遭受乌尔逊先生的任何非难，或是表示放弃了哲学分析的学说。我倒是喜欢乌尔逊先生从他所主张的观点来批评我在那一本书里所说的话。

总而言之，关于乌尔逊先生所持的观点，我们要有几句概括的话。一向总有一些人是反对分析的。他们正是那些对于每一科学上的进展都加以反对的人。如果乌尔逊先生在大家开始怀疑地、气、火、水是四元素这种信仰的时候，他会违反常识和习惯来反对关于物质所做的更适当的分析的这种科学研究。近代物理学上的进展不外是对于物质世界的精益求精的分析。最初大家认为，原子之小几乎是令人不能相信的。但是在近代物理学家看来，每个原子都是像太阳系似的那么一个复杂的世界。没有一个从事科学的人会梦想到以为分析是不正当的。在刚出版的一本书的第一章的起首我见到这样一句话："构成一切物质所用的那些单纯的砖头，其原始材料的性质是什么呢？"[①]分析不仅是一条达到了解物质的路。如果一个没有受过音乐训练的人听了一支交响乐曲，他所得到的是一个一般而笼统的印象。而做指挥的那个人呢，你从他的手势就可以知道他是听到了一个整体，他把这个整体分析成为一些部分。分析的长处是，从它能得到用别的方法所得不到的知识。你知道了水是由氢二氧一而成的时候，你以前对于水的知识并不是不存在了，而是你确是获得了一种了解许多事物的力量，这种力量是不用分析的观察所不能给你的。如果乌尔逊先生是自幼受过训练使用中国的表意文字，他一定是极力反对导致发明字母的那种语音上的分析的。提出以上的这些议论来为哲学的分析做辩护，这当然不是说这个或那个个别的哲学家分析得正确，而只是说他努力来分析是正当的。

虽然我很知道分析的重要性，这却不是我反对这派新哲学的最重要的理由。我最不赞成之点是，我觉得这派新哲学不必要地放弃了哲学在历史上历来所追求的任务。自泰勒斯以来的哲学家

① 《原子与宇宙》，G. O. 琼斯、J. 罗特伯拉特、G. J. 怀特罗著，伦敦，爱尔与斯泡提斯乌德公司，1956。

们是努力想法来了解这个世界。关于达到这个目的，大多数的哲学家是过于乐观了。但是即使他们没有达到目的，他们还是给后继者供给了材料，给了激励以做新的努力。我完全看不出这派新哲学是继续了这个传统。它把世界或我们对于世界的关系置之于不顾，它所讲的只是糊涂人能说糊涂话的各式各样的方法。如果哲学的贡献只是在此，我就无法认为哲学是一门值得研究的学科。把哲学限于这种不关重要的事，我所能想象到的唯一理由是想把哲学和经验科学截然分开。我认为这样把二者分开是没有益处的。一种哲学若要有价值，它必须建筑在一个广大而坚实的知识基础之上，此知识不限定是哲学知识。这种知识是土壤，这种土壤是哲学这棵树的活力的来源所在。哲学不从这块土壤吸取养料不久就会枯萎，停止生长。我认为乌尔逊先生以其所具的才干极力拥护的哲学就不能免于这种下场，他这番才干本是可以用于一个更高尚的主张的。

Ⅱ　逻辑与本体论

本文的目的是先讨论 G. E. 渥纳克的《逻辑中的形而上学》，发表于安托尼·夫路教授所编的《概念分析论文》中，其次是谈一谈我个人对于这个题目的意见。我先说几句概括的话。渥纳克先生是属于“哲学速成”那一派，这个名称的起因是因为这派把哲学弄得比从前容易得多。要当一个有学力的哲学家只须研究一下弗洛的《近代英文用法》就行了；研究院的学生可以进一步念《国王英语》(标准英语)。但是用这本书的时候要加小心，正如这本书的书名所说的，这本书是有些陈旧的。渥纳克先生说，我们不应该“把整饬单纯的逻辑强加之于复杂的语言上”。他是意在讨论存在量词。他以为必须指出，逻辑学家常用∃这个符号来表示的一些命题在平常的语言里就要用各种不同的语句来表示。因此，他认为用∃来代表的那个一般概念是不重要的或是假造的。我觉得这是极其荒谬的推论。也许我可以借一个寓言来说明其荒谬性。

很久以前，有一个部落住在一条河的两岸。有人说这个河叫做“伊西斯”，住在这个河岸上的人叫“伊西斯人”，但是这也许是后来添到那个原来的传说上去的。这个部落的语言里有“鲦”、“鳟”、“鲈”、“梭鱼”这些词，但是没有“鱼”这个词。一群伊西斯人在河的下游远一些的地方捉住了一条我们所说的鲑[1]，马上大家就热烈地争论起来。其中一些人坚持说这个东西是一种梭鱼；另一些人坚持说这个东西是不洁的、可怕的，无论是谁提这件东西就要把他从部落里赶出去。正在这个关头，一个住在另一个河岸边的生人来了。这条河是被人看不起的，因为流得慢。那个生人说：“在我们的部落里我们有‘鱼’这个字。这个字对于鲦、鳟、鲈、梭鱼都可以用，也可以用于引起这场争论来的那个东西。”这些伊西斯人很怒。他们说：“这些新奇的字有什么用？凡是在河里捉住的东西在我们的语言里都有个名字来叫它，因为总是一个鲦、鳟、鲈或梭鱼。你尽可以举出在我们的这条神圣的河的下游所发生的这件事来反对这种意见，我们却认为，定出法律不许再提这件事，是节省语言。因此我们认为你的‘鱼’那一个字是卖弄学问，没有用处。”

这一个寓言并不是歪曲渥纳克先生的关于存在量词的论证，

① 见《幻想堡》，第四章。

意在讥讽。存在量词是一个一般概念，正和“鱼”相似。用于名词，它和鲦相似；用于宾词，它和鳟相似；用于关系，它和鲈相似；其余可以类推。在日常谈话中，我们用不同的字来表示不同的事物，逻辑学家则用存在量词，这是因为没有研究过逻辑的人还没有得到用∃来代表的那个一般概念，正和寓言中伊西斯人还没有得到“鱼”那个一般概念一样。渥纳克先生说存在量词混淆普通语言所辨别的事物。这正如伊西斯人说谁用“鱼”这个字，谁就是混淆鲦和梭鱼。渥纳克先生谈到普通语言中那种不简单化是极可贵的。我不否认在普通语言中有些区别在逻辑中是不加划分的。在普通语言中我们也表示我们的情绪。如果我们说某人是一个十足的无赖，或说可惜某人的行为还没有完全合乎道德律，这两句话所表示的事实是一个，但是我们在这两句话中对于这一件事实情绪上所取的态度是不同的。

逻辑学家们曾做过一番努力，对于渥纳克先生自称所讨论的那些问题加以澄清。这番努力渥纳克先生故意有意识地加以抹杀。他玩弄“冥界的英灵殿是属于神话的”这个命题。他并没有提到有一个仔细周到的学说，这个学说的意思是说，看来好像是讲英灵殿的一些命题其实是讲“英灵殿”。这个学说也许对，也许不对，但是，假装以为没有这样一个学说，我以为是没有理由的。他在这一篇文章的开头告诉我们，他所讨论的中心问题是：有没有抽象的实体？然后他进而反对逻辑学家对于“有”这个字的解释。并且以此为理由（至少我在他的文章里找不出别的理由来）他放下了他的中心问题，没有解答。显然，在他看来，他的中心问题是无法回答的。他正确地指明，使用“某物”这个词在普通的话里并不包含这样一个东西存在的意思。他举了“某种东西是一个素数”这个命题作例子。他说这是一个古怪莫明其妙的命题。他没有想到，数理逻辑的语言在精确和普遍性上要超过普通的语言。如果你有十二个东西和十二个名称，大概普通的语言是把这十二个名称用于这十二个东西上。普通的语言有两个相反的缺点：往往一个字有多种意义和许多字只有一个意义。第一个缺点可以用下面的句子来说明：“罗马拉斯是否曾经存在过是难决定的，因为有理由来怀疑现存的关于罗马存在的第一个百人团的传说的可靠性。”与此相反的缺点是，措辞不同而意义相同。这有渥纳克先生关于下面的这些话可作例证，我们有时候说：“有素数”，“狮子仍然存在于非洲”，“在月亮上有阴影”。他好像认为最后这一句话并不含有阴影存在的意思。他认为说“阴影存在”是要不得的，他的唯一理由是，大多数人不这么说。逻辑学家们以为，如果一种语言中一个东西有一个名称，则这种语言就更可取。我说“更可取”，我的意思并不是说在日常应用中“更可取”，而是说试图关于世界做精确的陈述的时候“更可取”。

现在我单讲“存在”这个问题。我认为我的这个主张对于避免混乱是很重要的，我的主张是，通常用法的“存在”这个词产生了造句法上的混乱，而且是好多形而上学上的混乱的来源。请以下面的一个推理为例：“我现在的感觉存在；这是我现在的感觉；所以这一个存在。”我认为这两个前提也许可以成立，可是结论是荒谬的。这意思用普通的语言无法说得清楚。这是一个对于普通语言不利的论证。我认为其中所包含的唯一正当的概念是∃这个概念。这个概念可以表明如下：假定有一个包含一个变项x的fx式，并且，如果给这个变项指定一个值，这个式就变成一个命题，我们说(∃x)·fx这个式的意思就是至少有一个x的值，就这个值来说，fx是正确的。我个人认为还是拿这个来做“有”的定义好，可是，如果我拿这个来做“有”的定义，我不能把我的意思说得使人了解。

当我们说“有”的时候，不可从这个命题的正确就来推断我们说有的那个什么就是(用一个含混的词句说)世界内容的一部分。数理逻辑承认“有数目”这个命题，逻辑哲学承认“数是逻辑上的虚构或符号上的方便”这个命题。数是类的类，类是符号上的方便。想把∃翻译成普通的语言一定要使我们陷入困难，因为所要传达的这个概念是制造普通语言的人所不晓得的。“有数目”这个命题须用一个精密的方法来解释。我们必须先从一个命题函数开始，假定是fx，然后把“有f这种性质的事物的数目”加以界说，然后给“数”下一个定义为“不论什么，只要它是具有某种性质的事物的数目，就都是数”。这样我们就得到“n是一个数”这个命题函数的定义。我们就看出，如果我们把给“1”所下的定义代替n，我们就得到一个真正的命题。所谓至少有一个数，就是这个意思。但是在普通语言中很不容易说明我们不是主张数是有柏拉图哲学上的那种真实性。

逻辑之与本体论的关系事实上是很复杂的。在某种程度上，我们可以把这个问题的有关语言的几方面和与本体论有关的一些方面分开。至少在理论上有关语言的一些问题可以得到正确的解决。但是本体论上的一些问题是含混得多。可是纯乎语言上的问题有一个本体论上的背景，虽然这是一个不清楚的背景。句子是由字组合而成的。如果句子能够对于事实有所断定，至少其中有些字必须与另外某种东西之间有一种关系，那种关系就叫做“意义”。如果饭馆里的一个侍者对我说：“我们有很新鲜的龙须菜”，他若是说明他这话纯粹是属于语言方面的，并不是指任何实际上的龙须菜，我要是因此生了气，这是不能怪我的。在所有的普通语言中都包含这一点本体论上的拘束。但是字与字以外的事物的关系是随字的种类而有不同，这就产生了词类学说的一种逻辑形式。如果一个句子要有意义，除非是一个纯粹逻辑上的句子，其中的一些字必须指什么东西，但是别的一些字则不一定如此。如果世界上没有“女王”这个词和“英国”这个词所指的东西，则包含“英国的女王”这个短语的一个句子就不能有意义，但是不一定有“的”这个字所指的东西。为使一些我们觉得明白的命题具有意义，这些命题不能不具备一些东西，数理逻辑之于本体论的意义就是在于减少这些应具备的东西的数目。这样进行削减，其唯一的理由是为避免轻率没有保证的臆说。如果我们平常经验上的命题要有意义，这些命题（假如不是语言上的）就必须指字以外的什么东西。这样就发生了一个纯粹专门性的问题：使我们能够断言我们以为是事实的那个最小语汇是什么？

假定这个问题解决了，我们还有这样一个本体论上的问题：如果我们的字要有意义，我们的句子要表示意思，一方面，我们的字与句子之间必有什么关系存在；另一方面，字与事实之间必有什么关系存在呢？我们可以先从我们的语汇里除掉所有那些在语言上有一个定义的字，因为我们总是可以拿定义来代替这些字。有时候（除掉微细的地方）一个字和一个物的关系是相当清楚的：我们知道“得威特·D. 艾森豪威尔”这个名称所表示的那个东西是什么；我们知道那些颜色的名称是指什么；其余可以类推。但是还有一些字我们就觉得麻烦一些：如果我们说“亚历山大先于凯撒”，我们就觉得(也许是不正确的)亚历山大和凯撒是实有其人。但是“先于”这个字又怎么样呢？在不得已的时候，我们可以想象一个只由亚历山大，或只由凯撒或只由他们两个人所组成的宇宙。但是我们不能想象一个只由“先于”所组成的宇宙。正是因为有这一类的事，大家才相信实体而怀疑普遍。于此又可以看清语言的需要，但是这些需要在形而上学上的含意是不清楚的，没有“先于”这一类的字，我们就没有办法，但是这一类的字不像专名那样能够指明宇宙所由造成的某一块砖。

“有普遍吗?”这个问题可以有不同的解释。首先，它可以用存在量词的意思来解释。我们说：“有一些句子包含两个名称和一个关系词，没有这类的句子，有许多我们自己相信知道的关于事实的断语就是不可能的”。我们还可以说，正如这些句子里的名称是指出事物，关系词就不能不指示语言以外的某种东西。亚历山大先于凯撒是一件事实，这件事实不只是由亚历山大和凯撒而成。显而易见，关系词的作用是使我们能够对一些事实有所断定，否则这些事实是说不出的。到这一点为止，我以为我们是站在稳固的基础之上的。但是我想，绝不是因此就有一个叫做“先于”的那么一个“东西”，只有有关系的时候才能把关系词用得正确。

这也同样可以用于宾词。当宾词或关系词从表面上看来是变项的时候，奎尹觉得特别有困难，请以这样一个命题为例：“拿破仑具有一个大将的一切特长。”这必须作以下的解释：“不管 f 是什么，如果'x是一个大将'蕴含fx，不管x是什么，那么结果就是f（拿破仑）。"这好像是说，给f补充了一个我们竭力想避免的内容。我以为这个困难确实是有的，我也不知道怎么解答。毫无疑问，没有代表宾词或关系词的变项是不行的，但是我觉得一种专门方法应该是有的，用这种方法就能保持名称与宾词、关系词之间的本体论上的地位的差别。

数理逻辑的作用不是要在本体论上疑不能明的地方把它建立起来。而是要把指示一个事物意义明了的那些字的数目减少。从前有一种通常的见解，以为所有的整数都是实体。那些不这样极端的人至少也相信1这个数目是一个实体。我们无法证明不是如此，但是我们能够证明在数学上是找不到证据的。

最后，"有普遍吗？"这个问题的意义是暧昧不明的。按某些解释，对这个问题的回答当然是肯定的；按另外一些解释，现在好像没有明确的回答。我对于普遍在本体论上的地位的意见见于《对意义与真理的探讨》的末一章。

Ⅲ　斯特劳逊先生论指称

P. F. 斯特劳逊先生在一九五〇年的《心》杂志里发表了一篇文章《论指称》。这篇文章又在《概念的分析论文》一书里重印出来，这本书是安托尼·夫路教授选编的。下面的引证是根据这篇重印的文章。这篇文章的主要目的是驳斥我的叙述学说。因为我发现我所敬重的几位哲学家认为这篇文章已圆满地达到了它的目的，我认定应该有一个答辩，首先我可以说，在斯特劳逊先生的任何论证里，我完全看不出一点确实性来。究竟这是因为我上了年纪，还是有什么别的原因，我不得不请读者来判断。

斯特劳逊先生的论证的要点是在于把我一直认为是性质不同的两个问题弄成了一个，即，叙述问题和自我中心问题。我已经用了相当多的篇幅讨论了这两个问题。但是因为我认为这是两个不同的问题，我在讨论其中的一个问题的时候，我就没有讨论另一个。因此斯特劳逊先生就有了借口，以为我忽略了自我中心这个问题。

他小心地选择了材料来助成他的借口。在我最初说明叙述学说的那篇文章里，我特别讨论了两个例子："现在的法国国王是秃头"和"斯考特是《威弗雷》的作者。"后边这个例子不合斯特劳逊先生之用，因此，除了马马虎虎地提了一点以外，他对于这个例子完全置之不理。关于"现在的法国国王"，他抓住有自我中心性质的"现在"这个字，他好像不能理解，如果我用"在一九〇五年"这些字代替了"现在"这一个字，他的全部论证就要瓦解了。

也许不是全部，其理由在斯特劳逊先生动笔以前我就说过了。但是不难举出一些别的例子来，这些例子用的是完全没有自我中心的叙述短语。我倒喜欢他把他的学说用于以下的句子："负一的平方根是负四的平方根的一半"，或"三的立方是直接在第二个完全数之前的整数。"在这两句里都没有自我中心的字，但是解释叙述短语的问题正和有自我中心的字是一样的。

在斯特劳逊先生的文章里，没有一个字暗示到我曾考虑过自我中心的字，更没有暗示到关于自我中心的字他所主张的学说正是我用了很多篇幅颇为详尽地说明了的那个学说。[①] 他的关于这

① 参看《对意义与真理的探讨》，第七章，和《人类的知识》，第二编第四章。

类字的主张的要点是，这些字指什么完全要看什么时候用这些字，在什么地方用这些字。他这样说是完全正确的。关于这一点，我只需从《人类的知识》(第 107 页)中引一段就够了：

> “这”是指用这个的字的时候占据注意力中心的任何东西。非自我中心的字中那个不变的性质是和被指的事物有关的某种东西，但“这”每次用的时候是指不同的事物。其不变的性质不是被指的那件事物，而是这个字个别使用的关系。不拘什么时候用这个字，用这个字的人是注意某个东西，这个字就是指这个东西。如果一个字没有自我中心的性质，就没有必要分清用这个字的不同的场合。至于自我中心的字，我们必须有这种区分，因为这类字所指的是和使用这个字有某种关系的一种东西。

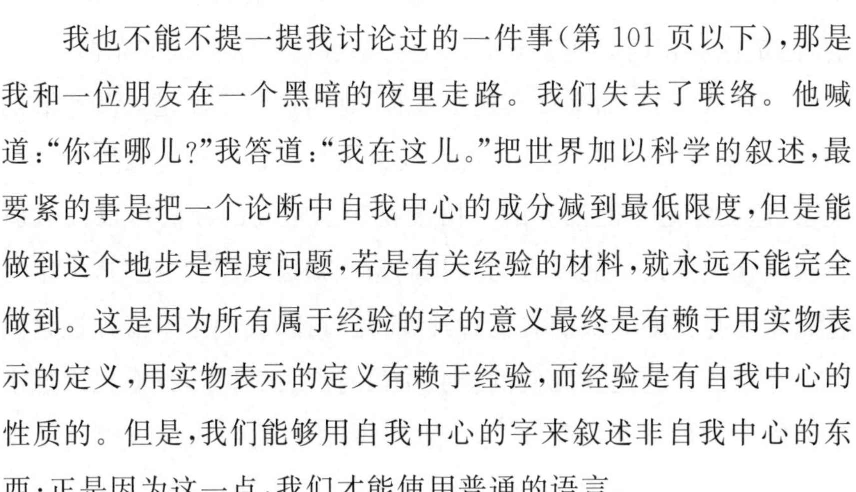

我也不能不提一提我讨论过的一件事(第 101 页以下)，那是我和一位朋友在一个黑暗的夜里走路。我们失去了联络。他喊道：“你在哪儿?”我答道：“我在这儿。”把世界加以科学的叙述，最要紧的事是把一个论断中自我中心的成分减到最低限度，但是能做到这个地步是程度问题，若是有关经验的材料，就永远不能完全做到。这是因为所有属于经验的字的意义最终是有赖于用实物表示的定义，用实物表示的定义有赖于经验，而经验是有自我中心的性质的。但是，我们能够用自我中心的字来叙述非自我中心的东西；正是因为这一点，我们才能使用普通的语言。

这一切也许对，也许不对。但是，不管对不对，斯特劳逊先生不应该把这个学说说得好像是他发明的，而其实是在他写文章以前我就提倡过这个学说，固然也说不定他没有完全了解我的话的意思。关于自我中心，我不再说什么，因为我认为斯特劳逊先生把自我中心和叙述问题连在一起是错误的，我之所以这样想其理由我在前边已经说过了。

我难以了解斯特劳逊先生关于名称这个问题的主张。他在文章中指我的时候，他说："合乎逻辑的专名是没有的，(在这个意义之下的)叙述是不存在的"(第 26 页)。但是他在一九五六年十月份的《心》杂志中写文章涉及奎尹的时候，他又有不同的论调。奎尹有一个学说，就是，名称是不必要的，名称永远可以用叙述来代替。这个学说使斯特劳逊先生颇为震惊，他震惊的理由我是看不出来的。可是我要让奎尹为自己做辩护，他自己是能照管自己的。为达到我的目的，要紧的事是把斯特劳逊先生放在括弧里的"在这个意义之下的"这几个字的意思说明白，就我根据上下文所能看到的，他是反对相信有些字只有因为有某种这些字所指的东西，这些字才是有意义的，如果没有这个某种东西，这些字就是一些空洞的声音，就不是字。在我这一方面，我认为如果语言要与实际有什么关系，这类字是不能没有的。用实物表示定义的办法可以让人看得明白这类字是不能没有的。我们怎么知道"红"和"蓝"这类字是什么意思呢？除非我们看见过红、看见过蓝，我们是不能知道这些字的意思的。若是在我们的经验中没有红、没有蓝，我们也许想出某种细致的叙述的方法来，我们能用这种叙述来代替"红"这个字或"蓝"这个字。举例来说，如果你是和一个盲人交谈，你可以把一个红热的火箸拿近他，让他感觉到这热度，然后你可以告诉他，红就是他所会看见的，如果他能看见的话。当然你就不能不用另外

一种细致的叙述来代替“看见”这个字。任何这个盲人所能了解的叙述不能不用表示他以往的经验的字。若是个人的词汇里的主要的字和实际没有这种直接的关系，语言一般说来就没有这种关系。若是没有“红”这个字所指的东西，斯特劳逊先生试试看能不能给“红”这个字以通常有的意义。

这又把我向前引到一点。“红”平常是当做一个宾词看，是指一个共相。为适合哲学上的分析，我倒愿意有一种语言，在这种语言中，“红”是一个主词。固然我不能说把它称为共相绝对是错误，我不能不说这样称呼它是引起混乱。这一点关联到斯特劳逊先生所说的我的“在逻辑上是不幸的那个名称学说”(第 39 页)。他不屑于提一提为什么他认为这个学说“在逻辑上是不幸的”。我希望他在将来什么时候关于这一点对于我们会有所开导。

这把我引到一个基本分歧之点，这是我和斯特劳逊先生所附和的那许多哲学家们之间的分歧。他们认为普通的语言就够好的，不但对日常生活说是如此，而且对哲学来说也是如此。正相反，我认为普通语言中充满了暧昧与粗陋。要想把它弄得精密正确，就需要在词汇和句法这两方面把普通语言加以改变。大家都承认物理学、化学和医学每一门都需要一种语言，这种语言不是日常生活上的语言。我就看不出为什么只有哲学不许也这样想法子接近精细和正确。请以日常语言中的一个最普通的字为例，就是“日”这个字。这个字的最庄严的使用是见于《创世记》的第一章和《十诫》中。为想把安息“日”弄得神圣，正宗犹太人就只得把“天”这个字弄得精确，这个精确的意义是这个字在通常的话里所没有的。他们给这个字的定义是：从日落到下一个日落的那段时间。

由于力求精确的一些别的理由，天文学家们有三种日：真太阳日、平均太阳日和恒星日。这有不同的用法：如果你是说明亮的时间，用真太阳日合适；如果你被判处十四天徒刑不能用别的法子代替，用平均太阳日合适；如果你是想法估计潮汐在妨碍地球自转上的影响，用恒星日合适。所有这四种日——十诫、真、平均和恒星日——都比“日”这个字的普通用法精确。如果天文学家们服从一些近来的哲学家们所显然赞助的禁令，不要有精确性，则整个天文学就是不可能的了。

为了有专门性，不同于日常生活上的语言的专门语言是不可少的。我觉得那些反对语言上的新的东西的人，如果他们是生活在一百五十年前，想是坚持用尺和两，以为公分和克有断头台的气味。

在哲学里，造句法需要加以改正更甚于词汇。我们所习以为常的主词——宾词的逻辑其为便利的原因是有赖于这样一件事实，就是，在地球的平常的温度下是有大体不变的“东西”的。在太阳的温度下就不是如此。在我们惯常的温度下也只大体上是如此。

我的叙述说原不是为分析那些说含有叙述的句子的人的心情的。斯特劳逊先生称“法国的国王贤明”这个句子为 S，他这样说我：“他之所以能得到这个分析，显然是由于问他自己，在什么景况之下我们可以说凡是说 S 这句话的人是做了一个真的断言”。我觉得这并没有把我所做的说得正确。假定（当然绝不会真有这样的事）斯特劳逊先生竟然那么鲁莽，说他的女零工偷东西，她愤怒地回答道：“我从来不会没有害过人”。假定她品行端正，我以为她是说了一句正确的话，虽然若按斯特劳逊先生说话的时候所用的造句法的规则来说，她所说的话应该有这样的意义："至少有一个时候我伤害了整个人类"。斯特劳逊先生不会以为她是要这样说，虽然他不会用她的那种话来表示她原来的那个意思。与此相仿，我是想求得一种更准确细密的思想来代替大多数人在脑中常有的那些混乱思想。

斯特劳逊先生反对我说，如果法国没有国王，则"法国国王贤明"是伪的。他承认这句话具有意义而且不真，但是不承认是伪的。这只是一个语言上的便利的问题。他认为"伪"这个字有一个不可改变的意义，若把这个意义加以调整就是罪孽深重，可是他小心地避而不告诉我们这个意义是什么。我个人觉得给"伪"这个字下个定义更便利些，这样，每个具有意义的句子不是真就是伪。这纯粹是一个语言上的问题。虽然我不愿意自以为有普通用法来做我的支持，我觉得他也无法说有这种支持。举例来说，假定在某个国度里有一条法律说，如果谁认为宇宙的统治者是贤明的这句话是伪的，谁就不能当公务员。我以为一个公然自认是无神论者的人如果利用斯特劳逊先生的学说而说他并没有认为这个命题是伪的，我们就要认为这个人有些不老实。

不只是关于名称和伪等问题斯特劳逊先生说明他坚信，在用字上有一个不可改易的正路，无论多么方便，也是不容变更的。关于全称肯定命题——那就是说，"凡 A 皆 B"这种形式的句子，他也有同样的想法。在传统上，这类的句子蕴含有 A 们的意思，但是数理逻辑把这个蕴含废弃了，并且认为，即使没有 A 们，"凡 A 皆 B"仍然是真，是更方便得多。这完全而且只是一个方便上的问题。为达到某些目的,一种习惯是更方便,为达到另一些目的,另一种习惯方便些。我们随我们心目中的目的对于习惯有所取舍。可是我同意斯特劳逊先生的一句话(第 52 页),就是,普通的语言没有严密的逻辑。

尽管斯特劳逊先生很有逻辑方面的才能,对于逻辑却有一种很奇怪的偏见。在第 43 页他忽然狂热地爆发起来,他说生活比逻辑更要伟大,他借此对我的学说做了一种很错误的解释。

撇开细节不谈,我想我们可以把斯特劳逊先生的论证和我的答复总结如下:

有两个问题:叙述问题和自我中心问题。斯特劳逊先生以为这只是一个问题。但是从他的讨论中显然可以看出,他并没有把和论证有关的各种有叙述性质的用语都加以考虑。他把这两个问题混为一谈之后,武断地说需要解决的只是那个自我中心问题。他提出来一个解决这个问题的办法。他好像以为这是一个新的解决的办法,而其实在他动笔写文章以前,这种办法就是为大家所习见的。他以为他提出来了一个恰当的叙述学说,把他想象中的成就公之于世,其武断自信,令人吃惊。也许我是委屈了他,可是我看不出在哪一点我是委屈他。

Ⅳ 心是什么?

莱尔教授的《心这个概念》一书中有一种主张,他这种主张颇有创见,而且如果正确,是很重要的。我觉得我无法接受他的主张。我想在下面说出我的理由来。

可是我先从几点着手,关于这几点我已经表示过与他相同的意见，虽然他好像并不觉得。

我和他同意的第一点是否认笛卡尔式的二元论。他对这种二元论的驳斥在这书的第一章曾加以说明。我有些惊讶他特别着重这一点。笛卡尔式的二元论曾为马勒柏朗师、莱布尼茨、贝克莱、黑格尔以及威廉·詹姆士所摈斥。除了由于信条的硬性不得不守旧的马克思主义者和天主教神学家以外，我就想不出有哪些当代有名气的哲学家承认这种二元论。可是，我猜想莱尔教授会拿一点来做他之所以侧重驳斥笛卡尔式的二元论的理由，那一点就是，很多人在口头上拒斥笛卡尔的学说，却保留不少与这个学说有逻辑关联的信仰。我认为在这一个重要之点上，莱尔教授自己正是如此，等一会儿我就要加以证明。

第二个我和他同意之点是不承认有感觉材料。我曾有一个时期相信这个东西，但是在一九二一年我断然放弃了它。[①]

第三件相当重要的事是不承认感觉是知识的一种形式。他和我都不否认，感觉是我们有关具体事物的知识的起因的不可缺少的一部分；所否认的是，感觉本身就是知识。我们必须附加上莱尔教授所说的“观察”才行，我称之为“注意”。

既然在这几点上我们的意见相合，我就不再提这几点。

现在我来谈莱尔教授的主要论点。我想他的论点可以述之如下：“心的”这一个形容词不能用于哪种特殊的“材料”，只能用于某些组织与配置，形式就可以拿来作例子，这些形式是由一些要素而成，若说这些要素是“心的”是没有意义的。他举了许多他心目中

① 《心的分析》，第141页。

所想到的形容词和名词的例子。他指明，板球戏并不是另一种“东西”和哪些个别的比赛和个别的打球的人并列，而是一种在逻辑上说来高一等的东西。另一个例子是英国政体。正如他所说，众议院是构成英国政体的要素之一，但是你看了上下议院、法院、唐宁街和白金汉宫以后，你另外再也没有一个英国政体那么一个地方可看了。他坚持主张，“心的”这个字只能用于一些事物，其逻辑上的地位相当于板球戏或英国政体。关于有“心的”性质的形容词，他的得意的例子是“聪明”、“懒惰”、“和蔼”诸如此类的字，这些字是指性情。我在下面引一段摘要，我觉得这段摘要把他的论点说得明明白白：

> 在消极方面，这本书的主要动机之一是要表明，“心的”并不是表示一种状况，就像我们问一件事物是属于心的，还是属于物的，“在心里”还是“在外界”。说一个人的心并不是说一个仓库里边许容纳“物质世界”所不许容纳的东西，而是说一个人做某些类事或经历某些类事的才能和倾向，是说在通常的世界里做这些事和经历这些事。当真，说话的时候若是表示好像是有两个或有十一个世界，这是没有意义的。在各种职业的后面标上“界”字只能造成混乱。甚至“物质世界”这种话，在哲学上讲，和“古钱学界”、“服装杂货界”或“植物学界”这些话是一样没有意味的。（第 199 页）

我不懂为什么莱尔教授不把在逻辑上有类似资格的一些别的形容词看做是“心的”。他喜欢用的例子之中有一个是“易碎”这个形容词。假如你说一块玻璃容易碎，你的意思并不是说它要碎，只是说在某种情形下就要碎，这就正如，假使一个人在适当的情况下显示出聪明来，你就可以说他聪明，哪怕恰巧他当时睡着了。但是莱尔教授决不解释，也可以说，好像他认为没有必要来解释，“易碎”和“聪明”二者之间的区别是什么，这种区别使得后者是属于心的，前者不是属于心的。一个普通的人往往说“易碎”是指物体的一种性质，“聪明”是指心的一种性质——实际上是说，这两个形容词是用于种类不同的“质料”。但是莱尔教授不公然这样说，我不大知道他要怎么说。

莱尔教授否认，在原则上，一个人关于他自己有什么不告诉别人，别人就无法知道的事。他以此为反对所有心的“质料”的理由。当然他的意思并不是说，事实上无论什么，别人都像本人知道得那么清楚。只有你一个人在沙漠里，没有别人在场的时候，你也许听见一声雷，但是这可以算做偶然的只有本人才知道的事。他的意思所要否认的是，有些事情在本质上就是只有本人才知道，这些事情是一个人知道，而别人除了通过本人的叙说是无法知道的。在这一点上，正和在很多别的点上一样，我觉得他的疏忽草率令人吃惊，他甘心用独断的己见来代替驳斥相反的学说。我举一个显明的例子：梦。除了《出埃及记》以外，大家都承认，除非人家告诉我们，我们无法知道别人做了什么梦。可是关于梦，莱尔教授没有讲什么。在书的索引里没有这个字，有几处暗指梦，是很马马虎虎的。奇怪的是，虽然他极力推崇弗洛伊德，他却没有提到弗洛伊德关于梦的著作，我们甚至都无法推测他知道有这本著作。他的确稍微讲了一下胃疼、牙疼这一类的东西，但是，他认为这一类的东西由于本人的呻吟旁人就知道了。显而易见，他的朋友中没有一

个是属于不以苦乐介意的斯多葛学派的。

他否认只有本人才知道的材料。在这一方面的一些困难他确也多少讲了一些。他有一章专讲想象。但是我完全不能了解他所说的话怎么就能使他满意。他说想象作用是心的能力的活动，但是我们所想象的并不存在。关于这一点，我们稍微检查一下。从显著的意义来讲，这当然是自明之理。如果我闭上眼睛想象一匹马，在屋子里是没有一匹马。但是想象一匹马是一回事，想象一个河马是另一回事。我想象其一的时候，有一件事发生，我想象另外一个的时候，另有一件事发生。在这两种情形中所发生的事到底是什么？莱尔教授明白地说(第161页)，心理上的事件是不存在的。关于知觉，他赞成朴素实在论：我看见一匹马，那匹马就在外界的那里。那不是一匹"心理上的"马。可是我想象一匹马的时候，那匹马不在外界的一个地方，可是这件事和想象一个河马不是一回事。我认为极其显著的是，我心中正有一件事情发生，除非我表示出来，让人知道我正在想象的是什么，别人是无法知道的。

我认为愉快和不愉快也是如此(莱尔教授和多数心理学家都一致指明"痛苦"不是"愉快"的反面)。一个人可以在表面上有愉快的表示，可是他很可以把愉快藏而不露，例如，如果他听见他所恨的但是假装爱的一个人有了不幸的事情发生，他很可能这样做。很难想象木棍和石头有快或不快之感，可是若是主张人类也是如此就是讲不通的怪论。我以为这是心的和非心的二者之间的最重要的一个区别。我认为关于智力不能这样主张，因为计算机在某些方面比哪一个人的智力都要高。但是我不会赞成为计算机竞选，因为我不相信计算机感到愉快或不愉快。

莱尔教授否认用内省法可以得到知识。这使他和行为主义者发生了关系。在他的那本书之末他讨论了行为主义。他说他和行为主义者唯一的分歧之点是他们相信机械论。而他则不相信机械论。他用英勇的独断精神讨论了一些事情，机械论就是其中之一。他谈到机械论的时候，好像在他心目中的是那种旧式的台球式的机械论，他好像认为，既然物理学家们已经放弃了这种机械论，他们就是已经放弃了机械论。他没有说出理由为什么反对新的意义之下的机械论。值得讨论的问题是：物理学的方程式，结合着在某一既定时间上能量分配的材料，能充分决定不在某最低限度大小以下的若干物质有过什么事情发生和将要有什么事情发生吗？把这个问题说得具体是这样：既是说话包含物质的极微的运动，一个理想的有充分学力的物理学家能推算某某人后来一生要说什么话吗？我不自以为知道这个问题的答案，但是莱尔教授自以为能回答这个问题。我但愿他屑于说出他的理由来。

莱尔教授对科学的态度是奇怪的。没有疑问，他知道，科学家们谈一些事情，这些事情他们相信和他正在讨论的那些问题是有关联的，但是他颇相信哲学家无须乎注意科学。他好像认为一个哲学家的科学知识无需超过我们的祖先用大青染身体那个时代的知识。正是这种态度使他相信哲学家应该注意没有知识的人说话的方法，应该以轻蔑的态度来对待学者们的那种矫饰的语言。可是，在他看来，这个原则有一个例外：普通的人以为思想和观念是在人的脑袋里。正如哥尔斯密所说，

　　事情越来越离奇，

他知道的一切事情都待在一个小小的脑袋里。

在这一点上，莱尔教授不接受普通的习惯。他无法相信思想和情感是在我们的脑袋里。他想法把事情说成是，在这一点上，平常的人和他的意见相同。他没有提出任何种论证来证明思想不是在人的脑袋里。我恐怕——虽然我大胆地说——在这一件事上，他是受了笛卡尔式的二元论的影响，这种二元论以为，把属于心的东西指定在一个空间的位置上是荒谬的。如果承认他的关于所谓心的结构的论点是对的，当然，必然的结果是属于心理的东西不是在空间上。板球戏不在板球场上，聪明不在聪明人的身体里。如果不承认这种主张（我就是相信不能承认这种主张的），剩下来的就只有一种二元论的偏见，使我们不把属于心理的事件说是在脑子里。

知觉问题很早以来就使哲学家们颇感棘手。我个人的意见是，这是一个科学上的问题，不是一个哲学上的问题，也可以说，已经不是一个哲学上的问题。很多哲学问题实际上是些科学问题，这些科学问题科学还没有做好准备来对付。感觉和知觉从前都是属于这一类的问题，并且据我的意见现在应由科学来研究。关于这些问题，凡自甘漠视科学上的意见的人是不能讨论出什么结果来的。

莱尔教授因为主张朴素实在论，使他自己陷入挣扎的苦境中。他几乎否认一个向外倾斜的圆盘子看起来是椭圆的。他说：

> 一个无理论见解的人说圆盘子也许看起来是椭圆的，并不觉得于心不安。他说圆盘子看起来好像是椭圆的，也不会觉得于心不安。可是他若附和人说他看见了一个圆盘子的椭圆的形状，他就会觉得于心不安了。（第 216 页）

我不能了解他的主张究竟是什么。关于盘子这个例子，你知道它是圆的，因为盘子是那样做成的。可是假定它是天空中你摸不到的一个东西，你就知不清楚它"真"是圆的，还是椭圆的，你就只好说它"看起来像是"什么形状。主要之点是，一个东西从不同的观点来看其所现的形象是不同的，不同的东西从不同的观点看来，其所现的形象可以是一样的。不但如此，各种东西所现的形象对于我们关于那些东西"实在"是什么的知识是很重要的，虽然所现的形像，因为以上所举的理由，其本身并不能给人以确证。考虑这个问题的时候，提出心或感觉来是很没有必要的。这完全是一个与物有关的问题。用一些照相机同时照一个东西，所照出来的相是不同的，其不同之点正和由我们的视觉所见的不同是一样的。

以上所论诸点也可以用于颜色。莱尔教授说：

> 我说一件普通的东西是绿的或苦的的时候，我并不是报告关于我现有的感觉这么一件事实，虽然我是说那件东西看起来如何，或尝起来如何。我是说，无论是谁，若是看东西或尝东西的情形或地位"对"，那个东西就看起来如何，或尝起来如何。因此，虽然此刻在我看来田地是灰蓝的，如果我说它是绿的，我并不是自相矛盾。（第 220 页）

我特别弄不清楚"对"这个字是什么意思。鸟的两只眼睛看东西的时候方向相反。鸟所见的事物大概颇异于我们所见的事物。蝇子有五只眼睛，这五只眼睛属于不同的两类。蝇子所见的事物一定是更为不同。鸟或蝇子大概会说它看得"对"，说莱尔教授看得反常离奇。因为世界上蝇子比人多，民主原理使我们不能不承认蝇子说得对。

莱尔教授因为一心要主张朴素的实在论,他所陷入的纠纷使我想到主张天动说的人因为反对地动说所不得不陷入的纠纷。地动说需要人有很大的想象力,就是说,心中以为可以想象表面上看来完全不动的地球是自转而且绕着转的。有了这个初步的想象,天文学在极大的程度上就简化了。知觉学说也可以一样地简化,如果我们能够想象所谓"觉察到一个物件"乃是那个物件在远处所生的影响。这种影响和那个物件只是近似,只是在某些方面相似。只是关于我们邻近的日常事物,这个学说才使我们觉得十分难以想象。如果你走近金牛星座的一个星,谁也不会以为那个星座的那些星会和我们所看见的样子是一样的。金牛星座的星和我们屋子里的家具二者之间的不同只是一种程度上的不同。

莱尔教授所属的那个学派因为有他,因此增色不少。他和这个学派都坚决给予所发生的问题以一种语言的形式。例如,关于我们对于看得见的东西所发生的知觉,他说:

> 那就是说,这些问题不是"我们如何看见知更鸟?"这个近于机械的问题,而是"我们如何用'他看见了一只知更鸟'这类叙述?"的形式的问题。(第225页)

在我看来,这就不免丢掉重要的科学知识,而取不足道的语言上的东西。"我们如何看见知更鸟?",对于这个问题,物理学和生理学相结合已经作出了答案,这个答案有趣而且重要,并且产生了一些后果颇有些奇怪。好像是视神经中一些作用会使你"看见知更鸟",即使这些作用不是由知觉者体外的什么东西所引起(普通是由外物所引起)。有人非难我,因为我说过,生理学家检查别人的脑子的时候,他之所见是在他自己的脑子里,不是在那一个别人的脑子里。要证明这话完全不错,须详细讨论"看见"这个字和"里面"这个字。特别是"里面"这个字比普通所想象的要复杂得多,暧昧得多。但是我在这里不想讲这些问题,因为我在别的地方已经讨论过了。

我想莱尔教授也许会承认,他的那本书的主要目的是给"心的"这一个形容词下一个新的定义。这当然是一个语言上的问题。就其纯粹是属于语言的而论,为得到一个定义,重视普通的用法是正当的。但是如何用字才算是相宜,是随我们的知识的改变而改变的。有一个时期,把地球说成是行星是不相宜的,但是自从采用地动说以来,这样说就相宜了。如果是有笛卡尔所主张的两种本体,一个约略相当于常识上的物体,一个约略相当于常识上的心,那就可以像笛卡尔那样把心和物分开了,即使这是不免和这些字在笛卡尔以前的用法背道而驰的。但是,如果像莱尔教授所主张的,而我也承认的那样:并没有这种基本的二元论,那么,如果我们仍然想把心和物分开,我们就不能不另找区分的基础。莱尔教授发见这种区别是在造句法里:属于心的形容词比所谓属于物的要高一筹。因为以上所举的理由,我不认为这种用法是有用的。我也不认为莱尔教授说明白了他的思想,因为他没有解释为什么他不把"易碎"当做一个属于心的形容词。我个人的意见是,心的与物的二者之间的区别不在于二者本有的性质,而是在于我们获得关于二者的知识的方法。如果一件事有的人能够看到,或者如莱尔教授所说,能够注意到,我就说这件事是属于心的。我把一切事

件都看做是属于物的。但是凡只由推论才知道的事件,我就认为是只是属于物的。虽然看起来好像我和莱尔教授意见上的分歧是属于语言上的,这只在表面上是如此。关于"心的"和"物的"这些字的最合适的定义,莱尔教授和我之所以有不同的意见,乃是由于关于宇宙构造的分歧。

读了莱尔教授的书使我得到的一个概括的结论是,如果哲学和经验科学脱节,哲学是不会产生丰盛的果实的。我这话的意思不仅是说哲学家应该"拾起"一种科学来当假期里的一件事来做,我的意思更要深得多:哲学家的想象应该充满了科学的眼光。他应该感觉到科学已经给了我们一个新的世界、一些新的概念、新的方法,这些新的东西是从前人所不知道的,而由经验已经证明是有效的。在旧概念旧方法无能为力的地方,这些新概念、新方法由经验证明是果实累累的。

《罗素哲学：关于其发展之研究》

艾兰·乌德　著

质疑 64。数学家们对于宗教问题是那么仔细，他们在自己的那一门学问里果真是一点也不马虎吗？他们果真不屈从权威，不轻信事物，不相信难以想象的论点吗？他们果真没有他们的神秘，并且，没有他们相左的意见和矛盾吗？

贝克莱

那一天晚上我们在贝克街我们的房子里一边吸着雪茄烟，福尔摩斯道："这原是那么一个案子，我们不能不倒退着从果来求因。"

柯南·道尔

序

罗素的著述所涉及的学科是那么多,大概现存的人没有一个能通晓所有这些学科,写一篇像样的评论——当然,罗素自己不在此例。本文的作者并不自以为有这种资格。因此,评论罗素,必须选择一些方面选择得对来和他商量一些不同的专门科目。一个人独力把罗素的著述说得详尽无遗,必须根据个人对罗素的著述的直接的认识,也要在某种程度上根据由别人的转述所得来的知识。凡论述罗素的人都应该说清楚所研究的范围,这样他个人的局限性才不致被人误认是他所研究的那个题目的局限性,也应该说明白,在这一个领域里还有多少别人可做的工作。

我已经尽可能用本书的书名来表明本书的局限性。我所讨论的是罗素所特有的思想的来源和发展,不讲别人对他的思想的继承。若不记住这一点,就许对罗素的才能有错误的认识;我相信当今的哲学几乎没有具有重要性的东西不是从他来的。罗素以后的人都是和罗素的哲学有渊源的人。(我在正文中说明我这句话的一些理由。)对罗素的哲学做适当的评述就不能不考虑到他对后来的影响;那就是说,非过很多世纪是写不出来的。

为达到本文的目的,我是对狭义的"罗素的哲学"加以解释。罗素本人曾说过,逻辑不是哲学的一部分。我解释罗素的哲学也是本着这种精神。当然,他始终相信逻辑是哲学必要的基础;显而易见,他的哲学思想的基础大部分是在《数学的原理》和《数学原理》里。但是我只讲这两部书的一些方面,这些方面就罗素是一个哲学家来说是很重要的,这样就把很多顶重要的材料留给了数学家和逻辑学专家。例如,在讨论矛盾和类型学说的时候,我主要不是意在讨论关于这些东西仍然存在着的一些有争论的问题,而是讨论一件无可争论的事实,那就是说,由于他的类型学说,罗素把一个极其重要的概念带到哲学里来。

我的目的差不多完全是叙述,不是批评;因为我相信,罗素的哲学几乎不容从正统的路线来批评。在萧伯纳的戏剧里,拿破仑对那个客栈老板说:"你是不会被绞死的。绞死一个人,那个人不反对被绞,这是不能让人称心的。"以批评罗素自许的人也有这种困难。在他的工作中几乎没有错误和弱点他自己不曾极其坦白地指出过;他每向前走进一步,就是批评他以前的主张。我所遇见过的现代批评罗素的人很少不是不知不觉地重复罗素自己的论点,或是表明不知道罗素的真正的意见。(须知他的书已经成了名著,名著可以说就是一本大家没有读过而以为通晓的书。)

因此,目前的需要不是批评罗素,而是了解罗素。本书是意在为这个宗旨做一个绪论。本书好比是一座大教堂的游览指南,这座大教堂代表很多不同的建筑风格和时代;无论读罗素的哪一本书,要紧的是要知道这本书在他的思想的发展上所占的位置。

可是,我希望本书或许在另一方面对于了解罗素也能有所补益。往往说明罗素的主张的最容易的办法是把他形成这些主张的步骤详细地探寻出来。关于这一点,我心中也没有过度的希求。凡乍读罗素的人都有一些明显的问题,觉得难以索解。为什么一本论数学原理的书要有一章论“专名、形容词和动词”？为什么一本《数理哲学导言》要用两章的篇幅来讲“这”这个字？我不知道有哪一本论罗素的书从事回答像这样一些简单的问题。显然罗素认为他的《数理哲学导言》是一本适合“初学的人”读的一本书；但是很少初学的人能坦白地说他们以为罗素这种想法是对的。我以为最容易的办法是说明罗素如何顺着他的思路向前走，从动力学里的一个问题开始，然后依次把他引到几何学、分析、符号逻辑和文法。他在《数学的原理》中论述的次序正跟这个相反；读者先读到逻辑，最后读到动力学。了解这本书最容易的办法，正和罗素的几本别的书一样，是倒退着来了解；在下文中我是用这个方法自后向前把这本书的思想简要地说出来。

I　摘要与绪言

伯特兰·罗素是一位没有一个哲学体系的哲学家。换句话说，他是一位属于各派哲学的哲学家。

几乎没有一个当代重要哲学观点我们不可以发现是表现在他的某个时期的著作中。

怀特海有一回形容罗素，说他是柏拉图的一个对话的化身。[①] 李顿·斯特拉齐把罗素的心智比做一个环形的锯。[②] 这个比喻特别恰当。一个环形的锯这边和对面的锯齿是向相反的方向移动；事实上锯齿是同时向各不同的方向移动。但是这锯本身是一直向前割。

在罗素的全部著作中，尽管有表面看来是相矛盾的话，尽管有些情形他在不同的时候，有不同的主张，他却始终有一贯的目的、方向与方法。

罗素后来追忆的时候写道："我那时需要的是确定性，就像人们需要宗教信仰那样"。[③] 我相信在罗素的工作的背后有一个基本的目的，那就是以一种类乎宗教的热诚来寻求真理，寻求超乎人世的真理，一种离人心而独立、甚至离人的存在而独立的真理。凡

① 怀特海和罗素的谈话，艾兰·乌德得之于传闻。

② 李顿·斯特拉齐致菲尔基尼亚的信，1919 年 5 月 27 日。

③ 《八十生辰感言》，载《记忆中的画像》。

是研究罗素的人都遇到一个问题，就是，他的有些话是矛盾的。在一开始，我们最好就认清这个问题。因为我们也可以引他在一篇通俗文章里边的话，他请我们“承认非人世的世界是不值得崇拜的”。

我们这里是讨论动机的问题。因此我只能求助于有关罗素的感情有多么强这个证据来支持我的主张，固然他是看到问题的各方面，但他的最主要的动机却是渴求绝对确实的不关个人的知识。

举例来说，我们可以引证他对于康德主张数学里有主观成分所加的按语。他的口气只能说是一种憎恶的口气，就好像一个原教旨主义的信徒听到有人说，十诫是摩西自己杜撰出来的。“康德让我恶心。”[1]

他颇看不起“一些哲学家的鄙陋短小的眼光，这些哲学家只把注意力限于这个不足道的行星和在这个行星上爬行的卑微的小动物”。杜威“对于宇宙不恭”罗素对于这一点颇致不满。[2] 在他的晚年，他批评了一些牛津的哲学家过于注意研究“糊涂人能说糊涂事情的各种方法”，[3]而不想法了解这世界。

罗素一方面能热衷于数学，一方面又能同情于神秘主义，我个人的意见可以把这个表面上的矛盾加以调和。二者对他都有魅力是因为二者都是寻求与人的变动不居的经验无关的真理。

但是最有力的证据是在他的书札中。例如，他在一九一八年

---

① 罗素与艾兰·乌德的谈话。

② 《西方哲学史》，第 856 页。

③ 评论乌尔逊的《哲学分析》，载《西伯特学报》，1956 年 7 月份。参看《“普通用法”的流行》，载《记忆中的画像》。

写道:“在死以前,我必须找着一种方法,能道出我之所以为我的本质的所在,这种本质的东西我还从来没有说过——这种东西不是爱,不是恨,不是怜悯,也不是轻蔑,而是生命的精髓,这种东西性质猛烈,是来自远方,把非人世的事物的广大和那种可怕的无情的力量带到人生中来……”①

因此,我把下面的一段当做我的主题:

“我年轻的时候我希望在哲学里找到宗教上的满足;即使是在我放弃了黑格尔以后,柏拉图式的永恒世界给了我一种与人无关的东西使我崇拜……我一想到数学就有崇敬之心……

“有些好像是与人无关而值得使人懔然的事物颇能使人感动。我一向是热烈地渴望着能找出一些理由来做人受感动的根据……如繁星布列的天空……科学宇宙的广大无边……和个人无关的真理的体系,这种体系,正和数学体系一样,不只是描述这个偶然存在的世界。

“有些人想把人道主义变成一种宗教,这种宗教只承认人是最为伟大,他们是不能使我得到情绪上的满足的。可是,我不能相信,在这个我们所已知的世界里,除了人类以外还有我们可以重视的什么东西……与人无关的真理看来是一种幻想。

“这样说来,在理智上我和人道主义者同意,虽然在情绪上我是极其反对的。”②

这种矛盾是下边所叙述的罗素哲学的发展中主要的线索。

---

① 罗素致康斯坦斯·麦理逊的信。

② 《我的精神的发展》,载《罗素的哲学》(伊凡斯顿与剑桥,1944)。

我们可以把他这个哲学家的经历粗略地总括为:从康德到康德。[①] 在一八九七年出版的《几何学的基础》中,他说"把康德有名的论证加以某种限制和解释就可以得到"他的观点。[②] 在一九四八年发表的《人类的知识》里,他又讲了类似康德哲学的一些思想和用语。但是他仍然高兴他能够主张人类知识的综合先验性不是像康德所主张的那样属于主观性,这正如在《几何学的基础》里他不像康德那样偏向于主观。[③] 罗素的学术生活是致力于三种主要的研究。他是在宗教、数学和科学中寻求与个人无关的客观真理。

不是在哲学里寻求这样的真理。[④] 在他的心里他常常以为,与数学跟科学相比,哲学这种研究是有逊色的。在他的著作里一个最常重复的论调是不断嘲笑"哲学家"太懒不研究数学,或是太笨不懂得科学。[⑤] 他不只一次(例如,在一九三六年对贝雅特立斯·威伯)表示后悔他不是一个科学家,而是一个哲学家。[⑥]

了解罗素哲学的关键是,他的哲学主要是一个副产品。以为他的目的就在哲学,(虽然哲学家们犯这种错误是很自然的,)是容易把他的哲学弄成没有意义的。其实在某种意义上,任何有价值

① 我不同意这个公式。我最后的意见并不像艾兰·乌德所想象的那样是属于康德体系。我提两点:第一,虽然客观世界大概不完全类乎知觉世界,却是由于相互关系和知觉世界相连的,这种相互关系在以时空为主观的哲学里是不可能的。第二,我所主张的非演绎推理的原则不是必然的或先天的,而是科学的假设。——罗素。

② 《几何学的基础》,第179页。

③ 罗素致艾兰·乌德的信。

④ 首先他打不定主意哲学究竟是什么意思。

⑤ 例如,《数学的原理》(随处),《神秘主义与逻辑》,第80页,《数理哲学导言》,第11页,和《怀疑论集》,第72页。

⑥ 致贝雅特立斯·威伯的信。

的哲学都是一种副产品。正如罗素自己所说:“一种哲学要有价值,应该建筑在一个宽大坚实的知识基础之上,这个知识基础不单是关乎哲学的”。[①]

罗素主要的目的是建立宗教真理、数学真理和科学真理。关于宗教和数学方面,他自己把这一点说得很明显。“我希望在哲学中找到宗教上的满足……”[②]……“我之走到哲学是通过数学的,或者说得更恰当一点,是通过一种愿望想找到一些理由来相信数学的真理”。[③]

对科学的感情也许不是那么强。到底,科学不过是对付“这个偶然存在的世界”。但是,最能评论罗素的人之一威兹教授说:“在我看来,罗素的主要兴趣一向是想为科学找根据。”[④]因此,在某种意义上可以说,罗素的事业是三重的失败。

(a)他不仅不得不放弃宗教,而且也不得不放弃客观的伦理知识。(b)他对《数学原理》的系统不完全满意,并且维特根斯坦使他确信(也可以说几乎使他确信),数学知识总不过是重言式的而已。[⑤] (c)在《人类的知识》中他为科学知识所作的辩护是不合乎他早先希望所达到的标准的。[⑥]

所有的哲学家都是失败者。但是罗素是少数中的一个,坦白

---

① 《评乌尔逊的〈哲学分析〉》,载《西伯特学报》,1956,6月份。

② 《伯特兰·罗素的哲学》(《我的精神的发展》)。

③ 《逻辑原子论》,载《现代英国哲学》,卷一(J. H. 穆尔海德主编。艾伦与恩运公司,伦敦)。

④ 《伯特兰·罗素的哲学》,第102页。

⑤ 《八十生辰感言》,载《记忆中的画像》。

⑥ 《数理哲学导言》,第71页。

承认这件事。他的极度的重要性就在于此。我们可以像他称赞康德那样来说他：

“一个坦白的哲学家应该承认，他已经得到了最后的真理这种可能不太大。但是由于人性中有一种不能改的脾气喜欢做别人的门徒，如果这位哲学家的失败弄得不是十分显著，他就被人认为已经得到最后的真理了。把这种情形弄得显而易见是一种应做的事。康德的坦率使他做这件应做的事比大多数别的哲学家做得更好一些。”他的哲学思想是他寻求确实知识的副产品。这种寻求终于失败了。那么他的失败如何会那样有效果呢？大致说来，这是由于两种不同的情形：

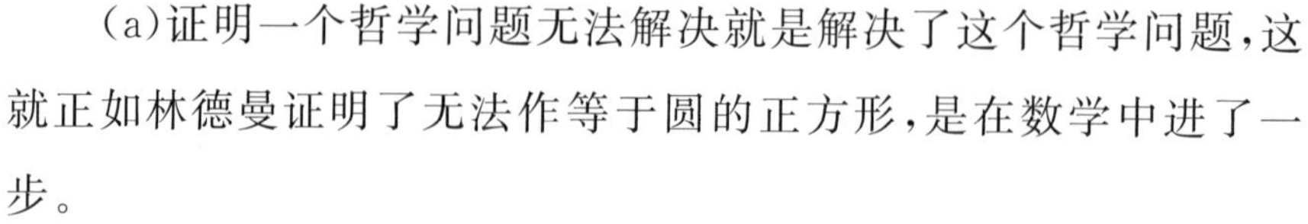

(a)证明一个哲学问题无法解决就是解决了这个哲学问题，这就正如林德曼证明了无法作等于圆的正方形，是在数学中进了一步。

(b)罗素在他的探求中有了一个特殊的哲学方法，这个方法即使不能给人以确定性，却是丰富了知识。他说：“每一个真正的哲学问题是一个分析的问题；在分析问题中，最好的方法是从结果开始，然后及于前提。”①

说得粗浅一点，罗素以为一个哲学家的任务正像一个侦探故事中的一个侦探一样。这个侦探不能不从结局开始，借着分析证物，逆着进行。（这个比喻之容易使人误解到什么程度，到下文就会明白。）

① 《数理逻辑在哲学上的重要性》（《一元论者》，1913 年 10 月份）；参看《我们关于外界的知识》，第 211 页。

上边所说只是罗素对他的哲学方法说明的第一部分。通常大家把注意力集中在这一部分,也许是不幸的。大家一向是注重他的“分析”方法,选择“分析”这个字是最为适当;但是“分析”在不同的意义下被人使用和滥用,已经变得几乎失掉了意义。我以为说不定自结果到前提这种观念是先于“分析”的观念;它更能说明做罗素的工作的基本的那个统一体。他在《数学的原理》里是从结果走到前提。四十年后在《人类的知识》里,他照样是如此。在这本书里他对他的关于科学推理的“假设”所提的主要论证正和《数学原理》[1]里他为可约性公理所作的辩护是一样的。他在认识论上所做的工作并不是对他的数理哲学的工作的一种补充,而是从一个工厂来的,是用相同的工具做的。

他说:“从结论推到前提是归纳法的本质;所以数学原理的研究方法其实是一种归纳方法,本质上正和在任何别的科学中发现一般法则的方法是一样的。”

他在一九二四年写文章说,在纯粹数学以及任何科学里都安排了一个演绎系统;“有些前提远不及它们的一些结论那么明显,其所以为人所信主要是由于它们的结论。”[2]

为什么罗素采取这种哲学方法呢?为什么他想为某些知识找些前提呢?因为最初他是希望借着穷原竟委,他能得到一些绝对确实的前提。为什么他要把前提的数目减到最低限度呢?一个理由是为减少错误的机会。奥卡姆剃刀就是这么来的。分析的目的

① 卷一,第 59 页。

② 《逻辑与知识》,第 325 页。参看《人类的知识》。

何在呢？为的是增加知识。我相信，当初罗素的动机如果不是想得到确实的知识，他的哲学方法是不会发生成长的。如果自始他就知道那种确实性是得不到的，说不定他早就放弃了哲学而从事于研究经济学或史学。这样说来，他的工作是一个典型的例子，想做无法做到的事其结果会有什么成就。

罗素以为正当的哲学方法不是自前提到结论的演绎法，而正是与此相反。这种意见就产生了几种结果。

在哲学的争论中有决定性的武器是矛盾证明法；所得到的前提可以证明是矛盾的。的确在哲学中证明某种东西为伪是可能的，但证明什么东西为真是万万做不到的。所以，“严格说来，哲学的论证主要是力图使读者见到作者所已经见到的。总之，这种论证在性质上不是证明，而是劝说”。[①]

把争论的问题弄清楚的方法是“把容易被人不知不觉地使用的前提更细心地检查一番，对基本的东西更加长期地注意”。然后，一个哲学上的论证只能采取这种形式来说：“你看，你见不到我所见到的东西吗？”（这不是罗素的原话）。在哲学上向前迈进一步不外是对于某种事物忽然有了一种新的看法。

哲学上的进步是由分析得来的，此外还须兼具一种东西，罗素用不同的名字称之为(a)“洞察”、[②](b)“直觉”、[③](c)“本能”、[④](d)

① 在《数学的原理》里，罗素在开始说这些话的时候说，这些话是由对数理哲学的考虑所引起的，“不一定”能应用到哲学的别的部门。由于前面所提到的他的哲学方法中的统一性，我认为这种限制是不必要的，第129、130页。

② 《数学的原理》，第129页；参看《我们对外界的知识》。

③ 《我们对外界的知识》，第31页；参看《莱布尼茨的哲学》，第171页。

④ 罗素致F. H. 布莱德雷的信。

"眼光"。[1]

虽然他常常强调"洞察"和"本能"是容易错误的,以致我们相信他这话是显而易见的,他却承认,我们的本能的信仰只能因为是和另一个本能的信仰相矛盾,才能在无可如何中加以否定。哲学所能希望达到的最高目的是,(1)把我们的本能的信仰按确实性的深浅排列成一个阶层体系;(2)得到一个内部不矛盾的信仰体系。[2]

罗素关于哲学的这些意见是值得强调的。因为有时候他写文章似乎是说,他把求助于"直觉"和"本能"(以及许多别的东西)严格地排除于他的哲学之外,这并不是说他不知道它们的重要性。有许多东西是摈斥于他的哲学之外,一些批评家指斥,以为这就是缺乏"深度"的证据。这些东西是存在于他治哲学的方法之中(也存在于他治别的学科的方法之中)。

哲学的论证不外是"劝说",这件事很能说明为什么他的著作里颇有些随便的味道,为什么他用种种通俗的例子来说明他的思想,在这些例证里批评家们找得到有矛盾的地方。好像罗素是说,"如果那样说不能说服你,也许这样说会使你相信。"[3]

因为以上所说关于哲学的意见是罗素五十多年以前形成的,时间如此之长,他的意见是会被人遗忘的。近些年以来这些意见又被人提出来,好像这些意见是维特根斯坦和他的学派的新发现。(例如,威斯曼博士在《现代英国哲学》最近的一个分册里说:"有一

---

① 《我们对外界的知识》,第241页。

② 《哲学问题》。

③ 有趣的是,A. D. 林塞关于康德说过与此类似的话。

种想法,以为哲学问题可以用论证来解决,而且,如果只要知道怎么论证,就可以得到彻底的解决……我似乎有一种新而惊人的结论:这事是做不到的。从来没有一个哲学家证明了什么东西……(因为)哲学的论证不是演绎的。")①

我在上边曾提到奥卡姆剃刀是罗素的哲学方法的一部分,应用剃刀是由他热衷寻求确实的知识而起的。罗素自己是这样说明应用奥卡姆剃刀之为正当的。("奥卡姆剃刀可以减少差误的机会,这是它的长处")。② 但是其中并不只是如此。罗素往往用自贬之词来谈他的工作,这是我们必须注意的。

关于他自己他所不肯说的话,他却用来称述爱因斯坦。他曾写过文章说道,相对论"具有一种伟观,凡用极少的材料而能得出广漠无垠,浩如烟海的结果的东西,都能予人以这种感觉"。他说这话的时候更能隐示他的真情实感。

奥卡姆剃刀并不只是哲学上的一种节约运动;那样说就像是说雕刻家是一个把用不着的大理石碎片去掉的人。它不是像维特根斯坦所说,是使用符号的一种规则。它甚至不仅是一种规则,为的是在哲学的推算中可以有更多正确的机会。罗素之应用奥卡姆剃刀不只是达到目的的一种手段,也是某种东西的一部分,这种东西本质上是一种动机,是一种热情,这种热情在罗素的心中正和他寻求客观真理的热情有一样大的力量。

凡是从原稿中把不必要的字删削掉的作者都知道这股热情是

① 卷三,第471页。

② 《逻辑原子论的哲学》(《逻辑与知识》)。

什么;凡探求最好的证明和最普遍的法则的数学家和科学家也知道这种热情是什么。列举一些实例要比说明它是什么或给它下一个定义容易些。[①]

罗素在一九〇六年曾写文章说,为数理逻辑在原始命题的不同体系中随意选择的时候,“**从美感上说**,原始命题最少而且最有普遍性的那一个是比较胜一筹;这正和引力定律胜于开普勒的三定律是一样的”(着重号是我加的)。[②] 他回忆道,他最初研究牛顿的自引力定律演绎出开普勒的第二定律的时候,他几乎有“一种陶醉之感”。[③] 他曾提到,他还是一个小孩子的时候,他自己发现了等差级数之和的公式,他是多么高兴。他也曾提到过他是多么喜欢 $E^{in=-1}$ 这样一个简明的公式。在这些实例中,他更能表明事情的真相。但是,举例来说,当他写文章的时候他说:“在数学中最高限度的概括其为正当并不是在于耗费我们的时间,把能概括证明的东西在一个特殊实例中加以证明。”[④]

这里面所包含的或许可以用不同的话说成是爱精美、爱一贯、爱体系或深奥。(取我认为“深奥”这个字唯一能讲得通的意义)。这里面所包含的是一种热情,这种热情有一部分和寻求客观的确实真理的热情有关系,有一部分相抵触。这证明也是无法得到的。

在早期的一篇文章里,他叙述如何在最伟大的数学著作里,“我们感觉到一贯性和必然性,正和在一出戏的展开里所感觉到的

① 参看《神秘主义与逻辑》,第 70 页。

② 《莱布尼茨的哲学》,第 8 页。

③ 《论教育》,第 203 页。

④ 《数理哲学导言》,第 197—198 页。

是一样的……爱体系、爱连贯……也许是心智冲动的最内在的要素”。[①] 后来他不得不得出这样的一个结论，就是，在哲学里，爱体系是诚实的思维的最大障碍；这正如他有这样的主张：“人要求确实性是很自然的，但仍不免是心智方面的一种恶习”。[②]

他在一九三一年写文章说过下面的话，把他的结论用最极端的形式表示出来：

“自巴门尼德的时候以来，学院式的哲学家们一直相信世界是一个统一体……我理智上最基本的信仰是，这种想法完全没有价值。我以为宇宙全是一些片断，没有统一性，没有连续、没有联络或秩序或女教师们所喜欢的任何别的性质。实在说，‘有一个世界’这种见解只能说是偏见，是习惯……[③]”

“客观世界是一种幻觉，但是如果这个世界是存在的，它是由一些短、小、偶然的事件构成的。秩序、统一和连续是人构想出来的，正如目录和百科全书是人构想出来的。”[④]

为领略这一段话的真义，不可只把它看做是对大多数“学院式的哲学家”的彻底的攻击。这是对罗素自己曾经有过的主张的攻击；他的这种主张，在某种意义上说，他从前总想不放弃，以为在理智上来讲是可能的。

现在也许更容易了解为什么罗素的著作是那么复杂、精微和错综，为什么怀特海说罗素本身就是一个柏拉图的对话。事

① 《神秘主义与逻辑》，第 66 页。参看《我们对于外界的知识》，第 238 页。

② 《不受欢迎的论文》，第 42 页。

③ 《科学观》，第 98 页。

④ 同上书，第 101 页。

实上,自柏拉图以来,再也没有一个伟大的哲学家的思想比罗素的思想更难用简短的篇幅加以概括了。他的哲学是一个战场,在这个战场上他对他自己打了一个无胜利希望的仗;有时候走的是这一个路线,有时候走的是另一个路线;他把整个范围都走到了才得到了结论,这些结论往往是正和他原来所希望得到的结论完全相反。

很不容易把罗素和他最早的哲学上的对手之间的主要争论之点总括起来,而不在某种意义上说使双方看起来好像都是对的。但是我以为罗素和布莱德雷关于内在关系的主要争论之点是布莱德雷的一种假设,以为一个实体必须有它所具有的那种关系。也许我们这样说最能把罗素进退维谷的情形概括起来,就是,他基本上是想相信充足理由律;他对学术的忠实迫使他不承认这个定律;因此就留给他了一个问题,就是解释科学知识如何能够成立。

听来好像很矛盾,罗素的一向很明晰的文章把他的论证中经常有的精微独到的地方弄得含混了。大家常常引用他的人人能懂的那些有争论的夸张的话和精警的句子;他惨淡经营从一种主张走到另一种主张或他和自己争论的那些书却常常没有人读。当代一位颇有些声誉的评论家说,罗素"即使讨论一些最难的论题也总是简单容易";根据这一句话不难知道,这位评论家好像是从来没有读过《数学的原理》,甚至也没有读过《人类的知识》。

正如罗素批评桑塔耶拿时所说,流畅的文章很少和有创见的思想合得来。有创见的思想(至少是第一次表达的时候)多半是有"奇怪、莫明其妙的话";罗素自己绝不说"奇怪、莫明其妙的话";但是他的哲学却绝不“简单”。[①] 研究一个哲学家之前理应先有著者的声明作一个引端，这样读者就可以减少不自觉的偏见。

我的性情是一个神秘的柏格森主义者；我是不能满足于罗素的静的分析的方法的。事实上我研究他的哲学的主要目的是寻求某种方法来回避他的结论；可是关于这一点，直到现在为止，我是完全失败了；我不相信有什么别人对于罗素的哲学已经作出了任何答复，这种答复可以使人心安理得地加以承认。

我已经说过，确实知道罗素和一元论者之间的争论之点究竟是什么，是不容易的。布莱德雷说，“因为我事实上开始是如此，而分析所留给我的却是如彼，所以我不得不拒绝分析的结果，至少是一部分”。[②] 罗素是很难和布莱德雷的这话争辩的。“分析是不是曲解呢？”我以为对于这一个问题的唯一正确的回答是“是曲解，如果你不完全晓得你现在是在做什么”。如果一位物理学家把水分解以后，以为他仍然可以从分析的结果得到一口清凉的饮料，他显然是错误的；但是仍然不能否认，分析是增加我们对于水的知识的适当的方法。一个生理学家解剖一个活着的动物不能指望把这个动物再恢复原状，（我相信）也不能发现使这个动物生活与呼吸的究竟是什么。但是医学中大多数重要的突飞猛进是由于承认人体唯物论是一个有用的假设，虽然近年来有些医生有走错了路的倾向，把唯物论看成是完美不假外求的解释。同样，罗素把分析哲学当作一种增加知识的方法来竭力推行，我相信这是对的。他是反

① 罗素论佐治·桑塔耶拿。

② F. H. 布莱德雷：《逻辑的哲学》，第693页。

对分析哲学现今的最大限度。讲到伦理学说的时候,他对他的结论是不很满意的。

现在哲学家有两条路可走,一是竭力提倡精确的思想,同时承认在此以外另有别的领域;不然就是试作一种大的综合,哲学家的情绪和神秘的渴望都引到这个综合里来,把他的思想弄糟。罗素走的是第一条路。

简单地说,我相信,当作一种方法,分析是十分正当的。但是如果竟然把它当作是一种形而上学,那就可以误人。罗素的著作暗中表露,他自己大概感到这一点。例如(着重点是我加的):“大体说来,科学的进步是由分析和人为的隔离得来的”。[1]

至少在一段里他强调了我心目中所想到的形而上学与方法的区别。关于麦农,他在一九〇四年写道:

“虽然经验论按一种哲学来说不见得能够成立,可是有一种经验研究法,这种研究法应该用之于每种题材。”

① 《人类的知识》,第 49 页。

Ⅱ　应请注意的事

在着手讨论罗素的思想的发展之前，有些开端的话不能不说一说。

我屡次写文章说，因为他想得到如此如此一个结论，他的思想是沿着某一个方向被推动前进的。这绝不可以为就是说，这个动机，自觉地或非自觉地，影响了他思维的**结果**。这个区别必须始终弄得清清楚楚。前面已经指出，他的思想的总趋向导致了正和他原来的希望相反的结果；但是这个区别也可以用于一些别的动机，这些动机我附带说一说。

在追寻罗素和他的前辈以及同时的人的思想之间的联系的时候，有危险给人一种印象，以为他的思想不是像实际上那样有创见。他过于豁达大度，承认他自别人得来的益处，说不定这也助成了这种印象。他曾写文章说，一个哲学家自称他是第一个作出一种发明的人，是降格到股票投机商的程度。

罗素大概比和他同时代的任何哲学家都渊博，怀特海或许是一个例外。他对于哲学最大的几种贡献是由于他有一种本领把来自很多来源的大量思想化合为一个完全精制的体系。[①] 这正和牛

① 罗素和艾兰·乌德谈话中曾说，他认为他的成就是由于“顽强和固执”。他这话可以和牛顿的话相比：“我没有特别的聪明——只有耐烦思考的力量。”

顿的《原理》是集合伽利略所创设的许多基本概念是一样的。但是即使有些思想是先由别人提出来的,罗素所写的无一不是他自己心灵的产品。最明显的证据就是有些情形(例如,中立一无论),他是经过一个长的时间才承认另一个哲学家的观点的。

还有许多情形完全是偶合。罗素得出了他的结论,不知道别人曾有过类似的结论。这有类乎莱布尼茨和牛顿的发现微积分学,或魏尔第在《欧泰罗》中和古诺德在《罗密欧和朱丽叶》中的相同的四小节。至于罗素,当然最显著的例子是他和弗雷格完全不约而同所得到的数学学说。

还有可以注意的是,直到他比较晚期的时候他才获得了不少哲学上的知识,(这是就研究别的哲学家的著作这种读书人所用的普通意义来说)。他在剑桥的第四年级以前,他没有正式读过哲学,而且他在剑桥所学的课程是有重大的缺陷的。罗素在儿童时代读笛卡尔之前就得出类乎笛卡尔的二元论的东西;他在读休谟以前就有休谟那样的怀疑。[1] 我以为他缺乏系统的哲学上的教育是一种便宜。人精熟以往的哲学家过早最足以蒙蔽有独创性的思维,因为这就使人知道,大部分自己想出的思想都是别人已经想过的,这就挫折了人的勇气。(也许无知是便宜最好的例子是维特根斯坦)。

略知罗素工作的方法对于了解他的著作是必须的。[2] 他连续有几个苦思力索的时期,每一个这样的时期所得到的结果是一本书。结局这本书是很快地写成。罗素几乎是从来不曾修改过他写

① 《伯特兰·罗素的哲学》(《我的精神的发展》),第7页,和《逻辑一元论》,载《现代英国哲学》,第323页。

② 《记忆中的画像》,第195—196页。

的东西。一本书出版之后，他几乎是从来不再读它一遍。（他的书连续印行若干版，里面仍然有些小的排印错的地方，就是充分的证明）。每次他的思想开始有新的进展的时候，他的见解是清新的。他很少顾虑他的新思想和上次他所说过的话的关系。维特根斯坦就是有这种顾虑的一个例子，他写他的《哲学研究》的时候，他总是把他的《逻辑哲学论》放在心里。

结果是给人一种印象，觉得早年和晚年之间是不一贯的，而实际上并不是那样。在表面上看好像是有些矛盾之处，这是因为他是从一个完全不同的观点来讨论一个问题，或是和一个不同的对手争论。罗素维护一种主张以反对来自不同方向的攻击的时候，他面对各方并没有不一贯之处。我相信罗素的著作的这种好争论的模样是十分重要的。不知道他的对手们说什么，往往是无法了解他的主张的。

罗素拒绝倒退着而行的另一结果是，在不同的书里他用字的意义略有不同，遂致看来有不一贯的地方，他没有说明这一个用法和另一个用法究竟有什么不同。无论哪一个有敌意的批评家都不难像这样收集很多字面上的前后不符。

我也未尝不可以说，一个批评家应该做一本字典，说明罗素在某一个时期对一个字的用法可以翻译成他在另一个时期对这个字的用法，这样来免除这种纯乎是字面上的混乱。自从穆尔的《伦理学原理》起，这种字典的编辑在关于哲学的学识上好像显然是走了第一步；而且罗素本人常常在讨论哲学时把他所用的词先下一个定义。但是我并不以为这是避免在普通言语中不可避免的那种含糊笼统的最好的方法。罗素坚决主张这种含糊不明在普通的语言中无法避免,他的这种主张是不错的。[①]

用字而不确知其意义显然是有危险的。但是想法给以严正的定义也有危险,虽然这种危险是不明显的。危险在于,我们也许认为这是完全有效的。

我不相信哲学中正确的办法是先有一套难下定义的东西,然后用它们来给别的字下定义。我相信在哲学里凡是关于难下定义的东西和定义所讲的话都必须放在末后,而不放在开头。在哲学这门学科中,我们用唯心论的与实在论的、先验的与经验的、必然的与偶然的、普遍的与特殊的这一类的字眼。我们很希望最后我们能晓得这一类的字的意义是什么。

也许我们必须指明在哪些地方罗素对于一些字的用法不同会引起误解。但是总的说来,如果我们想知道在某一个地方某一个字罗素是指什么,最好的办法是看上下文。

举例来说,我们可以考虑一下"哲学"这个字本身。罗素想给这个字下一个定义,后来终于断了念:"我不知道一个哲学家是什么。"大致说来,他对于哲学有两种不同的看法:

(甲)"在特殊的科学里……是自简单走向复杂。[②] 但是在哲学里……我们是凭借分析走向简单和抽象,设法在这一个过程中去掉了原来的题材的特殊性,把我们的注意力完全限于有关事实的逻辑形式。"

"新实在论……的目的只是在于把各种科学的基本观念弄清楚,并且把各科学综合为一个概括的看法。"[③]

---

① 例如《伯特兰·罗素的哲学》,第 690 页。

② 《我们对于外界的知识》,第 189—190 页。

③ 《怀疑论文》,第 79 页;参看《哲学问题》,第 233 页。

(乙)“哲学……是一种介乎神学和科学之间的东西……是一个无人的地带。”①

“科学就是你所知道的东西，哲学就是你所不知道的东西。”②

当他用第一种看法，(甲)，来看哲学的时候，他写文章说逻辑是“哲学的精髓”。他用另外那一种看法，(乙)，看哲学的时候，他说出这样矛盾得令人吃惊的话来：“我认为逻辑不属于哲学”，和“大家所认为是哲学的其中十分之九是梦话。那个唯一完全明确的部分是逻辑，而且那一部分既然是逻辑，它就不是哲学。”

这个例子就会给我们一个绝好的初步的练习，练习一种技术，不为罗素的字面上的矛盾所误。在这些关于逻辑和哲学的表面上看来是抵触的话里，他所用的“哲学”有不同的意义；说不定他用“逻辑”也有不同的意义；而且文章的前后关系也不同。

的确，在某种意义上说，逻辑在罗素的晚期的哲学里并不像在一九一四年的时候那么重要。但是他并不像粗浅一看的那样一反从前的主张。我们可以悬想，有人在文字中的一个地方写道：“你若是不认识字母，你是不能读书的”，在另一个地方又说：“认识字母是和鉴赏文学毫不相干的”。

正如罗素本人有一次说道：“逻辑和数学……是自然这本书的字母，而不是这本书的本身”。

(艾兰·乌德的这篇文章至此为止，未曾写完。)

① 《西方哲学史》，第10页。

② 参看《逻辑与知识》，第281页。

人名对照表

爱因斯坦　Einstein, Albert
巴甫洛夫　Pavlov, I, P.
柏格森　Bergson, Henri
柏拉图　Plato
柏伦塔诺　Brentano, Franz
柏斯考维奇　Boscovitch, Roger Joseph
贝克莱　Berkeley, George
班格莱　Poincare, Henri
鲍桑葵　Bosanquet, Bernard
毕拉哥拉斯　Pythagoras
伯劳威　Brouwer, E. J.
布尔　Boole, George
布拉力福尔提　Burali-Forti F.
布莱德雷　Bradley, Francis Herbert
崔斯泰克　Chwistek, Leon
戴地钦德　Dedekind Richard
笛卡尔　Descartes, René
丁达尔　Tyndall, John
丁尼逊　Tennyson
杜威　Dewey, John
法拉德　Faraday, Michael
弗雷格　Frege, Gottlob
弗洛伊德　Freud, Sigmund
古都拉　Couturat, Louis
哈逊　Hudson, H.
赫兹　Hertz, Heinrich
黑格尔　Hegel, G. W. F.
华兹华斯　Wordsworth
怀特海　Whitehead, Alfred North
怀特罗　Whitrow, G. J.
究钦　Joachim, Harold
卡莱尔　Carlyle, Thomas
卡那魄　Carnap, Rudolf
开普勒　Kepler, Johannes
凯恩斯　Keynes, John Maynard
坎特　Cantor, Georg
康德　Kant, Immanuel
柯勒　Köhler, Wolfgang
克利福德　Clifford W. K.
克罗耐克　Kronecker, Leopold
奎尹　Quine, Willard van Orman
拉普拉斯　Laplace, Pierre Simon
莱布尼茨　Leibniz, Gottfried Wilhelm von
莱尔　Ryle, Gilbert
莱穆塞　Ramsay, F. P.
莱申巴赫　Reichenbach, Hans
卢梭　Rousseau, Jean Jacques
罗特伯拉特　Rotblat, J.
马勒柏朗师　Malebranche, Nicole
马瑞　Murray, Gilbert
麦克斯威尔　Maxwell, Clerk
麦克塔葛　McTaggart, John McTaggart

Ellis
麦农　Meinong, Alexius
弥尔　Mill, John Stuart
穆尔　G. E.
牛顿　Newton, Sir lsaac
诺伊拉　Neurath Otto
欧几里得　Euclid
皮尔斯　Pierce, C. S.
皮亚诺　Peano, Giuseppe
琼斯　Jones, G. O.
桑戴克　Thorndike, E. L.
桑塔耶拿　Santayana, George
施勒德　Schrōder, Ernst
斯宾诺莎　Spinoza, Baruch
斯密　Schmidt, Jürgen
斯涛特　Stout, G. F.
斯特拉齐　Strachey, Lytton
斯特劳逊　Strawson, P. F.
泰勒斯　Thales
汤姆逊　Thompson, J. J.
威伯　Webb, Beatrice
威斯曼　Waismann, F.
威兹　Weitz, M.
维特根斯坦　Wittgenstein, Ludwig
渥德　Ward, James
渥纳克　Warnock, G. F.
乌尔逊　Urmson, J. O.
西季威克　Sidgwick, Heury
希尔伯特　Hilbert, David
席勒　Schiller, F. C. S.
雪莱　Shelley
亚里士多德　Aristotle
载尔美乐　Zermelo, Ernst
詹姆士　James, William

图书在版编目(CIP)数据

我的哲学的发展/(英)伯特兰·罗素著;温锡增译.—北京:商务印书馆,2017
(汉译世界学术名著丛书:120年纪念版:珍藏本)
ISBN 978-7-100-14756-9

Ⅰ.①我… Ⅱ.①伯… ②温… Ⅲ.①罗素(Russell,Bertrand 1872-1970)—哲学思想 Ⅳ.①B561.54

中国版本图书馆CIP数据核字(2017)第158512号

汉译世界学术名著丛书
(120年纪念版·珍藏本)
我的哲学的发展
〔英〕伯特兰·罗素 著
温锡增 译

商 务 印 书 馆 出 版
(北京王府井大街36号 邮政编码100710)
商 务 印 书 馆 发 行
北 京 冠 中 印 刷 厂 印 刷
ISBN 978-7-100-14756-9

2017年12月第1版 开本 710×1000 1/16
2017年12月北京第1次印刷 印张 18¼
定价:92.00元